THEATR A CHYMDEITHAS:
Gwreiddiau ac Amgylchfyd Theatr Felin-fach

Llun y clawr: *Eddie Ladd a Tom a Grett Jenkins yn* Tri Bywyd *(Tachwedd 1995) – cynhyrchiad Brith Gof â chefnogaeth Theatr Felin-fach a Dawns Dyfed. Perfformiwyd y gwaith o gwmpas olion Esgair Fraith, ffarm fechan gynt ar Fynydd Cellan. Y cyfarwyddwr oedd Cliff McLucas.*

Theatr a Chymdeithas

Gwreiddiau ac Amgylchfyd
Theatr Felin-fach

Euros Lewis

Golygydd cynorthwyol: Llinos Dafis

Dymuna'r awdur ddiolch i Lenyddiaeth Cymru am ddyfarnu Ysgoloriaeth i Awduron er mwyn cwblhau gwaith cychwynnol y llyfr hwn.

Diolch hefyd i William Howells, Penrhyn-coch am ei lafur yn llunio mynegai i'r gyfrol hon.

Argraffiad cyntaf: 2015

Cyhoeddir gan Wasg Carreg Gwalch,
12 Iard yr Orsaf, Llanrwst, Conwy, LL26 0EH.
Ffôn: 01492 642031 Ffacs: 01492 641502
e-bost: llyfrau@carreg-gwalch.com
lle ar y we: www.carreg-gwalch.com

Rhif rhyngwladol: 978–1–84527–415–3

Mae'r cyhoeddwr yn cydnabod cefnogaeth ariannol
Cyngor Llyfrau Cymru

Cynllun clawr: Sion Ilar

I Eleri a Rhodri

Cynnwys

*Hywel Evans, Darlithydd â Gofal Theatr Felin-fach (1973-77) yn
ei chanol hi wrth arwain un o ddosbarthiadau drama wythnosol y
theatr. Nid gofod a neilltuwyd ar gyfer perfformwyr yw llwyfan
Felin-fach. Dan arweiniad Hywel, cadarnhawyd yr egwyddor
mai lle agored ar gyfer creu oedd y theatr yn ei chyfanrwydd.*

Rhagair

Mae'r llyfr yr oedd yn fwriad gennyf ei ysgrifennu heb ei ysgrifennu. Fy ngorchwyl cyntaf, felly, yw ymddiheuro i bawb sydd wedi disgwyl yn amyneddgar am y cyfryw lyfr. Tyfu o bridd a daear diwylliant y Gymraeg a wnaeth Theatr Felin-fach. Ni freuddwydiais, wrth dderbyn y gwahoddiad i lunio hanes y theatr hon, pa mor eang, dwfn a chymhleth oedd y gwreiddiau – yn wir, digon eang, dwfn a chymhleth nes hawlio llyfr yn ei hunan: y llyfr hwn. Bellach, â'r gwaith o wneud y gwreiddiau hynny mor weladwy â phosib wedi'i gwblhau, does dim rhwystr i awdur arall, efallai, ddechrau ar ail lyfr. Hynt a helynt ddeugain mlynedd cyntaf Theatr Felin-fach fydd ei gynnwys, sef y llyfr roedd hi'n fwriad gennyf ei ysgrifennu yn y lle cyntaf.

Wrth chwilio am achau Felin-fach, treuliais gyfran parchus yn stafelloedd darllen y Llyfrgell Genedlaethol yn ogystal â llyfrgell ac archifdy sirol Ceredigion, Aberystwyth. Er pwysiced y wybodaeth a gefais yn y mannau hynny – a diolchaf i'r aelodau staff perthnasol am eu cymorth a'u harweiniad – ar lawr gwlad y diwylliant y dechreuodd teithi diffiniol theatr gynhenid y Gymraeg lwyr ddatgelu'u hunan. Yn achos eu hadnabod yn drwyadl, treuliais oriau meithion yng ngheginau clyd a pharlyrau croesawgar 'pobol ddrama' ar hyd a lled Ceredigion a thu hwnt. Tra'n treulio cyfrolau o atgofion manwl a dadlennol, mae'n syndod na fagais y bola rhyfeddaf wrth i mi lyncu galwyni o de a bocseidi o fara brith a phice-ar-y-mân.

Enghraifft o'r cyfoeth a rannwyd â mi yw'r hanes am y theatr dros-dro a fyddai'n cael ei chreu yn Llandudoch cyn codi'r neuadd, ddiwedd y pumdegau. Pe byddech ar eich taith drwy brif stryd y pentref gyda'r nos ac yn gweld bysys Lewis Williams (*Y Blue Glider*) wedi'u parco ar hyd yr hewl, ymhen amser gwelech bobl yn dod o bob cyfeiriad tuag at siedau mawr y cwmni, pawb â stôl dan ei gesail. Yr oedd y cwmni drama eisoes yn eu disgwyl. Wrth i bob aelod o'r gynulleidfa osod ei stôl yn ei le, cwblhawyd y wyrth o droi garej bysys yn theatr. Diolchaf i Mair Garnon James am yr hanes amheuthun hwn.

Cefais atgofion o bwys cyffelyb ar hyd a lled Ceredigion a'r cyffiniau a diolchaf i'r cyfeillion dilynol am rannu â mi o'u cof a'u harchif personol...

Charles Arch a Lyn Ebenezer: cwmnïau ardal Pontrhydfendigaid

Elizabeth Cameron: Cwmni Drama Ffatri Laeth Pontllanio a chwmnïau ardal Tregaron

Ray Daniel: lluniau cwmnïau ardal Llanddewi Brefi

Aeron Davies a Grett Jenkins: Cwmni Drama Tyngwndwn, Felin-fach

Delfryn James ac Aneurin Davies: Cwmni Drama Soar, Llanbedr Pont Steffan

Dai Davies: Dan Davies a Chwmni Drama Rhydlewis

Eifion ac Yvonne Davies: cwmnïau ardal Llangeitho a Llanbedr Pont Steffan

John a Nesta Davies ac Emyr Evans: Cwmni Drama Gwernllwyn, Penrhiwllan

Rhiannon Davies ac Elinor Ingham: cwmnïau ardal Aberaeron

Mair Lloyd Davies: Dafydd Roberts, Cwmni Drama Bwlch-llan, Parti Blodau'r Grug a Gŵyl Ddrama Llangeitho

Menna Davies: cwmnïau ardal Ysbyty Ystwyth a Phontrhydygroes

Gareth Evans: Bernard Evans, Tydfor Jones a phantomeim Clwb Ffermwyr Ifainc Caerwedros

Gwendoline Evans a Ceri Davies: Nan Lewis a Chwmni Drama Nanternis

Ithela Evans: cwmnïau ardal Cei Newydd ac Aberaeron

Jane Mary Evans: Cwmni Drama Mydroilyn

Magw Evans: Dramâu, cyngherddau a nosweithi llawen Neuadd Goffa D. H. Evans, Pontsian

Margaret Evans a Gwyn Jones: Cwmni Drama Llanafan

Vaughan Evans: Dafydd y Groesffordd, Marie James a Chwmni Drama Ffermwyr Ifainc Llwynpiod

Wil Evans: perfformiadau drama yn ardaloedd Bethania, Dyffryn Aeron, Llangeitho a Llanrhystud

Beti Griffiths: J. R. Evans, Cwmni Drama Ffermwyr Ifainc Lledrod a Chwmni Ceredigion

Wil Griffiths: Cwrdd Gweddi'r Mynydd a'r ddrama yn ardal Llangwyryfon

Gwen Jenkins ac Enidwen Jones: Parti Adar Môr a Mynydd, Cwmni Drama Llwyncelyn a hanes codi Neuadd Llwyncelyn

Maldwyn Jenkins: cwmnïau ardal Henllan

Beryl Jones: David Beynon, Cwmni Drama Beulah a Chwmni Ceredigion

Dinah Jones: Cwmni Drama'r Berth a Gŵyl Ddrama Llangeitho

Ifan a Dilys Jones: cwmnïau ardal Tregaron a Phontrhydygroes;

Iwan Jones: Dai Williams a chyfnod Llangeitho;

Jon Meirion Jones: cwmnïau ardal Pontgarreg

Lloyd ac Elizabeth Jones: cwmnïau ardal Llanddewi Brefi a Gŵyl Ddrama Llangeitho

Valmai Jones: Cwmni Ceredigion a chwmnïau ardal Talybont;

Sally Jones: David Beynon, James Henry Jones, Cwmni Beulah, Cwmni Ffermwyr Ifainc Bryn-gwyn a Chwmni Capel Bryn Mair

Tomi Jones: Gwynn Hughes Jones a phantomeimiau cynnar Cwmni Ceredigion

Menna Leonard: Cwmni Drama Gwernllwyn, Penrhiwllan

Emyr Llewelyn: Idwal Jones, Llambed

Ann Morgan a Dafydd Wyn Morgan: Adar Tregaron a Gŵyl Ddrama Llangeitho

Gerwyn Morgan: David Beynon a Chwmni Drama Beulah

Meima Morse: Carnifal Llangeitho a Chwmni Stag's Head

John Morris: cwmnïau ardal Llanrhystud

Mererid Reeves: perfformiadau drama yn Nhalgarreg

Cathy Thomas: Gwynn Hughes Jones, Cwmni Ceredigion a chyfnod sefydlu Theatr Felin-fach

Arwyn Williams: achau Mary Lewis, Llandysul

Megan Williams: Cwmni Drama Ciliau Aeron ac atgofion plentyn am Gwmni Drama Tyngwndwn.

Diolch hefyd i Aled Evans, Trisant am gael darllen ei draethawd estynedig 'Dyffryn Ystwyth a'r Ddrama'. Estynnodd ei gynnwys lawer ar fy nealltwriaeth o bwysigrwydd theatr gynhenid y Gymraeg o fewn cymdogaethau'r gweithfeydd plwm, gynt.

Wrth gywain hanes bwrlwm y cwmnïau drama, braint oedd cael fy addysgu gan berthnasau agosaf oll nifer o brif chwaraewyr y cyfnod, gan gynnwys...

Bethan Bennett: hanes ei thad, Dai Lloyd Jenkins, Tregaron
Valmai Jones: hanes ei gŵr, Ithel Jones, Talybont
Ann Morgan: hanes ei thad, Dai Williams, Tregaron
Mary Morgan: hanes ei thad, Dafydd y Groesffordd
Meima Morse: hanes ei mam, Marie James, Llangeitho
a Siencyn Powell: hanes ei dad, S. M. Powell.

Yn y fan hon, rhaid i mi gynnig ail ymddiheurad. Mae ffeil drwchus gennyf yn gyforiog o'r wybodaeth a gefais am gyfnod y cwmnïau drama. Ofnaf, serch hynny, nad rhwng cloriau'r gyfrol hon y caiff eu hanes unigol y sylw dyledus. Mae angen cyfrol arall er mwyn gwneud cyfiawnder â photensial a phwysigrwydd yr hanesion oll. Eithr datblygu dealltwriaeth ddofn ar ffyrdd cyfrin y diwylliant o atgenhedlu ei hun oedd fy nod wrth eu casglu. I'r perwyl hwn bu'r wybodaeth a rannwyd â mi yn anhepgor. Diolchaf yn ddidwyll i'r cyfranwyr uchod oll am eu haelioni.

Yng Nghymru yn gyffredinol, wrth i oes y cwmnïau myrdd ddod i ben gwanhau gwnaeth grym y ddrama o fewn y gymdeithas Gymraeg. Mae'r llyfr hwn yn dangos mai nid felly y bu yng Ngheredigion. Trawsffurfio ac nid edwino a ddigwyddodd yma. Cyfaddasu. Ar ddechrau ail hanner yr ugeinfed ganrif, aelodau o blith un o deuluoedd mwyaf blaenllaw y ddrama yn y sir oedd Megan Evans a'i brodyr Alwyn a Gwynn Hughes Jones. Mab Megan oedd y diweddar John Hefin. Cysur yw cofio i mi gael y cyfle i ddiolch yn bersonol iddo am rannu â mi gwybodaeth am fagwrfa'r teulu. Un a fu'n gweithio ochr yn ochr ag Alwyn a Gwynn yn Swyddfa'r Sir, Aberystwyth oedd John Phillips, Cyfarwyddwr Addysg a Phrif Weithredwr Cyngor Sir Dyfed, gynt. Rwy'n ddiolchgar iddo am atgyfnerthu fy ngwybodaeth parthed cyfraniad y ddau i broses sefydlu Theatr Felin-fach ac i gamau eraill o fewn ymdrawsffurfiad y theatr gynhenid.

Yn ystod yr un cyfnod cyflawnai'r prifathro a'r dramodydd J. R. Evans swyddogaeth awdur preswyl answyddogol ar ran y sir. Diolchaf i'w ferch, Sian Lewis, Llanilar nid yn unig am rannu'i hatgofion amdano gennyf ond am roi dogfennau a sgriptiau o'i waith ar fenthyg i mi. Roedd 'J.R', Alwyn a Gwynn yn 'rheng flaen' hynod effeithiol o fewn trefn addysg y theatr gynhenid. Ond ysbrydolwyd hwy gan wraig sef, Mary Lewis, Llandysul. Mae'r gyfrol yn dangos mor fuddiol-bellgyrhaeddol oedd ei dylanwad ar theatr y Gymraeg. Am fy nghynorthwyo i ddeall pa mor fuddiol a pha mor bellgyrhaeddol diolchaf i'w nai, John Lewis, Gwasg Gomer ac i rai a gafodd y fraint o gael eu cyfarwyddo ganddi sef, Mary Davies, Pentre-bach, Ann Harries a Joan Power, Llandysul a'r prifardd a'r dramodydd T. James Jones, Parcnest.

Gwleidydd llywodraeth leol a chwaraeodd ran flaenllaw yn y gwaith o ddatblygu campws addysg Felin-fach oedd yr Henadur Simon Davies. Gan y ddiweddar Rado Davies, Felin-fach (ei ferch-yng-nghyfraith) ei ŵyr, Roy Davies a'i ddiweddar wraig, Ann Rhys Davies cefais ffeithiau nad ydynt ar gael yng nghofnodion ffurfiol y cyngor sir. Mawr yw'n niolch iddynt am eu cymorth. Manteisiaf hefyd ar y cyfle hwn i ddiolch i Roy am gymwynasau di-ri parthed copïo a diogelu lluniau a dogfennau a gefais ar gyfer y gwaith ymchwil. Mae cefn gwlad Ceredigion yn dlotach o golli ei wasanaeth.

Ar ddechrau'r mileniwm newydd crynhowyd grŵp ynghyd gan Theatr Felin-fach dan faner 'Y Ffwrwm'. Mewn print mân ar bapur pennawd y grŵp cynigiwyd diffiniad o'r gair, sef '...mainc; sêt hir ar gyfer eistedd, gwrando a thrafod'. Actifyddion cymdeithasol a weithredai ar ran, a thrwy gyfrwng, diwylliant y Gymraeg oedd y rhai a eisteddai arni. Canolbwyntiai grwpiau ffocws Bwrdd yr Iaith a gweithgorau Cymdeithas yr Iaith ar 'yr Iaith'. Tyfiant yn nhirwedd diwylliant yw'r iaith a theimlai'r aelodau bod angen datblygu dealltwriaeth fanwl ar ecoleg y dirwedd honno.

Uchafbwynt yr 'eistedd, gwrando a thrafod' oedd cynnal cynhadledd ddeuddydd – Arian Byw/*Live Culture* – yn Felin-fach, yn 2003. Ynddi cafwyd profiadau mewnol ochr-yn-ochr â chanfyddiadau byd-eang, gan gynnwys...

Dallineb Ddiwylliannol (Gudrun Jones, Therapydd Celf)

Perils and Opportunities (Daniel Nettle, Y Brifysgol Agored)

Perfformio, Protest a Chymuned (Lisa Lewis, Uwch-Ddarlithydd Drama),

Sounding out a Culture (Gregg Wagstaff, Arlunydd a Dylunydd Sain),

Unlliw ac Arlliwiau Eraill (Carwyn Evans, Arlunydd),

Symbol and Community (Éamon Ó Cuív, Gweinidog y Gaeltacht, Llywodraeth Iwerddon),

Trioleg a Chof a Chalon (Margaret Ames, Cyfarwyddwr Artistig Dawns Dyfed),

Post-colonialism and Minority Cultures (Dr. John McLeod, Prifysgol Leeds),

Du a Gwyn (Eddie Ladd, Perfformwraig),

Y Pictiwrésg ac Y Nudden Geltaidd (Y Tad Dorian Llywelyn, gynt o Brith Gof),

Sound of Silence (Cyfraniad ysgrifenedig gan Brian Friel, Dramodydd) a

Celfyddyd Ddeinamig – *Cymuned Fyw* (Gareth Ioan, Prif Weithredwr Cwmni Iaith).

Daeth gwaith Y Ffwrwm i ben â chyfres o ddarlithoedd cyhoeddus, ddwy flynedd yn ddiweddarach. *Planning for Survival* oedd testun siaradwr allanol cyntaf y gyfres sef, Suzanne Romaine, (Athro Merton, Prifysgol Rhydychen). Dilynwyd hi gan Tim Ingold, Athro Anthropoleg, Prifysgol Aberdeen (*The Imperfection of the Line as a Definer of Identity*) ac Anne Buttimer, Athro Daearyddiaeth, Coleg Prifysgol Dulyn (*The Importance of Scale in Developing Sustainable Communities*). Cynrychiolai'r *Ffwrwm* gydymaddysgiaeth y traddodiad Anghydffurfiol ar ei orau. Cwestiynu a thrafod manwl a thrylwyr ar ein diwylliant cynhenid a'i berthynas â'r byd oedd swm a sylwedd ei gyfarfodydd. Treiddio i ddyfnderoedd ei gymhlethdodau oedd y nod. Ni fyddai sail ddeallusol i'r llyfr hwn heb y gwaith a gyflawnwyd gan Y Ffwrwm. Diolchaf i bawb – o bell ac o agos – am eu cyfraniadau.

Ffynnon rwyf wedi dychwelyd ati'n gyson ar hyd y blynyddoedd yw Cymdeithas Hwyl a Hamdden, Theatr Felin-fach. Ers blynyddoedd cynnar y theatr, roedd yn arfer gan bobl droi mewn am baned a chlonc ar bnawn dydd Mercher. Datblygu o'r gwreiddiau cwbl anffurfiol hynny a wnaeth y gymdeithas, ac er iddi ymbarchuso ryw damaid wrth i 'Y Glonc' droi yn 'Hwyl a Hamdden' cymdeithas ben-agored ac anffurfiol yw hi o hyd. Roedd gwragedd a'u plant ymysg y dwsin a alwai heibio 'slawer dydd. Erbyn heddiw, pobl wedi ymddeol yw crynswth y deg ar hugain i ddeugain a ddaw ynghyd yn wythnosol. Mae cael mynediad i ogof Aladin eu cof eang a'u gwybodaeth arbenigol yn fraint. Mawr yw fy nyled iddynt nid yn unig o ran eu cyfraniad at gynnwys y gyfrol hon ond o ran yr addysg a gefais ganddynt trwy gydol fy 26 mlynedd ar staff y theatr.

O ran cwblhau'r llyfr, bu'r tair blynedd a dreuliais yn ddarlithydd ym Mhrifysgol Cymru: y Drindod Dewi Sant yn fendith ac yn felltith. Yn groes i'r disgwyl, dysgais mai prin iawn yw'r amser a ganiateir ar gyfer gwaith ymchwil ac ysgrifennu o fewn amserlen addysg uwch. Dyna'r felltith. Y fendith oedd sylweddoli pa mor anwybodus oedd myfyrwyr y ddrama parthed eu theatr gynhenid. Gwyddent am fodolaeth a pheth o waith y Theatr Genedlaethol ac ambell i gynhyrchiad gan ambell i gwmni arall. Ysywaeth, cawsant anhawster ddeall fod i theatr y Gymraeg fodolaeth a phosibiliadau nad oedd yn gyfyngedig i ffurff a phensaernïaeth y norm Prydeinig. Nid eu bai nhw oedd hynny, wrth gwrs. Tywyllwyd eu gorwelion gan gydymffurfiaeth y drefn addysg sydd ohoni. Mae addysg sy'n siarad Cymraeg ar gynnydd. Ysywaeth, prysur ddiflannu yw addysg sy'n meddwl yn Gymraeg. Bu profi anhawster y myfyrwyr yn sbardun o'r newydd i mi. Daeth y nod o'u cynorthwyo i weld anghenion a phosibiliadau'r theatr honno sy'n benodol i'w diwylliant ac nad yw'n gaeth i'r un adeilad na sefydliad yn flaenoriaeth o'r newydd. Am ei anogaeth gyson ar i mi gyrraedd y nod hwn, diolchaf i Iestyn Llwyd a oedd yn bennaeth Adran Gymraeg Ysgol y Celfyddydau Perfformio ar y pryd.

O fewn y broses o gynnal diwylliant lleiafrifol tyndra mwy na'r cyffredin yw'r tyndra rhwng gweithredu ac ysgrifennu. Wrth i gydymffurfiaeth fyd-eang, trwy gyfrwng Prydeindod, bwyso'n gynyddol ar anghydffurfiaeth y gymdeithas Gymraeg nid hawdd yw ymneilltuo oddi wrth mur amddiffynnol ein 'creu-creu-creu' i ystafell dawel ymchwil a thrafod. Mater o hanfod yw hi mai lleoedd ar wahân ydynt. Eithr, perthynas symbiotig yw eu perthynas a'i gilydd. Heb y naill, ni fydd y llall. Yn sicr, heb ysgrifennu, yn hwyr neu'n hwyrach ni fydd gweithredu. Gan gofio ei sefyllfa unigryw o fewn diwylliant y Gymraeg, rhan o gyfrifoldeb Theatr Felin-fach yw cynnal y tyndra creadigol hwn yn gyffredinol a dynameg cwestiynu, trafod ac ysgrifennu yn benodol. O'r cyfrifoldeb hwnnw y tarddodd y llyfr hwn. Mawr yw fy niolch i bennaeth y theatr, Dwynwen Lloyd Llywelyn a Chymdeithas Cyfeillion Theatr Felin-fach am estyn i mi y gwahoddiad i'w ysgrifennu a'u menter wrth gyflwyno i mi'r penrhyddid i'w lunio yn unol â'm gweledigaeth bersonol.

Ar wahân i'r tair blynedd yng nghyflogaeth y Coleg Cymraeg a'r Drindod Dewi Sant (2010-13), ers ymadael â Theatr Felin-fach yn 2002 rwyf wedi ceisio gweithredu ac ysgrifennu yn annibynnol ar awdurdod cyflogwr. Mae pwysigrwydd annibyniaeth greadigol o fewn diwylliant lleiafrifol yn thema a drafodir yng nghwrs y llyfr hwn. Cystal i mi gyfaddef fy mod yn bryderus o dderbyn nawdd sylweddol gan Lenyddiaeth Cymru. Wrth droi at sefydliad sydd yn gweithredu mor agos at gyfundrefn gydymffurfiaeth ofnwn fy mod yn bradychu'r meddylfryd annibynnol roeddwn am ysgrifennu amdano. Eithr, dyheadau egalitaraidd oedd gan sefydlwyr yr Academi Gymreig (tarddiad yr asiantaeth). Credaf fod yr anghydffurfiaeth gynhenid honno yn dal i'w chadw rhag ei llyncu'n llwyr gan forfil Prydeindod datganoledig. Roedd sylwadau cadarnhaol a gwerthfawr ei darllenydd di-enw yn sicr yn ysbrydoliaeth tuag at fentro i berfeddion y dirwedd anghydffurfiol. Diolchaf yn fawr am y gymwynas honno ynghyd â'r dyfarniad ariannol nid ansylweddol a fu'n gynhaliaeth ymarferol ar gyfer hanner blwyddyn gyntaf y gwaith. Diolchaf hefyd i Dwynwen a Chyfeillion Theatr Felin-fach am y cyfraniadau a gefais ganddynt yn ystod yr un cyfnod tuag at y gost o eistedd ac ysgrifennu.

Er gwaethaf cefnogaeth Llenyddiaeth Cymru a Theatr Felin-fach, bu bron i'r prosiect hwn ddod i ben yn llwyr ac yn hollol. Daeth cyfnod pan roedd y cyllid i gyflawni prosiectau gweithredol yn arbennig o brin. Sgil-effaith hynny oedd gwanhau fy ngallu i gynnal y gwaith ysgrifennu hwn. Daeth achubiaeth nid oddi wrth yr un sefydliad na chwmni ond oddi wrth gyfaill a ddeallai gymaint sydd i golli wrth aberthu'r anghenraid ysgrifennu. Rwy'n edrych ymlaen yn eiddgar at gyflwyno i law Dr. Dilys Davies gopi o'r llyfr hwn. Mawr hyderaf bydd ei gwpla a'i gyhoeddi yn rhywfaint o ad-daliad iddi am ei chefnogaeth ymarferol a deallusol i'm gwaith.

Siwrne ddarganfod yw pob ymdrech greadigol. Ar y fath siwrne y mae un angen nad oes modd ei osgoi sef, yr angen i wneud penderfyniadau. Gobeithiaf y bydd crynswth y darllenwyr yn dod i'r penderfyniad i mi wneud penderfyniadau da, ar y cyfan. Os felly mi fydd llawer o'r diolch yn ddyledus i benderfyniad a gyflawnais ar ddechrau'r gwaith yn deg. Y penderfyniad hwnnw oedd holi i Llinos Dafis olygu fy ngwaith.

Deuthum i adnabyddiaeth â gwaith Llinos yn ystod fy mlwyddyn gyntaf ar staff dysgu Theatr Felin-fach. Os gwag oedd y dyddiadur a roddwyd i mi ym mis Ionawr, 1976 erbyn yr wythnosau'n arwain at Eisteddfod Genedlaethol Aberteifi roedd pob munud o bob dydd yn llawn. Llawn hefyd oedd y theatr wrth i bob gofod gwag droi'n ganolbwynt creu. Yn y Lolfa, roedd un grŵp yn ymarfer comedi glasurol Leyshon Williams, *Y Practis*, ar gyfer rhaglen ddrama'r ŵyl. Yn y Stafell Werdd, roedd criw arall yn cyd-awdura sioe a fyddai'n agoriad pryfoclyd i Theatr y Maes. Ar y llwyfan, roedd trydydd cwmni yn ymarfer *Planed C614* – sioe theatr-i-blant i'w pherfformio, eto, yn theatr newydd y maes. Sail y sioe hudolus hon oedd *Y Tywysog Bach*, cyfieithiad Llinos o lyfr enwog Antoine de

Saint-Exupéry, *Le Petit Prince*. Bu'r profiad yn un ffurfiannol i mi.

Aeth sawl blwyddyn heibio cyn i mi ddod i adnabyddiaeth bersonol â hi. Apwyntiwyd hi yn Diwtor Cymraeg-i-Oedolion yng Ngheredigion. Ei swyddfa, credwch neu beidio, oedd yr ail o ddwy stafell wisgo Theatr Felin-fach – sefyllfa oedd yn enghreifftiol o brinder gofodau gwaith y theatr, drwyddi draw. Er gwaethaf yr anfanteision amlwg, golygai'r fath hwp-di-haprwydd bod sgyrsiau a syniadau pawb a weithiai ynddi yn cymysgu'n rhydd, yn rhwydd ac yn gyson – sefyllfa gyfoethog iawn â Llinos yn gyfrannwr gwerthfawr iawn iddi. Rwyf wedi cael y fraint o gydweithio'n lled reolaidd â hi ers y dyddiau cynnar hynny. Daeth yn un o symbylwyr cyntaf Y Ffwrwm a thrwy ei chyfraniadau roedd hi'n amlwg bod anghenion a photensial diwylliant y Gymraeg yn ganolbwynt cyson i'w meddyliau.

Wrth olygu fy ngwaith ar gyfer y gyfrol hon bu'n ddiflino ei hysgogiad arna'i i fod yn glir fy meddwl a'm mynegiant. Diolchaf yn arbennig iddi am y gymwynas hon ac am ei hawgrymiadau mynych i'm cynorthwyo. Elfen bwysig o fewn eglurder yw cywirdeb iaith a chystrawen. Diolchaf iddi am gywiro'r camgymeriadau brith ac am roi i mi'r cyfle i ddysgu ohonynt wrth eu trafod gennyf yn amyneddgar. Bu'r cymwynasau uchod yn hanfodol i'r broses o blethu haenau'r prosiect hwn ynghyd. Eithr cymwynas fwyaf ei golygyddiaeth oedd ei hymddiriedaeth ym mhwysigrwydd y prosiect a'i hanogaeth gyson i mi gyrraedd pen y dalar. Am iddi roi mor hael o'i hamser, ei hegni, ei harbenigedd a'i chyfeillgarwch diolchaf iddi o waelod calon.

Er cymaint y cymorth a gefais gan Llinos a'm cymwynaswyr oll nid yw'r cyfanwaith, mae'n sicr, heb ei wendidau. Wrth dderbyn y bai amdanynt, gobeithiaf y bydd ei gryfderau yn ddigon i'w wneud yn gyfraniad effeithiol tuag at yr her o gynnal tyndra creadigol y Gymraeg.

Euros Lewis
Gwanwyn 2015

Cyfieithiadau

Mae'r llyfr yn cynnwys llawer o ddyfyniadau o waith awduron byd-eang. Trwy gyfrwng y cyfieithiadau Saesneg arnynt y codais y rhan fwyaf ohonynt ac o'r iaith honno rwyf wedi'u cyfieithu i'r Gymraeg. Dim ond geiriau awduron cyfrwng Saesneg sydd heb eu cyfieithu. Eithriad yw teyrnged Dwynwen, merch Dewi Emrys, i Tom Stephens (Pennod 8) a dyfyniadau o deipysgrif D. G. M. Thomas, *The Land of Ceredigion* (Pennod 20).

Rhagymadrodd

Drwy gydol chwarter olaf yr ugeinfed ganrif datblygodd Pantomeim Felin-fach i fod yn arf rymus yn arfogaeth diwylliant y Gymraeg. Wrth edrych yn ôl gwelir bod cydberthynas agos a chyson rhwng penodolrwydd yr hanes a'r straeon lleol a ddefnyddiwyd a phoblogrwydd y cynyrchiadau. Wrth i'r duedd tuag at ganolbwyntio'r naratif ar gymdogaeth benodol (ble bynnag y bo) dyfu, ehangu hefyd wnaeth ystod y cymdogaethau a ddeuai yn eu ceir a'u bysiau o flwyddyn i flwyddyn. Wrth galon y penodol lleol ym Mhantomeim Felin-fach mae paradocs yr egwyddor iwnifersal: trwy sylwi'n agos mae gweld ymhell.

Llyfr plwyfol yw hwn. Canolbwyntia ar hanes Theatr Felin-fach – theatr benodol ag iddi arwyddocâd eang. Yn y saithdegau a'r wythdegau, codwyd cadwyn o theatrau ar draws Cymru. Eu nod oedd dod â 'diwylliant' 'o fewn cyrraedd i bawb'. Nid yw Theatr Felin-fach yn un ohonynt. Nid i ddiwyllio y codwyd hi. Eithr y diwylliant – diwylliant y Gymraeg – a'i cododd hi. Dyma a wna ei stori mor wahanol; mor benodol. Theatr Felin-fach yw unig theatr gysefin y Gymraeg.

Ar derfyn ei gyfrol *Can threathened languages be saved?* mae Joshua A. Fishman yn ateb ei gwestiwn ei hun:

> *Yes... but only by following careful strategies... and only if the true complexity of local human identity, linguistic competence and global inter-dependence are fully recognised.*[1]

Mae ymron i wyth mlynedd wedi mynd heibio ers i mi ddechrau llunio'r gyfrol hon. Pe bawn i wedi bodloni ar adrodd hynt a helynt dim mwy na deugain mlynedd o fodolaeth y Theatr mi fyddai'r gwaith wedi'i gwblhau mewn byr o dro. Mae'r gymwynas honno eto i'w chyflawni. Ond nid trwy gyfrwng yr hanes cymharol amlwg hwnnw y mae mynd i'r afael â'r '... *true complexity of local identity*'. Wrth ddisgrifio cyflwr bodolaeth ieithoedd a diwylliannau lleiafrifol dywed Fishman eu bod yn byw dan gysgod '*the... omnipresence of a Big Brother*'.[2] Plannwyd hollbresenoldeb yr iaith a'r diwylliant Saesneg gan Ddedfau Uno 1536 a 1543. Er iddo dyfu'n araf ond yn gyson byth ers hynny safodd hunan-reolaeth ddiwylliannol y Gymru Anghydffurfiol yn amddiffynfa gref i'w ryfeddu yn ei erbyn. Mae'r llyfr hwn yn herio'r safbwynt traddodiadol mai 'grym di-rym' yw diwylliant. Cydymddibyniad egalitariaidd oedd sail y gwrthglawdd, ac er iddo ymfreuo rywfaint wrth i Anghydffurfiaeth ymdreiglo ac ail-ymffurfio'n anghydffurfiaeth, daliodd yn syndod o gyflawn hyd at chwarter olaf yr ugeinfed ganrif ac ymddangosiad cyntaf Thatcheriaeth wrth-gymdeithasgarol. Hyd yn oed wedyn, sefyll ei dir a wnaeth cyd-ymblethiad y manfrig. Ysywaeth, bu ei hail-ddyfodiad – yn sgil argyfwng y

---

[1] *Can threatened languages be saved?* – Joshua A. Fishman – Multilingual Matters Ltd., Clevedon, 2001
[2] ibid

banciau, 2008 – yn ymosodiad llawer mwy effeithiol. Ddeng mlynedd ar hugain yn ôl Saesneg oedd unig iaith *Big Brother*. Erbyn heddiw, mae'r Brawd Mawr yn siarad Cymraeg.

Fel y'i hadroddir gan amlaf, chwedl feloddramatig yw chwedl Cantre'r Gwaelod. Mae hynny'n drueni. Drwy fasg y gorffennol, mae ynddi'r potensial i archwilio cyflwr penodol *psyche* Cymreig yr argyfwng sydd ohoni. Ond canolbwyntio ar y themâu cyffredinol a wna'r storïwyr, sef meddwdod Seithenyn, dagrau Gwyddno a rhaib didostur y môr a'r dymestl. Gormod o barch at y gair ysgrifenedig sydd i gyfrif. Wrth ollwng gafael ar y crynhoad cyffredinol a mynd i'r afael â'r manion cuddiedig daw penodolrwydd canfyddiadau annisgwyl i'r amlwg. Tybed, er enghraifft, nad gwarchod y cantref rhag rhyferthwy tymestl oedd prif waith y morglawdd? Bygythiad achlysurol oedd hwnnw. Onid y bygythiad mwyaf oedd y bygythiad hollbresennol? – y môr tawel a lapiai'r arfordir brau feunydd-feunos; y môr swyngyfareddol a ddenai'r gronynnau tywod – bob un, o'i wirfodd, yn ei dro – i ollwng ei afael a hwylio'n esmwyth gyda'r llif.

Mae penodau olaf y llyfr hwn yn cyflwyno sylw cwbl ddyledus i ddau frawd a chwaraeodd rannau canolog yn nrama sefydlu Theatr Felin-fach. Ar ddechrau'r saithdegau, roedd Alwyn Jones yn Ddirprwy Gyfarwyddwr Addysg Ceredigion a Gwynn Hughes Jones yn Drefnydd Drama'r sir. Byd y ddrama Gymraeg oedd byd y naill a'r llall gan mai cynnyrch theatr gynhenid y Gymraeg oeddynt ill dau. Cyfuniad grym a momentwm y theatr honno a dylanwad sefyllfa broffesiynol y brodyr a sicrhaodd godi adeilad rhyfeddol gyfoethog ei adnoddau ar gampws addysg Felin-fach ym 1972.

Serch hynny, nid oedd eu perthynas â theatr eu magwrfa yn rhydd o dyndra. Roedd y ddau yn ymwelwyr cyson â theatrau'r West End, Llundain a Gwynn yn gynfyfyriwr mewn coleg drama yn Lloegr. Wrth i adeilad y theatr newydd ddod yn barod, daeth dylanwad y theatr Brydeinig arnynt yn fwyfwy amlwg. Cadarnhawyd y pellter rhyngddynt a'u theatr gynhenid pan ddeddfwyd ganddynt mai dillad ffurfiol yn unig yr oedd technegwyr a chroesawyr Felin-fach i wisgo ar bob achlysur cyhoeddus. Chwerthin yn eu llewys a wnaeth gwerin gwlad. Ond yn eu calonnau roedd dryswch. Theatr pwy, tybed, oedd y theatr newydd hon?

Am resymau gwahanol iawn roedd D. G. M. Thomas, prifathro Coleg Addysg Bellach Felin-fach, yn gofyn yr un cwestiwn. Codwyd Theatr Felin-fach ar gampws y coleg. Hawliodd mai rhan o'i 'ymerodraeth' ef, felly, ddylai'r sefydliad newydd fod. Gwrthwynebai'r ddau frawd hynny'n daer. Trwy ragluniaeth, cytuno â dadl D. G. M. Thomas a wnaeth y Pwyllgor Addysg. Ymneilltuodd y Trefnydd Drama i Swyddfa'r Sir, Aberystwyth.

Mae'r atgof am gyfnod agoriadol Felin-fach yn dal i godi gwên a chwerthin ymhlith y rhai oedd yno. Eithr, ym môn y chwerthin mae anadl rhyddhad. Cododd Alwyn Jones a Gwynn Hughes Jones eu siâr o'r pwysau wrth ddod â maen theatr gysefin y diwylliant a'i magodd i'r wal. Ond gafaelwyd ynddynt gan y môr cyfrwys a thawel. Â hwythau yng nghesail y don, ni fedrent wahaniaethu bellach rhwng diwylliant a *culture*.

Heddiw, yr un fath â deugain mlynedd yn ôl, dal i dorri ar draethau diwylliant y mae tonnau *culture*. Yn achlysurol, cwyd storom fawr a ddaw a chamerâu Caerdydd a Chaernarfon i gofnodi'r difrod. Ond y lapio diddiwedd ar arfordir diwylliant yw'r bygythiad go iawn. Dyma'r grym sy'n newid y map. Enghraifft gyfoes o'r grym hwnnw yw'r geiriau 'theatr gymunedol' – term sy'n fenthyciad o ddiwylliant (*culture*) y Saesneg. Wrth ei fenthyg – yn ymwybodol neu'n anymwybodol – rydym hefyd yn benthyg y cysyniad anghynefin sydd yn sail iddo. Gan amlaf, defnyddia'r Cymry y term 'theatr gymunedol' yn ddiniwed braidd. Credant mai dyma ffordd y diwylliant ei hun o ddisgrifio'i hun. Wedi'r cyfan, onid yn ei chymdogaethau y mae'r diwylliant yn cael ei chynnal a'i chadw? Mae gennyf bob cydymdeimlad â hwy. Gwn o hir brofiad mor anodd yw mynegi elfennau cymhleth-gyfoethog megis cymdeithas, cymdogaeth neu ddiwylliant. Craidd yr anhawster yw mai pethau byw ydyn nhw: pethau anodd i'w ryfeddu i afael ynddynt i'w dadelfennu, eu trafod a'u hesbonio. Yn eiliadau'r ymdrech, y blinder a'r rhwystredigaeth, estyn *culture* i'n sylw gymorth ei labeli cyfleus, cyffredin a hawdd-eu-hamgyffred.

Disgrifiwch Theatr Felin-fach.
Sut?
Mae'n syml, gyfaill: 'theatr gymunedol'.

Yn y modd hwn – heb na chwys na chlais na thywallt gwaed – ymwreiddia *culture* dan groen diwylliant.

Mae i'r fuddugoliaeth gynnil hon oblygiadau pellgyrhaeddol. Go brin fod yn y llyfr hwn un bennod nad yw'n atgoffa'r darllenydd o berthynas symbiotig egalitariaeth a diwylliant y Gymraeg. Dynameg gwbl wahanol sydd i *culture*. Brenhiniaeth ac ymerodraeth – pŵer llwyr y canol a gwaseidd-dra graddedig yr ymylon – yw ei strwythur cynhaliol. O fewn y meddylfryd hwn, lle ymylol yw 'community'. Theatr ymylol yw 'theatr gymunedol'. Theatr eilradd. Nid dyma'r theatr 'go-iawn'.

Mae oblygiad arall sy'n fwy pellgyrhaeddol fyth. Trwy dderbyn y cysyniadau sydd ynghlwm wrth yr ymadroddion benthyg rydym – gan bwyll bach – yn peri lleihad catastroffig ar ystyr 'diwylliant'. Pen draw hynny yw ei ddarostwng a'i wneud yn ddim amgenach na gair Cymraeg am *culture*. Wrth dadogi Theatr Felin-fach yn theatr gymunedol dadwreiddiwn hi a'i throi'n un o'r canolfannau cenhadol hynny sydd – chwarae teg iddynt – yn 'ymestyn allan' (o'r canol) at y gymuned (yr ymylon). Bocs sgwâr ag ynddo ddogmâu polisi a thargedau yw'r theatr honno – sefydliad rhwydd ei gategoreiddio, sy'n sicr o gadw i'w briod le o fewn byd y celfyddydau cyfundrefnol. A'r theatr gynhenid? Pa fath theatr yw honno? Dalwch yn dynn. Gwyliwch yn ofalus, ofalus. Canys sgwarnog yw hi. Neu lysywen. Neu dderwen ddeiliog. Neu gwmwl uwchben cymylau amser. Neu...

Ymgais at adnabod cymaint fyth o'r 'neuai' di-rifedi a berthyn i amgylchedd penodol diwylliant a theatr y Gymraeg yw swm a sylwedd y llyfr hwn. I'r perwyl hwn, rwyf wedi ceisio torri llwybr drwy wead y gwreiddiau a'r tyfiannau, y cynefinoedd cyfarwydd ac anghyfarwydd – proses a oedd weithiau yn boenus o araf, weithiau yn adrenaliniaidd o gyflym a phob amser yn gyfoethog, os dryslyd, ei throeon a'i phosibiliadau. I beth? I geisio clirio o'r neilltu gyffredinoledd ddoe a'n galluogi i weld o'r newydd, heddiw, y... *'true complexity of local human identity'*.

Yn ôl y cofnod ffurfiol, agorwyd Theatr Felin-fach ym mis Mai, 1972. Mewn gwirionedd, roedd hi'n flwyddyn yn ddiweddarach ar y drysau'n cael eu hagor yn iawn – led y pen. Gŵr ifanc oedd Hywel Evans – aelod o dîm arloesol Theatr Mewn Addysg Felin-fach – pan apwyntiwyd ef gan Goleg Addysg Bellach Felin-fach yn Ddarlithydd â Gofal y theatr. Yn y gyfrol hon rhoddaf gryn sylw i rôl allweddol 'dynion dŵad' o fewn ecoleg y diwylliant.

Un o'u plith oedd Hywel. Magwyd ef yng Nghaerdydd. Cymraeg oedd iaith yr aelwyd ac roedd ganddo gysylltiadau teuluol agos â chymdogaethau'r Gymraeg. Trwy gyfrwng y Gymraeg yr hyfforddwyd ef yn athro

drama yng Ngholeg y Drindod, Caerfyrddin. Eithr yn
Felin-fach ac wrth ymweld ag ysgolion a chymdogaethau
cefn gwlad y gorllewin y daeth i ymwybyddiaeth gyntaf o
realaeth theatr benodol diwylliant penodol y Gymraeg. Os
mai 'theatr gymunedol' newydd oedd Theatr Felin-fach
iddo wrth iddo gyrraedd o'r Drindod, erbyn iddo dderbyn
y cyfrifoldeb o fod â gofal amdani roedd e eisoes wedi
dysgu nad oedd y term hwnnw yn un priodol. Ond beth
oedd yn briodol? Beth oedd ei pherthynas â'i hamgylchfyd
diwylliannol? Beth oedd ei photensial? Cael ei swyno oddi
wrth y theatr gynhenid gan wisgoedd a cholur a
chonfensiynau sicr y theatr 'go iawn' oedd hanes ei
ragflaenydd, Gwynn Hughes Jones. Cael ei swyno tuag at
theatr na fedrai ei gweld na'i chyffwrdd wnaeth Hywel.

Cyfarwyddwr Artistig cwmni Brith Gof yng
Nghaerdydd oedd Cliff McLucas. Ganol y nawdegau, dan
ei arweiniad ef, symudodd Brith Gof ei gartref o'r
brifddinas ac ymsefydlu yng nghefn gwlad y gorllewin.
Trwy gyfrwng Theatr Felin-fach a Dawns Dyfed, daeth
perfformwyr cynhenid theatr gynhenid y Gymraeg yn
gyfranwyr at y gyfres newydd o berffformiadau safle-
benodol a gynhyrchwyd ganddo. O ganol y profiad hwn
daeth Cliff McLucas i gredu mai'r hyn a haeddai sylw
oedd...

...y syniad o theatr neu berfformiad neu hunaniaeth fel
set o bethau sydd wedi eu creu yn hanesyddol a
diwylliannol.[3]

Ym 1973, 'y llif' oedd y gair a ddefnyddiai Hywel i
ddisgrifio'r 'set o bethau' y teimlai eu presenoldeb ond na
fedrai eu gweld. Er ei amhenodoldeb, nid oedd yn air

---

[3] *Arian Byw/Live Culture* – gol. Dylan Iorwerth – Y Ffwrwm – Felin-
fach, 2003

amhriodol chwaith. Cynhwysai holl elfennau'r gymdeithas wledig Gymraeg – e.e. addysg, iaith, diwylliant, crefydd, economi, hanes, celfyddyd, gwleidyddiaeth – o fewn un cyd-ymblethiad cyfoethog, aflonydd, byw. O'r 'set o bethau' hyn y daeth yr egni a'r cyd-ddychymyg i godi'r adnodd yr eisteddai ynddi. Y cwestiwn oedd: sut i ddod â'r naill theatr a'r llall i gyfathrach lawn â'i gilydd? Sut oedd cael llif y diwylliant i droi rhod melin Felin-fach?

O fewn diwylliant y Gymraeg, agweddau ar yr un ddynameg yw addysg a chreadigrwydd. Ymysg y pethau cryfaf a'u clyma ynghyd y mae dwy elfen, sef y duedd gyd-weithrediadol a'r rheidrwydd i gwestiynu. Tarddu o'r chwyldro cymdeithasol a grëwyd gan y diwygiadau Methodistaidd y mae'r ymbriodas hon. Canfyddiad y mae'r llyfr hwn yn dadlau'n gryf o'i blaid yw nad yw'n bosib deall pwysigrwydd addysg ffurfiol yng Nghymru yn ystod y ddwy ganrif a aeth heibio heb hefyd ddeall cyd-bwysigrwydd addysg Anghydffurfiol – addysg a oedd yn llwyr-gydweithrediadol ac yn drylwyr-gwestiyngar. Yn rhannol wrth reddf ac yn rhannol dan ddylanwad yr hyn roedd y theatr gynhenid eisoes wedi'i ddysgu iddo, gwrthod model ymrannol ei hyfforddiant proffesiynol a'r theatr 'go iawn' (addysgiedig/an-addysgiedig, hyfforddedig/an-hyfforddedig, gwybodus/anwybodus) a wnaeth Hywel. Gyda brwdfrydedd diwygiadol agorodd ddrysau Theatr Felin-fach led y pen gan wahodd cyfranogwyr y theatr gynhenid – hen ac ifanc, profiadol ac amhrofiadol – i gymryd meddiant llwyr a hollol o'i llwyfan helaeth a'i hadnoddau diweddaraf. Nid dim ond ei rhoi ar fenthyg dros-dro neu eu cyfyngu i ddim ond rhannau ohoni wnaeth e. Cyflwynodd iddynt yr allwedd i bob ystafell a phob posibilrwydd. Ac wrth i'r llifeiriant fagu nerth, yn unol â chyfrifoldeb ei swydd – swydd yr arweinydd – yr unig beth a gadwodd iddo fe ei hunan oedd yr hawl i godi pa bynnag gwestiynau roedd eu hangen i gynnal a chorddi ymhellach ffrwd gynhyrchiol y felin. Trwy gyfrwng y gydymddiriedaeth gyflawn a dyfodd dan arweiniad Hywel Evans daeth theatr gynhenid y Gymraeg yn berchennog cyflawn ar y theatr a esgorodd arni.

Theatr Felin-fach. Nos Fawrth, 1 Mawrth, 1977. Mae'r awditoriwm yn llai swnllyd nag arfer. Mae yma ddisgwyl, a'r disgwyl hwnnw'n gymysgedd o chwilfrydedd, awydd ac amheuaeth. Gosodwyd cwestiwn ym meddyliau'r gynulleidfa cyn iddynt benderfynu dod ar gyfyl y theatr hon, heno. Prin oedd y geiriau ar y poster. Ond roedd yna ddau air llachar, heriol: Pentrefi Pwy?

Yn yr ystafelloedd newid mae darnau o sgript yn dal i gael eu croesi mas, eu hail-ysgrifennu, eu hysgrifennu o'r newydd hyd yn oed. Mae nerfusrwydd yn rhemp: nerfusrwydd arferol y perfformiwr cydwybodol, nerfusrwydd yr actor sydd wedi gorfod cywasgu'r broses o greu ac ymarfer i ddim ond dyddiau – neu oriau hyd yn oed, ac yn bennaf oll nerfusrwydd y gwrthryfelwr, y gweithredwr radical sydd ar fin cyflawni gweithred radical. Canys, mae theatr gysefin y Gymraeg – y theatr sy'n tarddu o berthynas gydymddiriedol pobl â'i gilydd – ar fin taro, ar fin profi cryfder cynhaliol y gymdeithas Gymraeg, ar fin sianelu holl rym treiddgarwch ei theatr tuag at y dasg o'i chwestiynu hi ei hunan. I'r diben hynny, mae hi wedi cyflawni anghenraid cyntaf theatr ystyrlon – dod â phobl ynghyd.

Ar ddechrau'r saithdegau prynwyd tir ar gyrion pentref Felin-fach gan gwmni o ddatblygwyr. Gwnaeth y cwmni gais cynllunio ar gyfer codi cant ac ugain o dai. Roedd gwrthwynebiad cyffredinol i'r bwriad, ond gan nad oedd y cynlluniau yn groes i reolau'r cyngor, dyfarnwyd caniatâd amlinellol i'r cais. Wedi eistedd ar eu buddsoddiad am sawl blwyddyn, ar ddechrau 1976 derbyniodd y cyngor gais am ganiatâd cyflawn gan y cwmni. Unig ateb y swyddogion a'r cynghorwyr i bryderon pobl leol oedd fod y cais, unwaith eto, yn cydymffurfio â'r rheolau. Nid oedd dim i'w wneud.

Ond mi roedd yna rywbeth i'w wneud. Y rhywbeth hynny oedd theatr. Cynhaliwyd sgwrs agored yn lolfa Theatr Felin-fach. Datblygodd y sgwrs yn drafodaeth greadigol wrth i rwystredigaeth droi'n ddadansoddiad a gwybodaeth gyhoeddus ddatblygu'n ymchwil manwl. Trodd y dryswch a'r dicter yn dreiddgarwch ac yn awydd i rannu; i gynnwys y gymdeithas gyfan yn y trafod a'r cwestiynu.

O fewn pythefnos i'r sgwrs gychwynnol roedd sioe wedi'i chreu a chynulleidfa wedi'i chymell – gan gynnwys swyddogion ac aelodau etholedig y cyngor. Deugain munud oedd hyd y perfformiad, ond parhaodd y theatr wrth i grynswth y gynulleidfa dderbyn gwahoddiad y chwaraewyr i drafod – nid sgript y sioe, na'i pherfformiadau – ond y cwestiwn canolog a godwyd ganddi: Pentrefi Pwy?

Gwta bedair blynedd oedd oddi ar agor cragen frics a morter Theatr Felin-fach. Ond roedd y theatr a fyrlymai oddi mewn iddi y noson honno, ac a fyddai'n ymledu ag egni newydd-anedig allan ohoni, yn hen iawn iawn. Ei hanes yw testun y llyfr hwn.

*Yr arwydd ym mhentref
Felin-fach a ddynodai bwriad
cwmni datblygu o Lundain i
godi dros gant o dai ar y safle.*

```
P E N T R E F I      P W Y ?


THEATR FELINFACH.    1af  Fawrth 1977.



YR ACTORION

SUSAN DAVIES,  MELINDA JONES,  LYNFORD THOMAS,

DEWI JONES,  GWILYM JONES-LEWIS,  TOMI JONES,

EMYR GLASNANT,  EUROS LEWIS,  HYWEL EVANS.



GOLEUADAU ................. DAVID JONES

SAIN ...................... SIAN ELIN HYWEL

RHEOLWR LLWYFAN .......... BETHAN LLYWELYN

GWISGOEDD ................. CATHY JONES

SET ....................... DAVID GARRATT



Bydd dwy ran i'r rhaglen -

Y Rhan Gyntaf yn para tua deugain munud.

Yn yr egwyl bydd coffi ar werth yn y lolfa.

Bydd yr Ail Ran yn fyrach o lawer na'r Gyntaf.

Ar ddiwedd y perfformiad bydd trafodaeth yn y Lolfa o dan

Gadeiryddiaeth y Parch H. Mudd.
```

Darn o bapur di-addurn oedd rhaglen Pentrefi Pwy? – *rhywbeth a
fyddai'n atgyfnerthu'r neges mai sioe a darddodd o angen
gwleidyddol-ddiwylliannol y gymdogaeth ei hunan oedd hi a bod y
Theatr – yn adeilad ac yn weithwyr – i'w gweld nid yn ddarparwr
ond yn adnodd i'w ddefnyddio.*

Pennod 1

Theatr Abercuawg

Gair syml sydd hefyd yn gymhleth yw 'theatr'. I'r rhan fwyaf o actorion, adeilad ac ynddo lwyfan ac awditoriwm yw. I'r gwleidydd, theatr yw llawr ei senedd; achub a gwella pobl a ddigwydd yn theatr y llawfeddyg; brwydro a lladd yw gweithgaredd theatr y rhyfelwr. Ond nid dim ond lle – boed yn adeilad cyfyng neu yn fan agored eang – yw theatr. Yn union fel y mae'r gair 'eglwys' yn dynodi'r gymdeithas o gyd-addolwyr yn ogystal â'r adeilad y cyd-addolir ynddo, mae'r gair 'theatr' yn cwmpasu dynameg y gweithredu a ddigwydd ynddi yn ogystal â'i lleoliad. Y mae yn natur y cyfarfyddiad rhwng 'theatr lle' a 'theatr gweithredu' bosibiliadau pwerus. Medda ar y gallu i newid pethau – gallu y mae theatr gwerin gynhaliol y Gymraeg wedi ymgyfranogi ohono, mewn rhyw ddull neu fodd, yn barhaus.

Gair Groegaidd yw 'thea', gwreiddyn 'theatr'. Ei ystyr yw 'gweld'. 'Lle i weld', 'lle i wylio' oedd 'theatron'. Gwylio beth? I'r cyfarwyddwr theatr, Peter Brooke, mae rhywun yn gwylio rhywun arall yn croesi gofod gwag yn theatr. Er mor syml yw'r weithred, mae hanfod theatr ynddi: rhywun yn gwylio; rhywun yn gweithredu. Wrth gynnig ei ddiffiniad ei hun mae Augusto Boal, y cyfarwyddwr o Frasil, yn dyfynnu chwedl hynafol o Tsieina am wraig o'r enw Xua-

Xua a roddodd enedigaeth i fachgen bach. Wedi'r cyfnod maith o lwyr ddibyniaeth ar ei fam, un diwrnod penderfynodd y bachgen bach fynd i hela gyda'i dad. Yn ôl y chwedl: yn yr eiliad honno o wylio'i phlentyn yn datod ei afael yn ei llaw ac yn gweithredu ei ewyllys ei hunan y ganwyd theatr. Sylweddolodd Xua-Xua mai er mai ohoni hi yr oedd ei mab, nid hi oedd e. Yn sgil y sylweddoliad llifodd rhaeadr o gwestiynau. Pwy yw e, felly? Pwy yw hi? Pwy fydd e? Pwy fydd hi? Dechreuodd chwilio am atebion, medd Boal, wrth edrych arni hi ei hunan.

Ar yr eiliad hon roedd hi'n Weithredydd ac yn Wyliwr ar yr un pryd. Roedd hi'n Weith-wyliwr. Wrth ddarganfod theatr daeth y bod yn ddynol. Dyma yw theatr – y gelfyddyd o edrych arnom ni ein hunain.[1]

Y gair am 'weithredydd' a ddefnyddir gan gyfieithydd Saesneg Boal yw 'Actor'. Wrth gyfieithu'r Beibl i'r Gymraeg go brin bod yr Esgob William Morgan wedi oedi rhyw lawer cyn penderfynu rhoi'r pennawd 'Actau' uwchben gweithredoedd apostolion y Gristnogaeth ifanc. Yr oedd sawl canrif i fynd heibio cyn i'r geiriau 'act' ac 'actau' gael eu berchenogi gan fyd y ddrama Gymraeg[2]. Camarweiniol, fodd bynnag, yw dehongli yr hwyrder i fabwysiadu iaith a chonfensiynau y theatr ddinesig yn arwydd o hwyrder gwreiddio'r gelfyddyd yn niwylliant y Cymry.

'Gwaith di-ludded' medd Elsbeth Evans, ar drothwy'r pumdegau '...yw gwaith yr hanesydd drama... gan nad yw drama wedi datblygu'n grefft ymwybodol hyd ein canrif

---

[1] *Games for Actors and Non-Actors* – Augusto Boal – Routledge – Llundain, 1992

[2] Trwy gyfuno 'actor' (gweithredydd) a 'spectator' (gwyliwr) batha'r cyfieithydd y gair 'spectactor' (gweithwyliwr). [Ffynhonnell gynharaf Geiriadur Prifysgol Cymru ar gyfer 'act' mewn cyd-destun perfformiadol yw anterliwdiau Twm o'r Nant.]

ni.'[3] Dengys y datganiad lled ymddiheuriol hwn mor fregus yw hunaniaeth y Gymraeg. Mae hi'n cyplysu 'crefft ymwybodol' â ffurf benodol ar theatr, sef theatr yr awditoriwm a'r llwyfan; theatr y cwmnïau bach a mawr, gwych a gwachul a frithai Gymru hanner cyntaf yr ugeinfed ganrif; theatr a ymdebygai yn ei ffurf, os nad yn ei hiaith, i theatr y norm Prydeinig. Ysgrifennai Elsbeth Evans ar gyfer Cyfres Pobun, cyfres a gyhoeddwyd ar ddiwedd yr Ail Ryfel Byd am fod...

llawer o holi a phryderu beth a ddaw o Gymru ym merw a dadrithio y dyfodol agos.'[4]

Yn ddiarwybod iddi hi ei hun, yr oedd hanesydd y ddrama yn cadarnhau yr ofn a ysgogodd gomisiynu ei chyfrol. Dan ddylanwad diffiniad y theatr Brydeinig o'r hyn a gynrychiolai theatr 'go iawn' derbyniodd y myth nid yn unig mai ymylol yw perthynas y ddrama â diwylliant y Gymraeg ond hefyd mai dim ond yn y gweithredu hynny sy'n ymdebygu i'r theatr fetropolitan – yr hyn a eilw haneswyr theatr Lloegr yn *'regular theatre'*[5] – y ceir ymarfer ymwybodol ar y grefft. Yr oedd y golygydd, Tegla Davies, yn llygad ei le i bryderu. Gallu cyfrin ac arswydus cydymffurfiaeth yw gwneud anghydffurfiaeth yn anweladwy.

Genhedlaeth ynghynt, go wahanol y gwelai'r dramodydd a'r darlithydd drama Idwal Jones bethau. O ganol bwrlwm cwmnïau drama dauddegau a thridegau'r ugeinfed ganrif dadleuodd dros hawl y Cymry i sefydlu eu theatr genedlaethol eu hun. Sail ei ddadl oedd y bwrlwm ei

---

[3] *Y Ddrama yng Nghymru* – Elsbeth Evans – Gwasg y Brython – Lerpwl, 1947
[4] ibid – cyflwyniad E Tegla Davies, y golygydd, i'r gyfres
[5] *World Theatre* – Bamber Gascoine – Ebury Press – Llundain, 1968

hun. Roedd y ddrama Gymraeg yn eiddo i gymdeithas gyflawn y Gymraeg. Roedd y ffaith nad oedd gan Loegr y cyfnod theatr genedlaethol yn amherthnasol. Dadlau ar sail anghenion penodol diwylliant y Gymraeg a wnâi Idwal Jones. Bod yn theatr gynhwysol oedd ei photensial – theatr gweithwylwyr. Doedd a wnelo cyfyngiadau dosbarth, adeiladwaith na chonfensiwn y theatr Brydeinig ddim â hi. Trwy galon ei ddychymyg gwelai dlodi adeiladau theatr y Cymry a rhyddid ei diwylliant oddi wrth gyfyngiadau cymdeithasol Lloegr yn gyfle i godi pensaernïaeth o wreiddioldeb yng Nghymru. Teimlai, ym mêr ei esgyrn, botensial theatr a allai ryddhau o'r newydd egalitariaeth radical eu hanghydffurfiaeth gysefin.

Yn sgil chwyldroadau cymdeithasol chwedegau'r ugeinfed ganrif cododd gweithgaredd yn Lloegr a geisiai chwalu muriau cyfyng y theatr sefydliadol Brydeinig. Medd Tony Coult, un o sefydlwyr y cwmni cydweithredol *Welfare State International*...

This long-term process... seeks to re-establish, away from the conventional building-based middlebrow/ middle-class theatre, the popular theatre traditions of the working class, such as Carnival, the Feast of Fools, the fairground, the mummers' plays, that vein of subversion-as-entertainment that runs through so much of folk theatre and song.[6]

Nid oedd angen i Idwal Jones ddefnyddio'r gair 'ail-sefydlu'. Theatr y gweithwylwyr oedd theatr y Cymry. Ei chymdeithasgarwch oedd ei chryfder; felly hefyd ei rhyddid oddi wrth ragdybiaethau y *'regular theatre'*.

Yn 2010, wrth ddisgrifio cyd-destun creadigol Cymru

---

[6] *Engineers of the Imagination* – Tony Coult a Baz Kershaw (gol.) – Methuen – Llundain, 1983

cyflwyna cyd-sefydlydd cwmni Brith Gof, Mike Pearson, y rhyddid hwn yn nhermau potensial hefyd.

> *That such developments [theatr y tu fas i gonfensiwn y 'regular theatre'] should occur in Wales is not entirely surprising... [W]ith no mainstream tradition setting what theatre should and ought to look like, with, until recently, no National Theatre prescribing orthodoxy of theatrical convention, performance has had its options.*[7]

Ond nid dim ond trwy adnabod absenoldeb confensiynau dinesig yn unig y mae adnabod tiriogaeth y theatr Gymraeg.

Lle chwedlonol yw Abercuawg – lle y canodd Llywarch Hen iddo. Ac eto, medd R. S. Thomas '...fel Cymro, ni welaf ystyr i'm bywyd os nad oes y fath le ag Abercuawg, tref neu bentref y mae'r cogau yn canu ynddo.' I'w ddarganfod mae angen i'r gwyliwr fod yn weithredydd, yn weithwyliwr o benderfyniad ac ymroddiad. 'Nid trwy gyfaddawdu' medd R. S. 'y cyrhaeddwn ni Abercuawg.'[8]

I lawn werthfawrogi'r ddaeareg ddofn, gyfoethog ac afreolaidd y codwyd Theatr Felin-fach ohoni rhaid i ni ail-diwnio ein synhwyrau i donfeddi a chyfryngau penodol diwylliant y Gymraeg. Lle gwelsom gynt ddiwylliant tlawd na feddai'r gallu na'r ewyllys i godi ei adeiladau a'i sefydliadau ei hun – ac eithrio ei gapeli a'i enwadau, 'chwarae teg' – fe welwn ddiwylliant a feddai – ac sydd yn dal i feddu – ar y gallu i bensaernïo adeiladwaith helaethach, dycnach a mwy hyblyg o lawer na chastell, prif swyddfa neu ganolfan gelfyddydol. Cymdeithas yw'r

---

[7] *Site-Specific Performance* – Mike Pearson – Palgrave Macmillan – Llundain, 2010

[8] *Abercuawg* – R S Thomas – Darlith lenyddol flynyddol Eisteddfod Genedlaethol Cymru, Aberteifi a'r Cylch, 1976

adeiladwaith hwnnw – clystyrau aflonydd o egni aflonydd; organwaith a grëir ac a'i hail-grëir yn fythol-barhaus. Hanfod sefydliad cydymffurfiol yw patrwm, cynllun ac uwch-reolaeth. Hanfod cymdeithas anghydffurfiol yw'r modd a'r ewyllys i gyd-ddychmygu a chyd-berfformio. Gwneud diwylliant y gymdeithas honno'n anweledig – hyd yn oed i'r Cymry eu hunain – yw cenhadaeth gwladychwyr ddoe a heddiw. Bod yn *theatron* – yn gyfrwng i'w galluogi i weld yr hyn a fu, a'r hyn sydd – yw cenhadaeth y llyfr hwn.

Pennod 2

Theatr '... y gwynt a'r glaw a'r niwl a'r gelaets a'r grug

Pwy, tybed, gafodd y syniad o fedyddio chwaraedy'r brifysgol yn Aberystwyth yn Theatr y Werin? Efallai mai galw'n rhamantus i'r cof y ceiniogau diarhebol hynny a sicrhaodd i'r Cymry eu coleg prifysgol cyntaf oedd y nod. Mae'n debycach mai ymgais oedd i'n darbwyllo ni mai 'ein theatr ni' oedd hi – mai lle i'r Cymry edrych arnynt hwy eu hunain neu edrych ar y byd â llygaid Cymreig fyddai ei llwyfan. Ysywaeth, buan y sylweddolwyd mai cael ei rhoi ar fenthyg i ddiwylliant y Gymraeg yn ysbeidiol yn unig oedd y realiti. Eiddo y diwylliant Prydeinig yw'r theatr hon a phrofodd cynnal rhith ei Chymreictod yn ormod o ymdrech hyd yn oed i'r rheolwyr eu hunain. At yr 'Arts Centre / Canolfan y Celfyddydau' y pwyntia'r arwyddbyst ers sawl blwyddyn bellach. Mae hynny'n caniatau i ni ddwyn yr enw yn ôl i'w briod waith, nid i enwi lle ond i ddisgrifio ffenomen a dynameg, sef realaeth ddibensaernïol theatr 'anweledig' y Cymry.

Ymron ers cychwyn yr ymgyrch gyntaf oll i sefydlu Theatr Genedlaethol Gymraeg ar droad yr ugeinfed ganrif, dryswyd y trafod, ynghyd â phob astudiaeth ar yr hanes, gan y duedd i drin yr uchelgais i greu dynameg genedlaethol fel petai'n gyfystyr â'r awydd i godi adeilad neu adeiladau. Dylanwad diwylliant hierarchaidd Prydeindod sydd ar waith yn y fan hon – diwylliant y Sefydliad a'i sefydliadau. Yn y byd hwnnw y mae sicrhau presenoldeb amlwg a neilltuol – castell, pencadlys neu brif swyddfa – yn angenrheidiol. Hebddo ni fedr y sefydliad gymryd ei le ymysg y sefydliadau. Ar y llaw arall, diwylliant cydweithredol yw diwylliant y Gymraeg. O gyd-ymdrech ei wreiddiau y daw ei dyfiant. Ym mherthynas aflonydd pobl a'i gilydd y mae ei fodolaeth. Mae sôn am ei gynnwys mewn adeilad yn anathema iddo, canys nid yw bod yn llonydd yn gyflwr y gall ei ddychmygu. Yn ei hanfod, diwylliant corfforol yw diwylliant y Gymraeg; diwylliant y gwyntoedd a'r glaw a'r haul a'r holl egnïoedd hynny sy'n gyrru cyffro a drama tymhorau bywyd a byw. Teithio yw elfen flaenaf y gair 'cymdeithas'. Ni all theatr gynhenid y Cymry fod yn llonydd; theatr gydymdeithiol yw hi; theatr sydd am fod yn rhydd i garlamu ar draws ffiniau amwys eiddo a thiriogaeth; theatr na fyn ei chaethiwo gan goncrit; theatr sydd â nucleus ei hegni wrth galon gymhleth cymdeithas y cyd-ymdeithwyr – ei chyd-fyw, ei chyd-farw a'i chyd-atgyfodi oesol. Dyma hyd a lled anfesuradwy anghydffurfioldeb theatr y Cymry – theatr a saif yn anweledig i'r sawl sydd yn gaeth i gydymffurfiaeth diwylliant Prydeindod. I'r gweithwylwyr, ar y llaw arall – o ba gefndir bynnag y bônt – mae'r theatr mor amlwg bresennol â'r gymdeithas y perthynant iddi.

Y chwyldro Anghydffurfiol – yr hyn y cyfeirir ato gan amlaf yn Ddiwygiad Methodistaidd – yw tarddiad modern y theatr hon, thema y bydd y llyfr hwn yn manylu ac yn datblygu arni'n gyson ar ei hyd. Ond arllwys gwin dramatig newydd i hen gostreli a wnaeth y radicaliaid ifanc, Harris, Rowland a Williams Pantycelyn. O safbwynt theatr roedd y costreli hynny o leiaf cyn hyned â'r nawfed ganrif. Wrth gyflwyno myfyrwyr y Gymraeg at berthynas y cynfardd â'i gynulleidfa dywed Thomas Parry...

> Darllenir barddoniaeth heddiw â'r llygad, a drws y deall yw'r llygad. Clywid barddoniaeth gynt â'r glust... a phorth y galon yw'r glust.[1]

Awgryma Syr Ifor Williams mai camp y cyfryw feirdd oedd agor porth y gynulleidfa at theatr o ddyfnder a threiddgarwch nad oedd iddi gyfyngderau y tu hwnt i ymroddiad y 'gwyliwr'. Haera mai'r cerddi hynny o Ganu Llywarch Hen am ddinistr llys Cynddylan a galar a thor calon ei chwaer, Heledd, yw ...[y] peth agosaf at ddrama fawr y mae Cymru wedi'i greu erioed.[2]

Trasiedi yw'r ddrama. Dengys fel y mae rhyfyg a balchder yn arwain yn anorfod at drychineb a dinistr. O'n mewn ni ein hunain mae'r gelyn pennaf yn llercian. Y Sacsoniaid sy'n gweithredu'r dinistr, ond awdur y drychineb yw hyfdra y Cymry eu hunain. Gwnaeth yr awdur y llwyfan yn arsyllfa hunan-feirniadol ddidrugaredd. Cwestiynu a phoeni meddylfryd ei bobl oedd ei fwriad. Yn yr uchelgais hwn, ni lesteiriwyd ei greadigrwydd gan hyd a lled yr un llwyfan diriaethol. Trwy 'borth y glust' cyfarfyddai theatr 'lle' a theatr 'gweithredu' yng nghalonnau ei gynulleidfa. I'r gweithwylwyr, megis ym mhob trasiedi, nid oedd ddihangfa.

Theatr y cyfarwyddiaid oedd theatr Llywarch Hen, theatr sy'n buddsoddi egni ei dychymyg yng nghanolbwynt un synnwyr er mwyn creu yn y gwrandäwr lwyfan agored

---

[1] *Hanes Llenyddiaeth Gymraeg hyd 1900* – Thomas Parry – Gwasg Prifysgol Cymru, Caerdydd, 1964

[2] cyf. *Lectures on Early Welsh Poetry* – Sir Ifor Williams, Dublin Institute for Advanced Studies, Dulyn, 1944

i'r pum synnwyr; theatr sydd yn gwbl rydd o gyfyngiadau cynrychiolaeth a llythrenoliaeth; theatr sydd yn ymddiried yn llwyr ym mhotensial creadigol y 'gwylwyr' oll.

Mae sylwebwyr lu wedi ceisio lleoli Llaregyb Dylan Thomas ar hyd arfordir y gorllewin. Ond nid ym morffoleg na Thalacharn na Cheinewydd y daw archaeoleg ddiwylliannol o hyd i seiliau *Milk Wood*. Rhaid tyrchu llawer yn ddyfnach na hynny. Canys yn nhiriogaeth eang realaeth ac afrealaeth theatr y Mabinogi, theatr y dychymyg dilyffethair, theatr y cyfarwydd y mae gwreiddiau'r Wenallt. '*A play for voices*' yw disgrifiad yr awdur ohoni. Mae diystyru'r penodolrwydd hwn yn weithred a ysgara'r ddrama oddi wrth ei hamgylchfyd a'i threftadaeth. O'i thrin felly pa ryfedd iddi droi yn ddim amgenach nag adloniant lled-esoterig.

Theatr o grefft ymwybodol oedd theatr anweledig y beirdd a'r cyfarwyddiaid. Roedd iddi strwythur a ffurf. Sylwn yn ddiweddarach sut mabwysiadodd radicaliaid Anghydffurfiaeth y strwythurau a'r ffurfiau a chreu ohonynt theatr newydd o egni arian byw a dreiddiai'r corff a'r meddwl. Efallai, wrth gwrs, mai fel arall y bu pethau; mai theatr egni a chrefft y cyfarwydd a fabwysiadodd gyrff a meddyliau yr Anghydffurfwyr radical. Canys yn anagram y cylch atgenhedlig pa un, tybed, sydd gyntaf: geni, egni ynteu egin?

Ond nid theatr y cyfarwydd oedd unig lwyfan hanesyddol y beirdd a'r gweithwylwyr. Hyd ddiwedd y bedwaredd ganrif ar bymtheg roedd y ddrama a mydryddiaeth yn bartneriaeth rymus ym mhatrymau dathlu llawr gwlad y Gymraeg. Gwyddom oll am y cyffro ynghyd â'r tyndra y mae priodas yn ei greu mewn teuluoedd a chymdogaethau. Yng nghefn gwlad Ceredigion, megis mewn cymdogaethau gwledig ar hyd a lled siroedd Cymraeg y gorllewin a'r gogledd, mae noson cyn priodas yn noson o'r sbri rhyfeddaf, neu'r diflastod mwyaf – yn ddibynnol ar eich rôl yn y ddrama antur sydd ohoni. Os ydych chi'n perthyn i'r naill deulu neu'r llall mi fydd hi'n noson o fyw ar eich nerfau; noson ddi-gwsg. Ond os ydych chi'n ifanc ac yn un o ffrindiau'r ddeuddyn sydd i briodi mi fydd gennych drwydded – trwy law traddodiad a goddefgarwch cymdeithasol i'w ryfeddu – i wneud dim llai na drygioni. Clymu clwydi; cwympo coed; torri'r trydan neu godi caer uchel o fyrnau gwellt o gwmpas y tŷ ffarm; mae'r hen driciau a'r amrywiadau newydd arnynt yn barhad o hen draddodiad sydd – er gwaethaf y croesi achlysurol i dir annerbyniol – yn ganolog i ddychymyg cyfoethog dathlu.

Yn Nyffryn Aeron, mae'r chwarae melltith yn perthyn i batrwm ehangach o ddathlu priodas. Ym 1894 bu farw'r bardd gwlad Cerngoch.[3] Gydag e bu farw traddodiad y Cerddi Pendrws, sef yr arfer o adrodd penillion wrth ddrws tŷ'r briodferch ar fore'r briodas. Yn ôl Arfon Gwilym[4] y gallu i ymateb yn greadigol yn-yr-eiliad oedd pen llanw crefft y canwr penillion. Wrth sôn am yr arfer gystadleuol o Ganu Cylch dywed:

Byddai'r beirniaid a'r telynor yn penderfynu ar alaw, allan o glyw y datgeiniaid, a thra byddai'r telynor yn canu'r alaw drwyddi un waith byddai'r canwr cyntaf yn penderfynu pa fath o bennill y byddai'n ei ganu. Byddai'n rhaid i'r cantorion eraill adnabod y mesur hwnnw a chanu pennill gwahanol ar yr un mesur... a chyfansoddi ei osodiad ar y pryd, wrth gwrs.

Fel aml i fardd gwlad enillodd Cerngoch ei fri i raddau

---

[3] John Jenkins, 1825–1894
[4] *Cerddoriaeth y Cymry* – Arfon Gwilym – Gwasg y Lolfa, Talybont, 2007

helaeth ar gefn ei allu i greu yn-yr-eiliad; i ymateb i ddigwyddiad neu her ar lun pennill (triban Morgannwg, fel arfer) a hynny'n fyrfyfyr, neu 'yn slic' ys dywed llafar gwlad. Mae'n debygol iawn mai crefft felly oedd y Cerddi Pendrws gwreiddiol. Deuai parti bach o blaid y mab at ddrws plaid y ferch yng nghwmni bardd gwlad a fyddai wedi llunio pennill penodol yn gofyn am ei rhyddhau gan ei theulu i'w phriodi. Yr ochr arall i'r drws byddai bardd plaid y ferch yn disgwyl gydag ateb i her plaid y mab gan arafu a rhwystro'r holl broses o'i rhyddhau a'i gwneud yn hwyr, yn unol â'r traddodiad sy'n parhau hyd heddiw. Os mai ymateb yn-yr-eiliad a wnâi beirdd 'slawer dydd, erbyn cyfnod Cerngoch roedd yr arfer wedi ffurfioli rhywfaint gan mai ef, neu ei frawd, Amnon II, fyddai awdur penillion teulu'r ferch...

> Pam rydych chwi, farchogion,
> A'ch drud botasau cochion
> Yn galw yma ar eich taith
> Mewn tŷ amherffaith ddigon?

a theulu'r mab hefyd:

> Amherffaith ydym ninnau
> Dros fab i wneud ein gorau,
> I fynd â'ch merch at allor llan,
> Gael gwraig i'w ran hyd angau.[5]

Dyma ni, felly, ym merw cyffro a thyndra theatr y werin, theatr wirioneddol-gymdeithasol y bedwaredd ganrif ar bymtheg. Mae'r diwrnod mawr wedi cyrraedd. Y

---

[5] *Cerddi Cerngoch* – gol. Dan Jenkins ac Ap Ceredigion, Caxton Hall, Llambed, 1904. (Gweler hefyd *Cerddi Cerngoch* – gol. D. Islwyn Edwards, Pwyllgor Coffa Cerngoch, Theatr Felin-fach, 1994)

paratoadau oll wedi'u gwneud. Mae'r Gwahoddwr wedi cwpla'i waith a'r anrhegion a'r pwythion wedi'u casglu. Mae pawb yn cyrchu tua'r llan, yn wahoddedigion ac yn wylwyr ewyllysgar. Yn ei llofft, mae'r briodferch a'i morynion yn gosod darnau olaf ei gwisg seml-ysblennydd yn eu lle. Mae'r ceffylau a'r goets fach a fenthycwyd yn arbennig ar gyfer yr achlysur yn sefyll yn anesmwyth. Mae cyffro yn eu llonyddwch. Mae cyffro mwy fyth yng nghalon Mari. Mae'r awr yn agosáu. Yn sydyn: ceffylau'n gweryru. Ma' nhw 'ma! Cip slei a sydyn drwy'r ffenestr. Ie! Ei gyfeillion gorau a'i deulu. Lawr stâr y gweision – i rybuddio. Ond mae'i thad wedi'u gweld. Mae e a'r Gwas Mawr a Cherngoch ei hunan ym mwlch y drws yn barod. Mae'r chwarae wedi cychwyn. Yn daer – yn frawychus o daer – dywed y bardd:

> Dyw Mari ddim yn barod
> I fod i neb yn briod;
> Gwaith paratoi fydd ganddi hi
> Am ddau neu dri diwrnod.

'Na! Rwy'n barod! Rwy'n barod!' ysgrecha holl gyneddfau'r ferch. Ond ar ei thraws daw ymateb y bechgyn:

> Gadewch i hon briodi,
> A dod yn awr mewn cwmni,
> Rhag iddi fyned ma's ar feth,
> Na wyddoch beth ddaw iddi.

'Ie. Gad imi fynd!' yw cri ei chalon. Ond mae'n gwybod yn iawn na fydd 'gadael iddi fynd' nes bydd holl benillion y sgript wedi'u perfformio; nes bydd rhawd holl dyndra ac emosiwn y theatr ben-drws hon wedi'i chwarae. Nes bydd y perfformiad ar ben.

Perthynai y wedd hon ar theatr y werin i nifer o wahanol

ardaloedd ar draws Cymru wledig y ddeunawfed ganrif a hanner cyntaf y bedwaredd ganrif ar bymtheg. Arwyddocaol felly yw'r ffaith i'r chwarae barhau yn rhan o batrwm dathlu priodas yn Nyffryn Aeron ymron hyd at ddiwedd canrif Victoria.

Perthynas arbennig y rhan hon o Geredigion â'r diwygiad Methodistaidd sydd i gyfrif – perthynas o dyndra ac o gymundod sydd wrth wraidd radicaliaeth rymus theatr anghydffurfiol ei gwerin.

Pennod 3

Theatr y Smotyn Du

Ar ganol Dyffryn Aeron saif ffermdy hynafol Lloyd Jack.[1] Yn y tŷ hwn ar ddiwedd y ddeunawfed ganrif y trigai David Jenkin Rees a fu, ochr yn ochr â Thomas Evans (Tomos Glyn Cothi), yn bennaf gyfrifol am sefydlu un o ddau gapel penodol cyntaf yr Undodiaid yng Nghymru, sef Capel y Groes, ger Llanwnnen yn 1802.[2] Ryw bum mlynedd yn gynharach bu Iolo Morganwg – gwrth-Fethodistiwr, cenhadwr brwd dros ryddid oddi wrth ddogma o bob math a'r saer maen a gerfiodd garreg-enwi Capel y Groes – yn ymweld â D. J. Rees: '...a phwy a ŵyr beth fu'r trefniadau rhwng y ddau freuddwydiwr Undodaidd?' medd D. Elwyn Davies.[3] O gofio am rôl ganolog D. J. Rees yn nhwf y mudiad radical hwn bu'r ymweliad yn ddi-os yn fodd i sefydlu yr ardal i'r de o Gellan yn Nyffryn Teifi, a Felin-fach yn Nyffryn Aeron, hyd at begwn deheuol Llandysul, yn gadarnle i 'ryddid, cariad a goddefgarwch'.[4] Heddiw y mae'r 13 eglwys Undodaidd yn arddel yr enw *Y Smotyn Du* â balchder. Ond epithet dilornus oedd a grogwyd am eu

---

[1] Llwyd Siac, yn ôl y ffurfiau cynnar
[2] Pantydefaid, Pren-gwyn yw'r llall
[3] *Y Smotiau Duon* – D. Elwyn Davies, Gwasg Gomer, Llandysul, 1980
[4] Gwelir y tri gair 'Rhyddid, Cariad a Goddefgarwch' ar hysbysfyrddau rhai o gapeli'r Undodiaid yng Ngheredigion

gyddfau gan dadau'r eglwys Fethodistaidd – eglwys y ddaeargryn anferthol a weddnewidiodd dirlun crefyddol a chymdeithasol Cymru. Yn Llangeitho roedd ei *epicentre* – safle pwlpud Daniel Rowland, brin chwe milltir o ffermdy Lloyd Jack. Ar droad y bedwaredd ganrif ar bymtheg roedd y llwyfan wedi'i osod felly ar gyfer drama fawr gwerin cefn gwlad Ceredigion; drama ag iddi sawl act, llu o leoliadau a degau ar ddegau o gymeriadau mawr a mân.

Dyma un act. Yn 1808 cododd David Rees, Lloyd Jack, Ysgoldy Maes-llyn, Ystrad Aeron, ar ei draul ei hunan ar gyfer y gynulleidfa Undodaidd oedd ar gynnydd yn Nyffryn Aeron. O fewn dim yr oedd Methodistiaid Llambed yn talu i'w gweinidog sefyll y tu fâs i'r adeilad ar ddiwrnod mart gan bregethu 'pum pwnc Calfin'.[5] Sgîl-effaith hyn oedd gwahardd y gynulleidfa, ar farwolaeth Rees, rhag parhau i addoli yn yr ysgoldy, a rhag adeiladu '...yn unlle arall yn yr ardal'.[6] Dim ond anwybodaeth y tirfeddiannwr absennol, Iarll Carrington, parthed tyndra'r ddrama Gymreig ddwys hon a ganiataodd i'r Undodiaid, yn y pen draw, sefydlu addoldy yn yr ardal – ar dir ffarm Rhydygwin, ddwy filltir y tu fâs i'r pentref.

Ond doedd yr ymosodiadau hyn ar y Smotyn Du yn ddim gwaeth na'r hyn y bu i enthiwsiastwyr cynnar y Methodistiaid eu hunain eu dioddef. Pan oedd Rowland yn ei anterth pererindotai rhwng tair a phedair mil i Langeitho ar Sul y cymun. Arferai gwŷr y gogledd groesi mewn cwch o Ben Llŷn i Lanrhystud yn hytrach na wynebu ymosodiadau geiriol a chorfforol y daith ar droed. Un tro, wedi i'r gwynt droi'n anffafriol, bu raid i'r cwmni...

---

[5] *Hanes Cynulleidfaoedd Undodaidd Sir Aberteifi* – T. Oswald Williams, Gwasg Gomer
[6] *Y Smotiau Duon* – D. Elwyn Davies, Gwasg Gomer, Llandysul, 1980

fyned adref ar hyd y tir, dan wawd ac erlid trefi bychain gorllewin Meirionydd'.[7]

Dyfynna D. J. Odwyn Jones gof hen ŵr o Lanrhystud a arferai fynd yn blentyn gyda'i dad a'i fam i Langeitho gan gychwyn ar y siwrne ddeng milltir ar nos Sadwrn: ...er mwyn osgoi eu herlid gan gymdogion'.[8]

Yn araf ond yn sicr lledodd apêl yr Anghydffurfiaeth newydd '...at y galon a'r ysbryd'[9] i bob cwr o'r wlad. Ac er i hen eglwys Ymneilltuol Abermeurig, ar orwel ffarm Lloyd Jack, droi'n bwlpud Methodistaidd ni lwyddodd yr egni a'r brwdfrydedd dreiddio i diriogaeth y 'golau yn y pen', chwedl gwawd Harris. Os trodd map crefyddol Cymru yn fôr o gochni ymerodraethol Calfinaidd, safodd yr ynys drionglog o Ddyffryn Aeron gydag afon Teifi hyd at barthau Llandysul yn ardal aniwygiedig benstiff; yn 'smotyn du'.

Yn ei gofiant i'r dramodydd Idwal Jones gwêl Gwenallt arwyddocâd ehangaf y ddeuoliaeth grefyddol a fodolai ym mherfedd cefn gwlad Ceredigion. Wrth sôn am Ddyffryn Aeron dywed:

Ardal arbennig iawn oedd [hi]... yn ail hanner y ganrif ddiwethaf [19eg Ganrif]. Am na ddaeth y Diwygiad Methodistaidd ar ei thraws parhaodd diwylliant gwledig y ddeunawfed ganrif ynddi, diwylliant oedd i raddau helaeth ynghlwm wrth dafarnau.[10]

---

[7] *Hanes Cymru yn y Ddeunawfed Ganrif* – R. T. Jenkins, Gwasg Prifysgol Cymru, Caerdydd, 1931
[8] *Daniel Rowland Llangeitho* – D. J. Odwyn Jones, Gwasg Gomer, Llandysul, 1938
[9] *Hanes Cymru yn y Ddeunawfed Ganrif* – R. T. Jenkins, Gwasg Prifysgol Cymru, Caerdydd, 1931
[10] *Cofiant Idwal Jones* – D. Gwenallt Jones, Gwasg Aberystwyth, Aberystwyth, 1958

Felly, tra'r oedd Ieuan Gwyllt,[11] cynnyrch Methodistiaeth gogledd sir Aberteifi, yn dyrchafu caniadaeth y cysegr drwy godi'r Ysgol Gân a phensaernïo twf y Gymanfa Ganu ar hyd a lled Cymru, yn y Smotyn Du parhaodd caniadaeth y dafarn, y cae gwaith a'r llofft stabl yn fodd mynegiant ar gyfer y gwas ffarm a'i feistr fel ei gilydd. Egni a brwdfrydedd a gweledigaeth Methodistaidd Ieuan Gwyllt a barodd i'n canu cynulleidfaol ddatblygu'n ymgorfforiad cynganeddol o'n diwylliant o berthyn. Gwerin gwlad y Smotyn Du a gynysgaeddodd i ni ganeuon *Leisa Tal-y-Sarn, O wel te'n wir, Cwyn llanc am ei gariad* a *Thwll Bach y Clo.*

Cyfoethog yn wir yw deuoliaeth grefyddol-ddiwylliannol cefn gwlad Ceredigion. Does ryfedd i Gwenallt ddatgan mai dyma ffynhonnell greadigol Idwal Jones; mai cymeriadau 'annibynnol' Dyffryn Aeron yw gwrtharwyr *Pobl yr Ymylon* – drama sy'n canolbwyntio ar ragrith y Sêt Fawr er mwyn amlygu'r geidwadaeth oedd yn araf fygu'r creadigrwydd a fu. Ar ochr ei fam perthynai Idwal i deulu Dafydd Dafis, Castell Hywel – un o arloeswyr y mudiad Presbyteraidd – yr eglwysi an-esgobol a rhagflaenydd Undodiaeth – yn ne'r sir. Roedd Dafis yn gefnogwr mor frwd i'r Chwyldro Ffrengig fel yr ysbïwyd arno gan weision llywodraeth Prydain. Roedd hefyd yn ysgolfeistr academi Anghydffurfiol, yn fardd ac – ynghyd â Daniel Ddu o Geredigion – yn athro dylanwadol ar feirdd dyffrynnoedd Teifi, Cledlyn, Cletwr ac Aeron. Yn radical o ran crefydd a gwleidyddiaeth, heuodd hadau annibyniaeth barn yn ddwfn ym mhridd ei bobl. Yn waelod i'r annibyniaeth honno yr oedd cred mewn brawdoliaeth ddwyfol yn seiliedig ar werth cyfartal pob enaid byw. Dywed D. Elwyn Davies – un o haneswyr y mudiad

---

[11] John Roberts (Ieuan Gwyllt), 1822–77

Undodaidd – fod emyn enwog E. A. Dingley,[12] 'Rho imi
nerth i wneud fy rhan...' yn costreli diwinyddiaeth Dafis a'i
gyd-arloeswyr Arminaidd yn neau Ceredigion, yn
arbennig y llinellau...

> Rho i ni weld pob mab i Ti
> Yn frawd i mi, O Dduw.'[13]

Bu farw Dafis yn 1827. Hanner can mlynedd yn
ddiweddarach cododd sefyllfa ddramatig o gwmpas y capel
y bu'n weinidog arno, capel Llwynrhydowen – sefyllfa a
fyddai'n brawf ar ansawdd a dycnwch yr hadau a heuwyd
ganddo. Gŵr o gyffiniau Brechfa oedd y gweinidog erbyn
hynny, Gwilym Marles Thomas. Ond yr oedd yn gymaint
Armin â phob un o'i ragflaenwyr.

Yn ystod gaeaf 1871 trowyd Dafydd a Mary Jones a'u
plant Thomas, John a Margaret o'u ffarm, Ffynnon
Llywelyn, Rhydowen, a hynny am i'r tad bleidleisio dros y
Rhyddfrydwyr, yn groes i orchymyn Sgweier Rhydodyn, J.
D. Lloyd Davies. Â hwythau wedi claddu pedwar plentyn
o'r dwymyn wyth mlynedd ynghynt, penderfynodd y teulu
ddilyn esiampl teuluoedd eraill o blith eu cymdogion a
cheisio amgylchiadau gwell yn America. Er bod Dafydd
Jones yn ddiacon yng nghapel Annibynnol Carmel, Pren
Gwyn, derbyniodd Gwilym Marles gais i bregethu yn y
cwrdd ymadawol a gynhaliwyd ar glos Ffynnon Llywelyn.
Ei destun oedd...

> A'r Iesu a ddywedodd wrtho, y mae ffauau gan y
> llwynogod, a chan ehediaid y nefoedd nythod; ond gan
> Fab y dyn nid oes le i roddi ei ben i lawr.[14]

---

[12] cyfieithiad Nantlais
[13] Y Smotiau Duon – D. Elwyn Davies, Gwasg Gomer, Llandysul, 1980
[14] Matthew 8, 20

Ers ei sefydlu yn yr ardal bu'r gweinidog Undodaidd, ochr yn ochr â'i gyfaill o Annibynnwr, y Parchedig Pennant Phillips, Carmel, yn brwydro dros gyfiawnder i'w haelodau, y rhan fwyaf ohonynt yn denantiaid i Rydodyn. Yn ganolog i'r frwydr hon roedd y galw am hawl i bleidleisio'n gyfrinachol yn hytrach na gwneud datganiad cyhoeddus dan lygad bygythiol asiant y plas – trefn a roddai dragwyddol hewl i achos y Torïaid yng nghefn gwlad Ceredigion, er gwaethaf radicaliaeth Ryddfrydol gwerin gwlad. Er cryfed braich y Sgweier, fodd bynnag, yr oedd dwylo'r werin bellach yn dechrau cydblethu. Er bod clos agored Ffynnon Llywelyn filltir dda o dŷ cysgodol Rhydodyn, yr oedd y testun a gododd Gwilym Marles gymaint at glustiau'r plas ag yr oedd at y gynulleidfa o gannoedd oedd wedi ymgynnull i berfformio eu cefnogaeth i'r teulu bach. Yn yr act hon gwelwn wir botensial theatr y werin Gymraeg. Yr oedd gwrthryfel Beca, chwarter canrif ynghynt, wedi dangos grym theatricaliaeth gynhenid gwerin gwlad. Serch ei defodaeth o wisgoedd a chyhoeddi testun, theatr amrwd oedd Theatr Beca. Un nod oedd ganddi: newid pethau. Newid pethau oedd nod theatr Ffynnon Llywelyn hefyd. Dywed y sylwebydd ôl-drefedigaethol Homi K. Bhabha mai'r actau a gaiff yr effaith fwyaf ar y gormeswr yw'r rhai gwrthryfelgar sy'n codi o ddychymyg y diwylliant a ormesir.[15] Megis arweinwyr Merched Beca gwyddai Gwilym Marles y wirionedd hon yn reddfol. Gwyddai hefyd nad oedd ewyllys radical yn ddigon. I bethau newid, rhaid oedd gwneud iddynt newid. Rhaid oedd gwthio'r tyndra i'r amlwg.

Bedair blynedd yn ddiweddarach – oherwydd gweithredu parhaus – daeth y tyndra yn gyfan gwbl i'r

---

[15] *The Location of Culture* – Homi K. Bhabha, Routledge, Rhydychen, 1994

amlwg. Defnyddiodd y plas esgus cyfreithiol i adfeddiannu capel Llwynrhydowen – y capel Undodaidd a safai ar dir oedd yn eiddo i stad Rhydodyn. Clowyd clwydi'r fynwent yn ogystal â drysau'r tŷ cwrdd. Gwir fwriad y gweithredu, wrth gwrs, oedd cau Gwilym Marles o'i bwlpud a'i ysgaru oddi wrth ei gynulleidfa.

Theatr '...sydd allan ym mhob tywydd' yw theatr y werin. Ar y prynhawn dydd Sul cyntaf wedi'r troad allan crynhodd cynulleidfa o filoedd ar y groesffordd y saif Llwynrhydowen arni. Safodd Gwilym Marles ar ben grisiau'r fynwent i led-fyrfyfyrio ei bregeth. Y tu ôl iddo roedd y clwydi caeedig yn rhwystro mynediad i'r capel ac i'r llain o dir lle y gorweddai gweddillion perthnasau cynifer o'r gynulleidfa, gan gynnwys dau o'i blant ef ei hunan. Yr oedd Theatr Marles yn theatr llawer mwy ymwybodol ei chrefft a'i phwrpas na Theatr Beca. Yn ei hanfod theatr ragweithiol, nid adweithiol, oedd. Serch hynny, rhannai â'i rhagflaenydd un nodwedd holl bwysig, sef ei hundod. Ffynhonnell ei grym oedd cyd-ymddiriedaeth ei gweithwylwyr a'u ffydd yng ngallu eu cyd-greadigrwydd. Dyma theatr *solidarnos* y werin.

Goresgyn rhwystrau yw nodwedd radicaliaeth ystyrlon. Er gwaethaf holl ddadleuon diwinyddol chwyrn-ddidwyll y gorffennol cafwyd cefnogaeth hael gan gynulleidfaoedd Anghydffurfiol o bob lliw a llun, ac o bob rhan o Gymru. Ymhen dim o amser codwyd tŷ cwrdd dros dro ar gyfer yr addolwyr a'u gweinidog. Dair blynedd yn ddiweddarach agorwyd capel newydd sbon. Wrth osod y garreg sylfaen cyflwynodd Gwilym Marles – hen ewythr Dylan Thomas[16] – linell glo i ddrama Llwynrhydowen...

Gall y gwrthwynebwyr fynd â'r ganhwyllbren, fe a'i pia,

---

[16] Enw llawn y bardd Eingl-Gymraeg yw Dylan Marlais Thomas

Yn ail hanner y bedwaredd ganrif ar bymtheg tyfodd grym gwleidyddol theatr y werin wrth i'r Undodiaid, dan arweiniad Gwilym Marles (uchod), herio hegemoni'r plas.

Erbyn tynnu'r llun hwn, roedd Dafydd Lewis wedi magu teulu lluosog. Ond pan oedd yn dad ifanc ac yn felinydd Felin Llynwen, ger Cross Inn, Llan-non, ysgogodd ei wrthodiad ef a'i debyg i dalu Treth y Degwm dwf theatr y werin y tu hwnt i'r Smotyn Du.

ond ni chaiff neb symud y gannwyll. Cannwyll Duw yw
hi... A fynno Duw a lwydd.[17]

Ond nid yn nhiriogaeth 'rhyddid a rheswm' y Smotyn
Du yn unig y perfformiai theatr wrthryfelgar y werin. Wrth
olrhain datblygiad Anghydffurfiaeth gyfundrefnol tuedd
haneswyr yw canolbwyntio ar geidwadaeth gynyddol – yn
wleidyddol a chrefyddol – nifer o'i harweinwyr. Ond nid
mudiad hierarchaidd oedd Anghydffurfiaeth. Nid ym
meddiant ei harweinwyr, felly, roedd ei grym ystyrlon. Ar
lawr gwlad parhaodd fflam yr egalitariaeth radical a
gyneuwyd gan goelcerth y chwyldro Methodistaidd i
losgi'n gyson ac yn gryf. Erbyn chwarter olaf canrif
Fictoria, wrth i'r tyndra oedd wedi ei achosi gan
anghyfiawnder trethi'r degwm ddod i'r wyneb, gwelwyd
clystyrau o weithwylwyr o blith cynulleidfaoedd eang yn
cyd-ymwroli a hunan-aberthu yn enw egwyddor a
chydwybod.

Ar glôs Felin Llynwen, Dyffryn Arth, wrth iddo gael ei
droi o'i fywoliaeth am beidio talu'r degwm, esgynnodd
Dafydd Lewis, y melinydd, i lwyfan trol a oedd wedi ei
gosod yn bwrpasol yn ei lle. O'i gwmpas safai cynulleidfa
fawr o gefnogwyr – gweithwylwyr theatr y werin. Cododd
y melinydd sgerbwd pren â gwisg ffeirad amdano i'r amlwg.
Yna, arllwysodd fwcedaid o ddŵr lliw cwrw trwy geg y dyn
pren. Yn olaf, cododd llaw anweledig sgert y pyped meddw.
Trodd bloeddiadau'r dorf yn donnau o chwerthin wrth i'r
'cwrw' bistyllu o bibell nid amwys ei harwyddocâd.
Aelodau eglwysi Methodistaidd Pont Saeson, Pennant,
Elim a Rhiwbwys oedd crynswth y gynulleidfa. Yn ddiau
gallasent gydganu â chynulleidfaoedd Undodaidd y

---

[17] *Y Fflam Fyw* – D. Jacob Davies – Cymdeithas Undodaidd Deheudir
Cymru, Aberdâr, 1968

Smotyn Du 'Rho imi weld Dy wyneb Di ym mhob cardotyn gwael'.[18] A gwneud hynny gydag arddeliad.

Gan mlynedd yn ddiweddarach ymddangosodd theatr 'anweledig' y Cymry ar ffurf pensaernïaeth o'i phen a'i phastwn ei hunan. Codwyd Theatr Felin-fach mewn cae a saif yn union ar y ffin rhwng diwylliant 'apêl at y galon' y diwygiad Methodistaidd a diwylliant 'apêl at reswm' Arminiaid ac Undodiaid y Smotyn Du. Codi o dyndra, dathlu a disgwrs y groesffordd ddramataidd hon a wnaeth. Wrth geisio datod – er mwyn deall – cydblethiad dyrys ei gwreiddiau daw i'r amlwg gyfoeth bywiol theatr y werin Gymraeg.

---

[18] E.A.Dingley – trwy drosiad W. Nantlais Williams

Pennod 4

Y Theatr Genedlaethol

Y mae theatr, yn ei ystyr sylfaenol, yn gynneddf ac yn ddynameg greiddiol i gymdeithas. Lle mae pobl mewn perthynas ystyrlon â'i gilydd y mae theatr yn sicr o fod yn bresennol, boed yn egni cwsg ynteu'n weithredol-weladwy; yn weithgaredd rhannol ynteu gyflawn ymwybodol. Mae absenoldeb y ddynameg – yr angen a'r modd i edrych arnom ni ein hunain, i ddinoethi neu ddyrchafu, i geisio catharsis unigol trwy gyfarfyddiadau torfol – yn dynodi diddymdra cymdeithasol. Yn sicr, nid diddymdra cymdeithasol oedd sgil-effaith y chwyldro Methodistaidd. I'r gwrthwyneb. Cyffroi bonedd a gwrêng i gymundod creadigol newydd â'i gilydd oedd ei heffaith. Chwalu ffiniau dogma a hierarchaeth a chywain a chyfeirio egni meddwl a dychymyg oedd ei nod. Creu cymdeithas a wnaeth y diwygiad, nid ei diddymu. Sut felly mae esbonio marwolaeth – llofruddiaeth, medd rhai – theatr gysefin y cyfnod, sef yr Anterliwt? Mewn chwyldro y mae cyd-ddyhead egni a chreadigrwydd yn gwthio an-egni ac anghreadigrwydd o'r neilltu; mae'r bywiol yn cymryd lle marweidd-dra. Swyddogaeth chwyldroadwyr yw sicrhau parhad y cylchdrefn oesol a chosmig: byw – marw – atgyfodi.

Erbyn ail hanner y ddeunawfed ganrif, er ei huniaethu â

gwerin gwlad, theatr ffurfiol, wan a chyfyng oedd yr
Anterliwt; theatr o strwythur a chonfensiynau gofod,
naratif a chymeriadaeth oedd hi. Tuedd theatr ffurfiol o'r
fath yw gwahanu'r gweithredwyr oddi wrth y gwylwyr;
gosod y darparwyr ar y naill law a'r sawl y mae angen eu
boddhau ar y llall. Anghenraid theatr anffurfiol – theatr
agored, ddilyffethair – yw cymundod cyflawn ei
gweithredwyr a'u gwylwyr. Er mor groch fu condemniad
nifer o'r Methodistiaid cynnar o'r Anterliwt nid eu llid hwy
oedd y grym a ddedfrydodd y theatr ffurfiol flinedig honno
i'w bedd. Egni gweithwylwyr y theatr anffurfiol
atgyfodedig gyflawnodd hynny. Cymerodd theatr holl-
gynhwysol y werin le theatr na allai, ar y gorau, ond mynegi
gwrthwynebiad i'r drefn gymdeithasol oedd ohoni ac a
oedd, ar y gwaethaf, â mwy o ddiddordeb yn ei
chynhaliaeth ei hun nag mewn unrhyw uchelgais go iawn i
newid pethau. Pa ryfedd i Dwm o'r Nant ei hunan, maes-o-
law, ymroi i'r theatr newydd a oedd yn newid pethau, a
bensaernïai gymdeithas newydd eangfrydig ac uchelgeisiol
ar sail egalitariaeth y gweithwylwyr.

Yng ngrym yr apêl agored at yr emosiwn y deuai'r
tyrfaoedd o hyd at dair a phedair mil ynghyd. Yn y
safleoedd awyr agored penodol hyn rhyddheid holl
botensial theatricaliaeth gymdeithasol reddfol y Cymry. Y
nod oedd cyflawni gofyniad cyntaf pob chwyldro: cyrraedd
pobl. Medd R. Tudur Jones...

Nid actorion dawnus wedi dringo i bulpud am nad oedd
llwyfan iddynt oedd y rhain... Rhan o futholeg [sic] oes
ddiweddarach yw hynny.[1]

Nid theatr yr actorion oedd hon, felly ond theatr yr

---

[1] *Hanes Annibynwyr Cymru* – R. Tudur Jones – Undeb yr
Annibynwyr Cymraeg, Abertawe, 1966

actifyddion. Ac er y torfeydd, roedd hi'n theatr a heriai bresennol yr unigolyn – pob unigolyn a oedd yn bresennol – i ddod i gyfarfyddiad â dyfnder eu bodolaeth. Yn y theatr hon ieuid 'crefft ymwybodol' wrth ddidwylledd apêl agored at y galon. Gwrandewch ar y pregethwr Azariah Shadrach[2] yn ffrydio holl artiffis y cyfarwydd er curo a churo ar ddrysau dyfnaf oll ei gynulleidfa...

> Cofia, fy enaid, mai dy bechod di fu, mewn ystyriaeth, yn ei werthu a'i fradychu. Cofia mai dy bechod di fu yn fflangellu ei gefn santaidd; dy bechod di ddarfu gymysgu y cwpan chwerw iddo; dy bechod di berodd iddo chwysu megys dafnau o waed, a bod yn drist ei enaid hyd angeu; dy bechod di fu yn gyrru y goron ddrain yn ei ben santaidd; dy bechod di ddarfu guddio gwedd wyneb ei Dad oddiwrtho; dy bechod di a'i gwawdiodd, ac a boerodd yn ei wyneb hardd; dy bechod di fu'n gyrru yr hoelion yn ei draed a'i ddwylaw ar Galfaria; ie, dy bechod di drywanodd ei ystlys â gwaywffon, hyd nes daeth allan ddwfr a gwaed. O fy enaid, a geri di bechod, a chofio am y driniaeth a gafodd Crist, dy Briod, tua Golgotha?[3]

Dywed Gareth Evans mai'r Almaenwr Hans-Thies Lehmann a fathodd, yn 1999, y term 'theatr ôl-ddramataidd' sef...

> Nid theatr heb ddrama na chwaith theatr wrth-ddrama, ond yn hytrach theatr nad yw'n ymlynu at rinweddau ffurfiol drama.[4]

---

[2] ibid

[3] Dyfynnwyd o *Hanes Annibynwyr Cymru* – R. Tudur Jones – Undeb Annibynwyr Cymraeg, Abertawe, 1966

[4] *Ysgrifau ar Theatr a Pherfformio* – Theatr Ôl-ddramataidd – gol. Anwen Jones a Lisa Lewis – Gwasg Prifysgol Cymru, Caerdydd mewn cydweithrediad â'r Coleg Cenedlaethol Cymraeg, 2013

Prif deithi'r theatr 'anghydffurfiol', medd Lehmann, yw ei bod yn ymwneud yn fwy â...

phresenoldeb yn hytrach na chynrychiolaeth, yn fwy â rhannu profiad na bod yn gyfrwng iddo, yn fwy â phroses na chynnyrch, yn fwy ag ymgnawdoli nag arwyddo, yn fwy ag ysgogi gydag egni na gwybodaeth.[5]

Yn theatr an-hierarchaidd yr eiliad chwyldroadol oedd ohoni creodd y Cymry theatr 'ôl-ddramataidd' eu hymchwiliadau dwys-bersonol. Roedd hi'n theatr wirioneddol genedlaethol. Theatr iwnifersal.

Parhad ar chwyldro Protestannaidd Martin Luther oedd y Diwygiad Methodistaidd. O weld fod defodaeth yr Eglwys Gatholig wedi troi yn theatr ffurfiol a rhanedig y gwneuthurwyr (yr offeiriadaeth) a'r gwylwyr (y gynulleidfa), yr aethai ef ati i newid pethau. O'i benderfyniad ef i anffurfioli theatr y ddefod gysegredig, er enghraifft, y daeth yr emyn cynulleidfaol yn ganolog i drefn gwasanaeth sy'n cynnwys pawb. Yn niwygiad y Cymry dyma gyfrwng y bu i Williams Pantycelyn ei rymuso i'r eithaf.

Ar batrwm Gothig yr adeiladwyd crynswth eglwysi Ewrop – ffurf a bwysleisiai y rhaniad rhwng gŵyr offeiriadaeth a braint, a chynulleidfa'r werin. Dychwelyd at batrwm mwy cylchog-gynhwysol a wnaeth y Protestaniaid – penderfyniad a gynysgaeddodd i'r Cymry gymdeith-asolrwydd dirodres y Tŷ Cwrdd.

Ond nid â'r allanolion yn unig yr oedd consyrn y diwygwyr, o Luther a Calvin hyd at Wesley, Harris a Rowland. Hyd at y nawfed ganrif estyniad cymdeithasol ar y Swper Olaf oedd oedfa gymun yr Eglwys Gatholig. Yn ei

---

[5] ibid

hanfod, dathlu brawdgarwch ar lun cyd-wledda anffurfiol roedd yr offeren. Lle'r bara a'r gwin oedd hoelio'r sylw ar y weithred – yr act – o gofio gan gyd-glymu gwerthfawrogiad a chariad ynghyd. Wrth i'r theatr anffurfiol hon araf droi'n ffurfiol, fodd bynnag, crëwyd rhaniad nid yn unig rhwng gweithredwyr a gwylwyr ond rhwng y byd cysegredig a byd realaeth hefyd. Yn lle bara a gwin cyffredin y bobl gyffredin dechreuwyd pobi bara arbennig a chreu gwin arbennig, y naill a'r llall o wneuthuriad offeiriaid neu fynachod arbenigol. Y cam olaf yn y broses oedd rhoi i'r bara a'r gwin statws goruwchnaturiol. Erbyn y drydedd ganrif ar ddeg roedd disgwyl i gymunwyr gredu bod gwyrth ddwyfol yn troi'r bara a'r gwin yn gorff a gwaed Crist. Roedd y gynulleidfa i bob pwrpas bellach yn wylwyr o hirbell ar berfformiad o ddefod Y Swper Olaf. I Luther a'r Protestaniaid roedd hud a lledrith y theatr eithafol-ffurfiol hon yn gyfrwng a ysgarai'r eglwys oddi wrth realaeth y byd oedd ohoni. Aeth Anghydffurfiaeth y Crynwyr ymhellach fyth. Credai William Penn mai

... only the inward is necessary... ritual can be entirely dispensed with.[6]

Nid diddymu defodaeth oedd nod y diwygwyr Cymreig. Er hynny, yr oedd diddymu'r bwlch yr oedd theatricaliaeth y gor-ddibynnu ar ddefodaeth wedi'i agor yn fwriad o'r pwys mwyaf ganddynt. Canys, yn eu golwg hwy, gwacter argyfyngus oedd y bwlch, gwacter yr oedd angen ei lenwi. Trwy ddulliau chwyldro yn unig yr oedd gwneud hynny. O fewn i'r drefn newydd ni fyddai lle i'r un theatr ffurfiol – theatr a allai wahanu. Theatr y gweithwylwyr – theatr y cyfannu – oedd theatr y chwyldro.

---

[6] Aralleiriad cyfoes trwy gyfrwng *Together* – Richard Sennet – Allen Lane – Llundain, 2012

Bu cymdogaeth Llangwyryfon, wrth droed y Mynydd Bach, Ceredigion yn ganolfan gynhyrchiol i'r Diwygiad Methodistaidd a'i waddol. Enwa Richard Phillips y mannau lleol y bu Howell Harris a Daniel Rowland yn eu tro yn pregethu ynddynt o 1730 ymlaen; hynny yw, tra'r oeddent yn nerth eu hieuenctid. Bu Williams Pantycelyn yma hefyd yn sefydlu seiet. Codwyd y capel cyntaf cyn gynhared â 1769...

a chodwyd Tŷ Capel ar ei bwys yn gysgod i'r efengylwyr a'r 'pererinion' ar eu ffordd i'r Cymun yn Llangeitho. Y tebyg yw mai hwn oedd y Tŷ Capel cyntaf yng Nghymru.[7]

Blynyddoedd y brwydro a'r buddsoddi oedd y blynyddoedd hyn. Yr oedd angen cysgod rhag ymosodiadau erlidwyr yn ogystal â rhag y tywydd ar y cynulleidfaoedd lleol a'r pererinion fel ei gilydd. Yr oedd diwedd y ganrif yn agosáu cyn i'r had a heuwyd ddechrau dwyn ffrwyth. Am fod y gynulleidfa o tua 200 yn rhy fawr i'r adeilad codwyd capel newydd yn 1796. Yn ystod y ganrif newydd, dal i dyfu wnaeth yr aelodaeth. Yn sgil y prifiant parhaus codwyd capeli ym mhentrefi cyfagos Lledrod, Trefenter a Llanddeiniol. Er colli degau o aelodau gyda phob datblygiad newydd[8] dal i dyfu wnaeth yr achos yn Llangwyryfon ei hunan nes peri i'r gynulleidfa godi capel sylweddol yn 1820. Lai na deg mlynedd ar hugain yn ddiweddarach ychwanegwyd tŷ capel, ysgoldy a stabl. Medd Richard Phillips...

Roedd Tabor yn eglwys lewyrchus iawn am y can mlynedd wedi 1820, a cheir mewn nifer o gofnodion ariannol fod ynddi lawer o sêl a brwdfrydedd.[9]

---

[7] *Dyn a'i Wreiddiau, Hanes Plwyf Llangwyryfon* – Richard Phillips – cyhoeddedig gan yr awdur, 1975
[8] 94 yn achos Bethel, Trefenter
[9] *Dyn a'i Wreiddiau, Hanes Plwyf Llangwyryfon* – Richard Phillips – cyhoeddedig gan yr awdur, 1975

Perthynai'r twf cyson hwn yn Llangwyryfon i batrwm a oedd yn gyffredin i Gymru gyfan. Pwysleisia Eryn White mai '...ennill tir yn araf, trwy dwf graddol, molecylig ei natur'[10] a wnaeth seiadau y ddeunawfed ganrif ac mai gyda throad y ganrif newydd y mae'r 'cynnwrf yn cydio'. Pan dorrodd ail ddiwygiad Daniel Rowland yn Llangeitho (1762), yn eglwysi'r plwyf yr addolai mwyafrif llethol y Cymry – os addolent o gwbl. Ganrif yn ddiweddarach i un o'r 2,800 o gapeli Anghydffurfiol newydd yr ai wyth o bob deg o addolwyr.[11] Eiddo yr Eglwys Wladol – Eglwys Loegr a'i hesgobion a'i holl hierarchaeth Normanaidd – oedd yr eglwysi. Creadigaeth hunan-lywodraethol y Cymry eu hunain, gymdogaeth wrth gymdogaeth, oedd y seiadau profiad a'r cyrddau gweddi – cyrff o angerdd ac egni a osododd, maes o law, adeiladwaith y capel a'r ysgoldy a'r festri yn dirnodau gweledol ar draws holl dirwedd Cymru.

Yn bwysicach, gosododd rhyferthwy'r Diwygiad nodau a heriadau dyrchafol wrth wreiddiau'r diwylliant Cymraeg. Meddai R. Tudur Jones...

Gwnaeth y genhedlaeth honno'n gwbl glir fod rhai pethau na cheir unrhyw fath o fywyd gwâr hebddynt. Rhaid wrth barch at unigolion, rhaid wrth ryddid barn a chydwybod. Fe'i gwnaethant yn eglur pa mor fawr yw gallu gwerin ond iddi fagu hunan-hyder ac urddas.[12]

O'r pryd hwn ymlaen y mae crefydd a diwylliant ac addysg mewn perthynas symbiotig, gyfoethog-gymhleth â'i gilydd. Yn Lloegr roedd cefnogwyr y chwyldro

---

[10] *Praidd Bach y Bugail Mawr* – Eryn M. White – Gwasg Gomer, Llandysul, 1995
[11] *Hanes Cymru* – John Davies – Penguin, Llundain, 1990
[12] *Hanes Annibynwyr Cymru* – R. Tudur Jones – Undeb Annibynwyr Cymru, Abertawe, 1966

diwydiannol yn mynnu mai hyfforddi'r gweithlu oedd nod addysg. Yng Nghymru yr oedd Lewis Edwards, un o gynhyrchion cyntaf trefn addysg anffurfiol y capeli Anghydffurfiol, yn gweithredu'n rymus ar sail gwrth-ddadl Coleridge. Nod addysg, meddai'r bardd, yw...

the harmonious development of those qualities and faculties that characterize our humanity.'[13]

O'r coleg a sefydlodd yn y Bala darparai Lewis Edwards addysg a oedd yn eciwmenaidd ei chrefydd ac yn Ewropeaidd ei diwylliant. Trwy gyfrwng ei gylchgrawn, *Y Traethodydd*, sicrhaodd fodd i gymaint fyth â phosib o ddinasyddion y byd Cymraeg, hyderus, newydd, ennill troedle ar esgynfa ysgol y gymdeithas gyd-ymaddysgarol. Medd D. Densil Morgan:

Roedd ymestyn terfynau deallusol, ehangu gorwelion diwylliannol a gorseddu'r safonau Ewropeaidd uchaf i fod yn norm, a hynny yn Gymraeg, yn gymwynas gawraidd gan brifathro Coleg y Bala.[14]

Yn y pair byrlymus hwn o ddadeni dysg dechreuodd theatr gynhenid y gymdeithas arbrofi, unwaith eto, â ffurfiau strwythuredig. Fel 'ymddiddanion' yr adwaenid ymddangosiadau cyntaf y gweithredu ffurfiol yn y capeli. Cyflawni'r un swyddogaeth â ffenestri lliw yr eglwysi cyn-Brotestannaidd oedd nod yr ymdrechion hyn, sef byw-ddarlunio moeswers neu stori Feiblaidd.

Ysgolfeistr a drodd yn newyddiadurwr oedd Beriah Gwynfe Evans. Yn 1879 dyfarnwyd ei ddrama *Owain*

---

[13] *On The Constitution of Church and State* – S. T. Coleridge
[14] *Lewis Edwards* – D. Densil Morgan – Gwasg Prifysgol Cymru, Caerdydd, 2009

Glyndŵr yn arobryn yn Eisteddfod Llanberis ac am ddeugain mlynedd wedi hynny bu'n anturiwr ym maes y ddrama Gymraeg ffurfiol. Yng nghapel Carmel, Cendl – ger Glyn Ebwy – y gwreiddiodd hedyn y ddrama ynddo'n gyntaf. Stori Jona oedd testun y chwarae, ac – yn unol â sgript y Parchedig J. R. Roberts – roedd y sêt fawr wedi'i throi'n llong. Ac yntau'n blentyn, Beriah Evans oedd canolbwynt y stori, a...

> phan ddaethai'r morwyr i fwrw Jonah i'r môr, fe'm taflwyd i'r pwlpud o olwg y gynulleidfa.[15]

O ddarllen tystiolaeth Evans, mae'n amlwg nad oedd ganddo fawr o feddwl o'r ddrama fel cyfanwaith. Ac eto, safodd yr eiliad hon yng nghof ei greadigrwydd. Drama ffurfiol oedd crynswth y chwarae. Ond yr oedd yr eiliad hon yn briodas rhwng presennol yr anadl a thragwyddoldeb y dychymyg; yn gydymddangosiad dau wirionedd – dau fyd – o fewn yr un gofod o amser a lle. O ran y chwaraewyr a'r gynulleidfa aeth munudau maith y ddrama yn angof. Ond safodd eiliad y theatr; theatr y gweithwylwyr.

Yn *Y Traethodydd* cyhoeddodd Lewis Edwards gyfieithiadau o *Antigone a Julius Caesar* ynghyd ag ysgrifau ar ddramâu Goethe. Nid addysgu'n llenyddol oedd ei unig nod. Teimlai fod ar yr eglwys Anghydffurfiol...

> angen chwystrelliad o brofiadaeth, teimladrwydd a'r dirgelaidd ynddi er mwyn ei rhyddhau o ormes deddf, rheol ac oerni rhesymegol.[16]

---

[15] *Tad y Ddrama Gymraeg* – Ymgom â Beriah – *Y Darian*, Ebrill, 1920
[16] *Lewis Edwards* – D. Densil Morgan – Gwasg Prifysgol Cymru, Caerdydd, 2009

Credai fod arni angen rhywbeth grymusach, mwy dyrchafol na Twm o'r Nant –

yr hwn a elwir weithiau yn Welsh Shakespeare. Welsh Shakespeare yn wir![17]

...rhywbeth a allai adleisio ac atgyfnerthu uchelgais hynod y seiet – y society profiad – wrth fynd i'r afael â'r...

byd mawr sydd o'n mewn... [ac] sydd ar yr un pryd yn sylfaen i holl ymddangosiadau y byd allanol.[18]

Daw'r eiliad o gyd-ddychymyg a fu'n egin i greadigrwydd Beriah Gwynfe Evans â nod dyfnach na diddanu a darlunio i'r amlwg. Yr uchelgais a ddenai awdur y ddrama, Y Parchedig J. R. Roberts, yn ei flaen oedd yr awydd ddofn i ail-danio eiliadau o gyffro dyrchafol theatr y creu-o'r-newydd, a hynny drwy artiffis. Yn eironig, yr oedd ei awydd – awydd a seiliwyd ar ei ymwybyddiaeth o'r angen i wneud hynny – yn arwydd fod grym theatr y chwyldro eisoes yn pylu. Mae'n un o ddeddfau natur fod pob gwagle yn cael ei lenwi. Felly yn yr achos hwn hefyd. Wrth i anffurfioldeb theatrig Anghydffurfiaeth ddechrau nychu manteisiodd y theatr ffurfiol ar y bwlch a agorai. Ond nid mater o ennill a cholli syml oedd y symud a'r gwrth-symud hwn. Os oedd ffurf y ddrama yn newid parhaodd dynameg gyfranogol theatr y werin yn gyson o ran ei gallu a'i hawydd sylfaenol i gynnwys pawb a phob un.

Elfen holl bwysig yn sylwedd y theatr Anghydffurfiol oedd ei cherddoriaeth. Yn ystod ail hanner y bedwaredd ganrif ar bymtheg prifio yn ei chrefft ymwybodol a wnaeth

---

[17] *Barddoniaeth y Cymry* – Lewis Edwards – *Traethodau Llenyddol*
[18] ibid

caniadaeth ei heglwysi, yn bennaf yn sgil arloesi aruthrol Ieuan Gwyllt (1822 – 1877) trwy gyfrwng pyramid addysgol y dosbarthiadau Sol-Ffa, yr Ysgol Gân a'r Gymanfa Ganu. Wrth i gynneddf gerddorol theatr y werin ymdrefnu'n gymdeithasol daeth pedwar llais yr emyn a'r oratorio yn ymgorfforiad o'r tyndra a'r datrysiad o gynghanedd a nodwedda ddiwylliant y Gymraeg. Yn greiddiol i'r addysg roedd yr egwyddor o gydymgyfranogi. Nid trwy wahoddiad neu wrandawiad yr oedd cael mynediad i'r dosbarth, na'r ysgol na'r gymanfa. Nod y dysgu a'r hyfforddi oedd galluogi pawb i gyfranogi ac i brifio yn eu haddysg a'u hymarfer. Hyd yn oed yn ei chaniadaeth yr oedd egalitariaeth radical ar waith canys sail y gweithredu oedd ffydd ym mhotensial creadigol pob enaid byw. Dyma egwyddor a oedd yn sylfaenol i gynaliadwyaeth theatr y gweithwylwyr. Hyd yn oed yn yr ugeinfed ganrif, wedi iddi ymgloi o fewn ffrâm gyfyng y ddrama ffurfiol, ymlynodd theatr y werin at egwyddor y gymdeithas agored a chynhwysfawr – ymlyniad a sicrhaodd barhad, os nad datblygiad, cymundod y gweithwylwyr. Newidiwyd y ganhwyllbren, ond yr un oedd y fflam.

Ond ni aeth cannwyll y theatr anffurfiol dan lestr ym mhobman. Rhan annatod o'r 'brwdfrydedd a'r sêl' a ffynnodd yng nghymdogaeth Anghydffurfwyr Llangwyryfon oedd y datblygu ar weithgareddau diwylliannol a barai fod capeli mawr a bach yr ardal yn atseinio'n gyson â synau dosbarthiadau canu, ymarferion côr ac eisteddfodau. Yn wir, ar ddiwedd canrif Victoria a dechrau'r ugeinfed ganrif roedd yr ardal yn nodedig am ei heisteddfodau. Cynhelid tair eisteddfod yn flynyddol: Eisteddfod yr Ieuenctid, eisteddfod Blaen-pant a Chwrdd Bach[19] y capeli a'r eglwys. Ond er gwaethaf yr asbri a'r

---

[19] Mae'r Cwrdd Bach yn dal yn rhan annatod o galendr diwylliannol Llangwyryfon heddiw.

afiaith diwylliannol prin yw'r cyfeiriad at ddrama. O dro i dro, ymwelai cwmnïau â neuadd fach yr eglwys, ond eithriad fyddai hynny ac ni bu Llangwyryfon yn meddu ar ei gwmni drama ei hunan erioed. Yr esboniad yn lleol ar yr anomaledd hwn oedd 'Cwrdd y Mynydd.'

Sgil-effaith Diwygiad 1904 yw Cwrdd Gweddi'r Mynydd. Safai Ysgol Cofadail gynt ger Trefenter, wrth droed y Mynydd Bach. O flaen yr ysgol, ar y dydd Gwener olaf ym mis Mehefin, arferid gosod dwy gambo gefn-wrthgwt er creu llwyfan dros dro. Yn wynebu'r llwyfan yr oedd amffitheatr naturiol ac ysblennydd y Mynydd Bach. I'r awditoriwm hwn yn flynyddol y deuai pobl Llangwyryfon yng nghwmni cannoedd o'u cyd-Anghydffurfwyr o'r naill ochr a'r llall i'r mynydd.[20] Cofia Wil Griffiths, un o blant y fro, rôl ysgogol emynau yn y digwyddiadau cyffrous hyn. Meddai:

Wedi canu sawl emyn – sawl, sawl emyn – yn sydyn, mi fyddai'r cynnwrf yn cydio. Yn ogystal ag Edwards, Llanrhystud a'r gweinidogion eraill, dringai gweddïwyr o blith y dorf i'r llwyfan – eu gweddïau o'r frest yn deisyf, fel y salmydd gynt, am gymorth 'oddi wrth yr Arglwydd.'[21]

Cofia'n glir fel y byddai emosiynau'r dydd yn codi ac yn gostwng ac yn ail-godi drachefn yn ôl grymoedd cyfriniol y theatr fyrfyfyr a chorfforol hon.

Roedd gweld Jones, Maenelin Uchaf, Llanddeiniol – wrth ei weddi – ar lawr yn gwingo yn frawychus. Hollol frawychus.[22]

---

[20] Cynhelir Cwrdd Gweddi'r Mynydd bellach yng Nghapel Bethel, Trefenter

[21] Cyfweliad â Wil Griffiths, Comins Coch, Medi, 2009

[22] ibid

Yn Llangwyryfon a'r Mynydd Bach roedd theatr ôl-ddramataidd y chwyldro Anghydffurfiol eto'n fyw. O'r herwydd, er gwaethaf bwrlwm diwylliannol y gymdogaeth ni wreiddiodd y theatr ffurfiol. Nid oedd gwagle i'w lenwi.

Arferai Dr. Phil Williams annog y Cymry i feddwl am eu gwlad nid yn unig yn 'wlad y beirdd a'r cantorion' ond hefyd yn wlad y gwyddonwyr. Haerai iddi fagu mwy o wyddonwyr *per capita* na namyn yr un wlad orllewinol arall. Tair canrif hollbresenoldeb y ddynameg Anghydffurfiol o drafod a chwestiynu oedd i gyfrif, meddai.

Y mae'r pwlpud, y seiet a'r Ysgol Sul wedi cynysgaeddu cenedlaethau â dwy gynneddf bwysicaf y gwyddonydd: y gallu i drafod a'r awydd i gwestiynu.[23]

I Lewis Edwards a'i gyd-anturwyr, efengyliaeth hyderus, frwdfrydig a chyd-ddyrchafol oedd agor holl ddrysau a ffenestri trafod a chwestiynu a chreu – eu hagor a'u gwneud yn hygyrch i gymaint fyth â phosib o'u cyd-ddyn. Y safbwynt eangfrydig hwn a barodd i olygydd *Y Traethodydd* fod y cyntaf i orseddu Williams Pantycelyn yn fardd mawr, yn ogystal ag yn gawr o emynydd, a hynny am ei fod yn trafod bywyd 'yn ei gyflawnder' gan fynegi...

...teimlad o brydferthwch anian, teimlad sydd yn myned i mewn i holl helynt dynoliaeth, yn ei mawredd a'i thrueni, ei llawenydd a'i galar, ei chariad a'i chas.[24]

Rhydd cydblethiad gweledigaeth esthetig Lewis

---

[23] Cyfweliad ar ffilm – *Diwrnod Dathlu Desin*, Cwmsychbant, Brynteg a Llanwenog – 2003

[24] *Lewis Edwards* – D. Densil Morgan – Gwasg Prifysgol Cymru, Caerdydd, 2009

Edwards â'i genhadaeth Gristnogol egnïol-fentrus lwyfan o sylfaen i haeriad Dr Tudur Jones y bu i...

Ymneilltuaeth yr oes honno [ddod] o fewn trwch blewyn i fod y mudiad crefyddol mwyaf creadigol a welodd y genedl.[25]

Allweddol yn y frawddeg hon yw'r gair 'creadigol': y gair sy'n clymu holl genhadaeth, uchelgais, eangfrydedd ac egalitariaeth sylfaenol cymdeithas Gymraeg y cyd-fentro a'r cyd-brifiant ynghyd. Heddiw, pennawd o law biwrocratiaeth ganoliaethol Cyngor y Celfyddydau yw *Cymru Creadigol*. Am mai o'i chalon hi ei hunan y deuai ei hegni a'i chynhaliaeth, yr oedd Cymru'r bedwaredd ganrif ar bymtheg yn Gymru wironeddol greadigol. Eiddo y gweithwylwyr oedd ei theatr: theatr y werin.

---

[25] *Hanes Annibynwyr Cymru* – R. Tudur Jones – Undeb yr Annibynwyr Cymraeg, Abertawe, 1966

Pennod 5

Theatr Rhys Lewis

Er mai yn 1861, yn Aberdâr, y cynhaliwyd yr ŵyl gyntaf i ddwyn y teitl Eisteddfod Genedlaethol[1] roedd eisteddfodau go fawr eu huchelgais wedi'u cynnal yn ysbeidiol ers dechrau'r ganrif. Adwaenid nifer o'r digwyddiadau hyn yn eisteddfodau taleithiol (e.e. Eisteddfod Daleithiol Gwynedd a gynhaliwyd yng Nghaernarfon yn 1821). Creadigrwydd y *Cambrian Societies* oeddynt – cyrff a ffurfiwyd dan nawdd Thomas Burgess, Esgob Tyddewi, yn rhan o'i strategaeth i ail-Gymreigio'r Eglwys Wladol a thrwy hynny gadw'r Cymry uniaith rhag ymuno â'r capeli Cymraeg eu hiaith a'u diwylliant.[2] Ond trowyd y berw cystadleuol at felin yr Anghydffurfwyr wrth i gapeli lu fabwysiadu'r eisteddfod fach – y *Penny Reading*, y Cwrdd Bach neu'r Cwrdd Cystadleuol – yn arf addysgol newydd yn eu harfogaeth. Yn addas ddigon, yng Nghapel Abermeurig – ar ymylon y Smotyn Du – y ceir un o'r cofnodion cyntaf (1863) o'r ffenomen hon yng Ngheredigion.[3] Os oedd Llangwyryfon

---

[1] *A fu heddwch* – Robyn Lewis – y Lolfa' Talybont, 2006
[2] *Hanes Cymru* – John Davies – Penguin, Llundain, 1992
[3] *Cardiganshire County History*, Vol. 3 (Pennod: *Music and Popular Culture*) – gol. Geraint H. Jenkins a Ieuan Gwynedd Jones – Gwasg Prifysgol Cymru, Caerdydd, 1998

hanner cyntaf yr ugeinfed ganrif yn bentref eithriadol am nad oedd ganddo gwmni drama, mwy eithriadol fyth oedd y pentrefi hynny, yn hanner olaf y bedwaredd ganrif ar bymtheg, na fyddai'n cynnal eisteddfod. Nid hap a damwain oedd i gyfrif mai madarch yr eisteddfod oedd y tyfiant cyntaf i gydio yng nghalendr y diwylliant. Y gân oedd sail poblogrwydd torfol yr eisteddfodau mawr a bach. I unigolion, partïon a chorau o bob maint – ffrwyth dosbarthiadau sol-ffa, ysgolion cân a chymdeithasau cerdd y capeli – roedd twf yr eisteddfod bentref yn gyfle cyffrous i ehangu gorwelion ac i godi uchelgais. Trwy gyfrwng addysg anffurfiol yr eisteddfod sadiwyd ac ehangwyd peirianwaith addysgol y diwylliant Cymraeg. Os mai'r capel roddodd eu canolbwynt cryf cyntaf o hunaniaeth i nifer helaeth o gymdogaethau (fel yr awgryma amlder enwau fel Beulah, Nebo a Horeb yng nghefn gwlad Ceredigion) hybodd twf yr eisteddfodau pentref gyd-wead diwylliannol y cymdogaethau gwledig wrth i'r arfer o 'ddilyn steddfod' ddatblygu ac ehangu. Dywed yr hanesydd cerddoriaeth Rhidian Griffiths, er enghraifft, fod yr eisteddfod a gynhaliwyd yn Aberaeron yn 1864 yn cynnwys corau o Gastell Newydd Emlyn, Llanarth a Glynarthen.[4]

Ond wrth wraidd twf y ganiadaeth o fewn y capeli ac yn y cyrddau cystadleuol fel ei gilydd y mae canfod gwir arwyddocâd y prifiant. Yn y naill sefyllfa a'r llall gwelwn mai'r gweinidog (a'r ffeirad hefyd, wrth i'r ganrif fynd yn ei blaen) yw'r catalydd holl bwysig. Roedd yr arweinyddion hyn yn ganolog i'r patrwm cyfoethog o ddysgu, ymarfer a pherfformio. P'un ai'n symbylwyr ynteu'n addysgwyr uniongyrchol eu hunain, cynhalient gylchoedd o

---

[4] *Cardiganshire County History*, Vol. 3 gol. Geraint H Jenkins a Ieuan Gwynedd Jones – Gwasg Prifysgol Cymru, Caerdydd, 1998

greadigrwydd a hybai dwf a phrifiant trwy gyfrwng crefft ymwybodol mewn cymdeithas agored a chyfartal. Yn wir, roedd sêl, haelioni ac eangfrydedd eu gweithredu yn dal i dystio i'r corwyntoedd creadigol a grëwyd gan Rowland, Harris a Williams, ganrif ynghynt. Ymhell cyn diwedd y bedwaredd ganrif ar bymtheg roedd hi'n amlwg hyd yn oed i'r Esgob Burgess mai diwylliant cydymgyfranogol oedd diwylliant y Gymraeg. Diwylliant y gweithwylwyr. I gynnal y rhod gydweithredol un anghenraid absoliwt oedd, sef arweinydd. Os mai gan yr ysgol gân a'r eisteddfod leol y cafodd y ddrama ei phatrymau hyfforddi ac ymarfer, ar drothwy'r ugeinfed ganrif ychwanegwyd at y brwdfrydedd gan yr eisteddfodau mawr hefyd. Yn 1884, cynigodd Eisteddfod Genedlaethol Lerpwl wobr ar gyfer ysgrifennu drama. Er i bron bob eisteddfod wedi hynny ddilyn yr arfer, aeth dros ddeg mlynedd ar hugain heibio cyn i'r brifwyl lwyfannu cystadleuaeth chwarae drama (Bangor, 1915). Mae'r bwlch hwn yn arbennig o hir o ystyried i Gwmni Trefriw, Dyffryn Conwy, lwyddo i roi trol y ddrama Gymraeg nôl ar gefnffyrdd Cymru yn ystod 1886-1887 – y tro cyntaf ers diflaniad yr anterliwtwyr.

Cyfaddasiad o *Rhys Lewis*, nofel uchelgeisiol Daniel Owen, oedd y ddrama a deithient. Myfyrwyr Lewis Edwards yn y Bala a berfformiodd y fersiwn cyntaf, a hynny o fewn blwyddyn i'w chyhoeddi ar ffurf llyfr. Gwnaed hynny heb ymgynghori â'r awdur. Pan fachodd Cyfarfod Misol y Methodistiaid yn Sir Fflint ar anfodlonrwydd Daniel Owen, awgrym Ioan Williams yw y byddai'r hen Galfiniaeth wedi diarddel Methodistiaid ifainc y cwmni, oni bai am y ffaith y buasai hynny wedi golygu diarddel myfyrwyr Lewis Edwards ei hun hefyd.[5] Yr agosaf y bu'r Parchedig William Williams at y ddrama oedd darllen

---

5 *Y Mudiad Drama yng Nghymru* 1880–1940 – Ioan Williams – Gwasg Prifysgol Cymru, Caerdydd, 2006

adolygiad o berfformiad y cwmni yn Ninbych. Cythruddwyd ef gan y gair 'chwarae'.

Chwareu edifeirwch? Chwareu ffydd yn Iesu Grist? Chwareu y mynediad trwodd o farwolaeth i fywyd?

Yn ei hanfod, gwaedd o rwystredigaeth oedd ei wrthdystiad; gwaedd a ddaeth o ddyfnder tyndra mewnol Anghydffurfiaeth yr ail ganrif wedi'r diwygiad. Roedd y gweinidog wedi ei fagu ar waddol theatr ddwys-eneidiol-gorfforol y chwyldro a fu. Roedd iddi nwyf a chyd-egni llifeiriol. Ond nid oedd 'chwarae' o fewn ei geirfa. Theatr uniongyrchol-weithredol oedd hi; theatr nad oedd ynddi le ar gyfer cynrychioli'r un dim am mai theatr eiliad y presennol oedd hi. Theatr o gymundod cyflawn. Roedd poblogrwydd *Rhys Lewis* yn brawf poenus fod y theatr

Yn ystod degawd cyntaf yr ugeinfed ganrif cafodd perfformiadau o Rhys Lewis gryn ddylanwad ar dwf mudiad y ddrama yng Ngheredigion. Yn sgil perfformiadau cwmni Llanddewi Brefi (chwith) tyfodd y pentref i fod yn ganolfan fyrlymus i'r ddrama â chymaint a thri chwmni yn cyd-oesi ar un adeg.

honno wedi'i cholli. Codai'r hyn a gymerai ei lle ofn arno.

Ym mhob oes, ym mhob cyd-destun, gall yr ofn hwnnw fod yn gymwys yn ogystal ag yn gam. Dychmygwch gwmni o actorion yn 'chwarae' stori drasig Tryweryn ger bron awditoriwm o Gymry. Nid oes prinder dagrau yn eu llygaid. Sych, serch hynny, yw eu traed. Dim ond 'chwarae' yw'r cyfan. Ac os bydd i'r 'chwarae' golli disgyblaeth ambell dro, na phoener. Bydd cymeradwyaeth y dorf yn gysur gwerth aros amdano. Nid oes i'r 'chwarae' gost na fedr cynulleidfa a foddhawyd ei digolledi. O fewn theatr y 'diwydiant diwylliannol', chwedl Theodor Adorno, 'boddhau' yw nod 'chwarae'.

Yn llawlyfr ymarfer Cwmni Celfyddyd Mosgo, a ysgrifennwyd gan Constantin Stanislafsci, yn hanner cyntaf yr ugeinfed ganrif, ar lun deialog rhwng y cyfarwyddwr ac actorion amhrofiadol ei gwmni, medd yr athro wrth actor hunanfoddhaus:

> Mae dy wirionedd esgus di yn gymorth i ti gynrychioli delweddau ac emosiynau. Mae fy ngwirionedd i yn gymorth i greu'r delweddau eu hunain ac i ddihuno'r emosiynau go iawn.[6]

Erbyn ail hanner y ganrif roedd cyfarwyddwr y Labordy Theatr yng ngwlad Pwyl – Jerzy Grotowski – yn chwyrnach fyth ei feirniadaeth ar ymarfer creadigol na fentrai y tu hwnt i ffiniau 'chwarae'. Galwai'r cyfryw actorion yn 'buteiniaid llys'. 'Actor sanctaidd' oedd yr actor a gymerai ei holl gyfrifoldebau – iddo fe ei hunan, i'w gynulleidfa ac i'w gyd-ddyn – o ddifrif. Wrth gymharu'r naill ar llall dywedodd...

---

[6] *An Actor Prepares* – Constantin Stanislavski – Methuen Drama, Llundain, 1980

Mae'r gwahaniaeth rhwng yr 'actor puteiniol' a'r 'actor sanctaidd' yn gymesur á'r gwahaniaeth rhwng medrusrwydd putain a'r agwedd tuag at roi a derbyn a ddeillia o gariad pur: hynny yw, hunan-aberth.[7]

Chwaraewyd *Rhys Lewis* ym mhob rhan o Gymru. Bu'r daith yn llwyddiant ysgubol. Boddhawyd y torfeydd, bid siŵr a bu'r adlais ar feirniadaeth gymdeithasol Daniel Owen yn arwyddbost effeithiol ar gyfer dramodwyr ifainc y ganrif ddilynol. Ond roedd pellter mawr rhwng cefn gwlad Cymru a phrifddinas Rwsia. Eto, roedd Llwynrhydowen, Felin Llynwen a Chwrdd Gweddi'r Mynydd mor agos.

Yn Nhregaron, defnyddiwyd llun cwmni Bwlchgwynt – prif gapel Methodistiaid Calfinaidd y dre – yn gerdyn post.

---

7 *Towards a Poor Theatre* – Jerzy Grotowski – Simon and Schuster, Efrog Newydd, 1968

Pennod 6

Theatr y Drws Agored

Ni cheir cymdeithas gynaliadwy heb arweinyddiaeth effeithiol. Mae cymdeithas hyfyw yn ddibynnol ar arweinyddiaeth fentrus ac egniol – arweinyddiaeth sydd â'r hyder i ymddiried yng nghyd-greadigrwydd y cyd-ymdeithwyr. Ni cheir y naill heb y llall. Heb y llall gorffwys potensial y naill yn gwsg. Yn 1889, ychwanegodd arweinwyr y gymdeithas Anghydffurfiol y cynghorau sir newydd at wladwriaeth ddiwylliannol-wleidyddol y Gymraeg. Yr oedd grym hierarchaeth y plas yn dirwyn i ben. Arweinyddiaeth y gymdeithas gyd-greadigol oedd yn gafael yn yr awenau bellach. Pwy oedd yr arweinwyr newydd hyn? O ble y daethant? Rydym eisoes wedi sylwi ar rôl ganolog gweinidogion Anghydffurfiol yn nynameg yr addysg a'r cwestiynu a feginai ymchwydd creadigol y ganrif. I'r gyfundrefn anffurfiol fyrlymus a grëwyd ganddi hi ei hunan ychwanegodd Anghydffurfiaeth haenen addysg ffurfiol – ar lun academïau a cholegau – yn unswydd er diwallu'r angen cynyddol am arweinwyr o'r radd uchaf posibl – symbylwyr cymdeithasol a fyddai, bellach, yn ddysgedig yn ogystal ag yn ordeiniedig.

Mae Undodiaid Ceredigion yn hoff o haeru mai oherwydd llwyddiant academi y Parchedig Dafydd Dafis,

Castell Hywel, Dyffryn Cletwr y sefydlodd yr esgob Burgess Goleg Dewi Sant, Llanbedr Pont Steffan yn 1827 i hyfforddi clerigwyr esgobaeth Tyddewi. Fel yr academi ddylanwadol a sefydlwyd yn Neuadd-lwyd, Dyffryn Aeron yn 1810 gan yr Annibynnwr, y Parchedig Thomas Phillips, drws agored oedd i athrofa Dafis. Deuai gwŷr ifainc yr eglwys yn ogystal ag Anghydffurfwyr o bob math ato i dderbyn addysg glasurol. Gwas yng Nghastell Hywel oedd Christmas Evans, cyn i Dafis adnabod ei syched am addysg a sicrhau iddo fynediad at holl freintiau'r academi. Tyfodd i fod yn brif hoelen wyth Bedyddwyr Cymru ar sail yr addysg a dderbyniodd wrth draed y Gamaliel o Armin. Gyda chymorth ac arweiniad yr academïau bach a mawr a frithai Gymru Anghydffurfiol y cyfnod llwyddodd aml i fyfyriwr gyrraedd prifysgolion Lloegr (Rhydychen neu Gaergrawnt gan amlaf) a'r Alban. Ar ôl dychwelyd o Brifysgol Caeredin – wedi cwblhau cwrs gradd pedair blynedd mewn tair, am na fedrai fforddio'r flwyddyn olaf – aeth Lewis Edwards ati'n ddi-ymdroi i sefydlu coleg hyfforddi gweinidogion yn y Bala. Er iddo gyflawni hyn gyda chefnogaeth ei enwad, y Methodistiaid Calfinaidd, deuai darpar weinidogion o bob lliw a llun ato. Yn eu tro, aent hwythau â safon ac arferion gorau eu haddysg eangfrydig i'w cylchoedd o weinidogaethu ac addysgu. Canys yr oedd addysgu – trwy'r bregeth, y seiet, yr Ysgol Sul a'r holl weithgareddau diwylliannol – wrth galon eu cenhadaeth. Yn fuan sefydlodd yr Annibynwyr a'r Bedyddwyr hwythau athrofeydd a gynhyrchai gyfryngwyr o'r un anian.

Cam mawr ag Anghydffurfiaeth yw meddwl mai llythrennedd yw hyd a lled ei chyfraniad addysgol. Mae'n wir mai dysgu darllen oedd canolbwynt ysgolion cylchol Gruffydd Jones yn y ddeunawfed ganrif, ond, gan mlynedd yn ddiweddarach yr oedd y chwyldro Anghydffurfiol wedi sicrhau cylchoedd egnïol o gyd-drafod, cyd-gwestiynu a chyd-greu i ehangu hyd yr eithaf y meysydd gwybodaeth a phrofiad a amlygwyd trwy borth llythrennedd. Trwy sicrhau perthynas gyflawn a chyfartal rhwng testun a chyd-destun chwistrellodd Anghydffurfiaeth ffrydiau newydd o bwrpas a brwdfrydedd ac uchelgais i gorff ac enaid y Gymraeg a'i phobl.

'*Traditional education focuses on teaching, not learning.*'[1] Dyma fan cychwyn beirniadaeth gyfoes o'r drefn sydd wedi disodli y ddynameg y perthynai addysg y capeli iddi. Addysg Ffurfiol yw'r term a ddefnyddir i ddisgrifio'r drefn gyfoes. Yn ôl y beirniaid Russell L. Ackoff a Daniel Greenberg nod Addysg Ffurfiol – addysg ddiwydiannol ei pheirianwaith – yw unffurfiaeth.

> *In that world an industrial training megastructure strives to turn out identical replicas of a product called "people educated for the twenty-first century.*[2]

Heb os nac oni bai, nid cynhyrchu pobl i gwrdd ag anghenion y gweithle na'r ysgol yrfaol oedd nod addysg y capeli. Y mae diffiniad y nofelydd Muriel Spark o'r hyn y dylai addysg fod yn agosach o lawer:

> *To me education is a leading out of what is already there in the pupil's soul... [P]utting in of something that is not there...is not what I call education, I call intrusion.*[3]

Sut mae rhyddhau yr hyn sydd 'yno yn barod'? Defnyddia Ackoff a Greenberg yr enghraifft ganlynol. Mae

---

[1] *Turning Learning Right Side Up* – Russell L. Ackoff a Daniel Greenberg – Wharton School Publishing, Prifysgol Pennsylvania, 2008
[2] ibid
[3] ibid

Sefydliad Technoleg India yn ymyl un o slymiau Delhi. Wrth geisio darganfod pam mae plant yn gwybod mwy am gyfrifiaduron na'u rhieni addysgedig lluniodd Sugata Mitra, pennaeth yr Adran Ymchwil a Datblygu, arbrawf. Torrwyd twll yn y wal agosaf at y slymiau a gosodwyd ynddo gyfrifiadur ag iddo gysylltiad bandeang â'r rhyngrwyd. Yr oedd i'r cyfrifiadur sgrîn-gyffwrdd ond dim allweddell. Sgrin agoriadol MSN.com oedd yr unig beth oedd i'w weld. Nid oedd na chyfarwyddiadau na neb i gynnig cymorth wrth law. Yn ôl Mitra roedd y canlyniadau yn rhyfeddol. O fewn dim o amser roedd plant uniaith Hindi, di-ddysg y stryd wedi meistroli llythrennedd sylfaenol cyfrifiaduraeth: rheoli'r llygoden, pwyntio, halio, torri, copïo a syrffio'r we. Pan holwyd iddynt sut y daethant i wybod gymaint am gyfrifiaduron eu hateb oedd 'Beth yw cyfrifiaduron?'. Gan fathu eu henwau eu hunain yn eu mamiaith ar gyfer pwyntiwr y llygoden (y 'nedwydd') a'r awrwydr ('drwm Shiva') ac yn y blaen, aeth y plant rhagddynt i ddarganfod rhaglen *Microsoft Paint* a'i defnyddio i dynnu lluniau cyn dod o hyd i allu anghyfarwydd o fewn *Microsoft Word* a roddodd iddynt fodd o osod llythrennau ar y sgrin. Wrth dafoli arwyddocâd yr arbrawf sylweddolodd Mitra bod plant eisoes yn meddu ar y gallu i roi dau a dau gyda'i gilydd.

Creating content is not what's important. What is important is infrastructure and access[4]

Byrdwn dadl y darlithydd yw'r angen i newid swyddogaeth athrawon.

Yn yr arbrawf uchod roedd y plant nid yn unig wedi datgloi potensial addysgu'r cyfrifiadur a'r eiddo hwy eu

---

[4] ibid

hunain, ond roeddent wedi gwneud hynny trwy gydymdrech a chyd-fenter. Mewn amgylchedd o'r fath galluogi a chefnogi yw rôl yr addysgwr. Gŵyr pob athro o reddf na all neb ddysgu eraill os nad yw'n chwennych ei addysgu ei hun. Yn yr amgylchfyd cydaddysgol dyna'n union sy'n digwydd. Mae pawb yn dysgu; pawb a'u harweinydd: gyda'i gilydd, oddi wrth a thrwy ei gilydd. Dyna yw 'cymuned ddysgu' holl ystyrlon. Yn waelod iddi mae'r egwyddor o gred ym mhosibiliadau addysgol pob unigolyn; yng ngallu creadigol y gymdogaeth gyfan.

Dyma'r meddylfryd addysgiadol a sicrhaodd i John Thomas, mab i siopwr nid cefnog Blaenannerch, fynediad i ddosbarthiadau cynganeddu cerddorol ei gapel; yr hyder, maes-o-law, i arwain ei ddosbarthiadau cynganeddu ei hunan, a'r gallu a'r ysbrydoliaeth i gyfansoddi tonau mawr Aberporth, Blaencefn a Cymod.[5] Dyma addysg oedd ar gael yn eang heb fod yn rhagfynegol. Addysg a dafolai ddysgu ffurfiol â chydymaddysgu anffurfiol. Dyma Addysg Gymreig. Addysg Gymraeg. Addysg Anghydffurfiol.

Yn 1870 cafwyd deddf addysg a arweiniodd at sicrhau ysgolion elfennol ym mhob ardal. Yr oedd yr Anghydffurfwyr Cymraeg ar ben eu digon. Ers canol y ganrif roedd yr Eglwys Wladol wedi bod yn agor 'Ysgolion Cenedlaethol' ym mhob cwr o'r wlad fel rhan o'u hymgyrch i greu perthynas newydd rhyngddi a'r Cymry. Yn etholiad 1868 enillodd y Bedyddiwr, E. M. Richards, sedd Ceredigion dros y Rhyddfrydwyr a'r gweinidog Annibynnol Henry Richard sedd i'r un blaid ym Merthyr. I'r Anghydffurfwyr roedd y fuddugoliaeth seneddol hon, a roddodd fod i ddeddf 1870, yn brawf o dwf eu grym gwleidyddol ac yn gnoc arall i hegemoni'r plas a'i eglwys.

---

[5] *Cofiant John Thomas, Llanwrtyd* – y Parchedig Evan Evans – Argraffdy'r Methodistiaid, Caernarfon, 1926

Trwy reolaeth ar y byrddau ysgol lleol roedd modd sicrhau addysg elfennol i'w plant a fyddai'n rhydd o ddylanwad yr 'hen estrones'.[6] Yn waelod i frwdfrydedd llawr gwlad y capeli roedd y rhagdybiaeth mai datblygiad ar Addysg Anghydffurfiol – addysg y gymdeithas o ddysgwyr; addysg y diwylliant Cymraeg – fyddai'r ddarpariaeth newydd. Ond ni allai dim fod yn bellach o feddwl y llywodraeth Brydeinig.

Erbyn 1880 roedd presenoldeb pob plentyn yn orfodol nes ei fod yn dair ar ddeg mlwydd oed. Yn eu disgwyl bob dydd ar furiau'r ysgolion newydd yr oedd map o'r byd. Yr oedd chwarter ohono'n goch ei liw: cochni a ddynodai berchnogaeth y goron Brydeinig; cochni unffurf a fradychai'r ffaith mai unffurfiaeth oedd uchelgais hanfodol yr ymerodraeth. O'r canol y rheolir ymerodraeth. Cyfundrefn wedi'i chynllunio yn y canol oedd y ddarpariaeth newydd. Blaenoriaethau diwylliant Prydeindod oedd blaenoriaethau'r gyfundrefn addysg newydd. Diwallu anghenion ei hymerodraeth – ei diwydianwyr, uwch-gyfalafwyr, militarwyr a'i gwasanaeth sifil – oedd ei nod.

Ar ddiwedd yr Ail Ryfel Byd dechreuodd rhai o genhedloedd cyfandir Affrica wrthod cydymffurfio â gofynion y gwledydd a'u gormesai. Ganwyd Frantz Fanon yn Algeria, cenedl a wladychwyd gan Ffrainc. Dringodd ysgol addysg trefn feritocrataidd yr ymerodraeth gan fwynhau breintiau addysg brifysgol o'r radd uchaf ym Mharis. Yna, torrodd ar y drefn ddisgwyliedig. Yn hytrach na throi ei gefn ar ei famwlad a dyrchafu ei yrfa bersonol ei hun mewn amgylchfyd cyfoethog o gyfleoedd, trodd sylw ei ddysg a'i ddeallusrwydd yn ôl at achos ei wlad a dyfodol ei gyd-wladwyr. Cododd arsyllfa ddeallusol-wrthrychol

---

[6] enw dilornus yr Anghydffurfwyr ar Eglwys Loegr

iddo fe'i hunan er mwyn ei alluogi i symud y tu hwnt i reddf yr adweithiwr; y tu hwnt i bersbectif byr yr emosiynau dwys. O'r lle hwnnw gwelodd wir sefyllfa ei wlad; gwir natur y grym a'i bygythiai. Gwelodd mai diwylliant yw prif darged y gormeswr.

> Gwneir pob ymdrech i wneud i'r person a wladychwyd gyfaddef mai eilradd yw ei ddiwylliant ef ei hunan... Mae diwylliant cenedlaethol a fodola dan gysgod dominyddiaeth drefedigaethol yn ddiwylliant a wrth-haerir. Anelir at ei ddistrywio mewn modd systematig.[7]

I ddeall gwir ystyr y cymal olaf does ond rhaid i'r Cymro droi at eiriau Matthew Arnold, yr academydd rhyddfrydig a ffolodd ar ddraddodiad llenyddol y beirdd a'r eisteddfod. Er hynny, ni rwystrai ei edmygedd o dreftadaeth y Cymry ef rhag gweld y wlad a'i phobl yn ddim mwy na dominiwn o fewn yr Ymerodraeth Brydeinig. O'r safbwynt hwn datganodd...

> *It must always be the desire of a Government to render its dominions, as far as possible, homogenous.*[8]

Deallai mai arwyneb diwylliant yw iaith. Yr un fath â chenhadon byd-eang Prydeindod ei ddymuniad oedd gweld y Cymry yn cael eu 'diwyllio' er mwyn eu cysylltu'n uniongyrchol â'r byd o gynnydd y safai Lloegr yn ei ganol...

> *...Sooner or later, the difference of language between*

---

[7] *The Wretched of the Earth (On National Culture)* – Frantz Fanon – Penguin, Llundain, 1967

[8] gweler *The Taliesin Tradition* – Emyr Humphreys – Black Raven Press, Llundain, 1983

*Wales and England will be effaced... an event which is
socially and politically so desirable.*[9]

Amharai gwrêng cynulleidfaoedd yr eisteddfodau mawr
ar westai a geisiai orseddu'r Saesneg. Ysywaeth, roedd carfan
o blith bonedd Anghydffurfiaeth nad oedd mor sicr eu
teyrngarwch i'w mamiaith – ffaith a fradychwyd gan eu
parodrwydd i gytuno ag Arnold. Y mwyaf diwyd ohonynt
oedd y gwas sifil, Hugh Owen, gŵr a lwyddodd i ddringo'n
uchel o fewn cyfundrefn y wladwriaeth Brydeinig. Serch
hynny, yr oedd buddiannau Anghydffurfwyr Cymru yn agos
at ei galon. Llythyr ysgogol ganddo (yn 1843) a sbardunodd
yr Anghydffurfwyr i godi ysgolion i wrthsefyll twf ysgolion
yr Anglicaniaid.[10] Gyda chyfoeth Prydeindod yn gefn iddi, yr
oedd yr Eglwys Wladol eisoes wedi sefydlu canolfan ar gyfer
hyfforddi eu hathrawon, sef Coleg y Drindod, Caerfyrddin
(1848). Ddeng mlynedd yn ddiweddarach gyda chefnogaeth
dim amgenach na chyfraniadau'r capeli a'u cyfoethogion
prin llwyddodd Hugh Owen i sefydlu coleg ym Mangor a
ddaeth yn Fecca ar gyfer Anghydffurfwyr o fechgyn ifainc
a'u bryd ar ddysgu, sef Coleg y Normal. Nid oedd yn ddyn
i bwyso ar ei rwyfau. Ymroddodd â'i holl egni bellach i
sicrhau prifysgol i Gymru. Nid uchelgais genedlaetholgar
oedd hon. Ei nod yn hyn o beth oedd yr un nod ag a fu'n ei
yrru gyhyd; nod y dylanwadwyd arno gan feddylfryd
gyrfaol a phensaernïaeth drefedigaethol y gwasanaeth sifil
y bu'n was mor driw a llwyddiannus iddo, sef...

...creu dosbarth canol i'r Gymru Anghydffurfiol –
dosbarth bucheddol, uchelgeisiol a goleuedig.[11]

---

[9] ibid
[10] Bedyddiwyd yr ysgolion Anghydffurfiol yn ysgolion Brytanaidd.
Ysgolion Cenedlaethol oedd sefydliadau'r eglwys.
[11] *Hanes Cymru* – John Davies – Penguin, Llundain, 1992

Wrth edrych ar y dosbarth canol a gododd o fewn trefedigaethau Ffrainc yng ngogledd Affrica medd Fanon...

Mewn gwlad na ddatblygwyd i'w photensial dylai dosbarth canol dilys ystyried mai ei gyfrifoldeb diwyro yw bradychu'r llwybr y mae ffawd wedi'i osod iddo. Dylai ymroi i ymdrech y bobl i gyd-ymaddysgu.[12]

Er mai gweithio yn enw'r 'hen wlad' a wnâi Owen yr oedd wedi'i ysgaru oddi wrth ddynameg addysgol-ddiwylliannol llawr gwlad yr Anghydffurfiaeth y plediai drosti. Comprador oedd – gwas naïf diwylliant gormesol yn gweithio o fewn y diwylliant dan ormes. Roedd yn ddidwyll yn ei awydd i godi'r Cymry i'r hyn a welai oedd eu priod le ar lwyfan cynnydd a llwyddiant materol. Ond roedd yn ddall i'r ffaith mai'r prosiect trefedigaethol yr oedd wedi ymddarostwng iddo yn ei yrfa bersonol oedd awdur ei sêl dros ei gyd-Gymru. Cyhudda Fanon ddeallusion brodorol a dry'n gymrodeddwyr dosbarth canol o

...osod mantell ysgafn eu hawydd i gymathu â byd y gwladychwyr dros eu hagwedd ymosodol.[13]

Anelai Owen at greu elît dysgedig a fyddai ar eu hennill yn faterol, gan osod Cymro'r uchelgais personol ar ysgol feritocrataidd, ac felly unigolyddol, hierarchaeth Brydeinig. Angen Addysg Anghydffurfiol oedd cynnal a datblygu y cylch a gynhyrchai ei harweinyddiaeth llawr gwlad – arweinwyr y gymdeithas gyd-ymaddysgol a chyd-greadigol. Ymateb addysgwyr cynhenid y diwylliant i

---

[12] *The Wretched of the Earth (The Pitfalls of National Consciousness)* – Frantz Fanon – Penguin, Llundain, 1967
[13] ibid

imperialaeth y Llyfrau Gleision oedd ail-gryfhau'r Gymraeg – prif gyfrwng yr egalitariaeth radical gysefin. Nod Owen oedd goruchafiaeth yr iaith Saesneg. Megis Arnold, gwelai'r Gymraeg yn faen melin am wddf ei bobl; troi cefn arni a'i gadael i farw oedd yr unig opsiwn pragmatig.

Am mai ar sail eu canlyniadau Rhifyddeg a Saesneg y'u gwobrwyid gan amlaf Saesneg oedd cyfrwng dysgu yr ysgolion elfennol a sefydlwyd cyn 1870. Ond y Gymraeg oedd gwir gyfrwng addysg trwch y boblogaeth am mai'r Gymraeg oedd iaith holl ffrydiau addysg 'gydol oes' y capeli – ffynhonnell yr addysg a wnâi wahaniaeth hunanamlwg iddynt. Brwdfrydedd dros yr addysg hon a barodd i'r Cymry yn gyffredinol, a'r Ymneilltuwyr yn benodol, gyfrannu o'u ceiniogau prin at wireddu breuddwyd Owen a sefydlu yn Aberystwyth, ym mis Hydref 1872, goleg cyntaf Prifysgol Cymru. Yn y dychymyg poblogaidd, buddsoddi yn nhwf rhydd-drefn gyffrous eu profiad cydymaddysgol, Cymraeg a wnâi'r bobl. Ond prynu cyfundrefn o eiddo gwladwriaeth eu gwladychiad yr oedden nhw mewn gwirionedd.

Teg yw gofyn heb Owen, a'i holl wybodaeth fewnol o beirianwaith wleidyddol y wladwriaeth Brydeinig, tybed pa bryd y byddai darpariaeth addysg uwch wedi cyrraedd Cymru, y 'dominiwn ymylol'? Pwysicach yw gofyn pa bryd y bu i'r Anghydffurfwyr ddeall mai cyfaddawd peryglus ac nid buddugoliaeth gyflawn a enillwyd ganddynt? Ddiwedd y bedwaredd ganrif ar bymtheg yr oedd haint imperialaeth Brydeinig yn dal i ledu ar draws map y byd gan ymdreiddio i berfedd ei deiliaid yn bell ac agos. Wedi cael mynediad yr anel cyntaf oedd ysgaru pen y truan oddi wrth ei galon: creu dryswch a dallineb.

Ysgolfeistr Ysgol Gwynfe, sir Gâr, yn wythdegau'r ganrif oedd Beriah Evans, y plentyn a fu'n Jona ym mola'r morfil gynt, ac a ddaeth, maes o law, yn arloeswr y ddrama. Y tu fas i'r ysgol roedd yn arweinydd ysbrydoledig ar ddiwylliant cymdeithasol y Gymraeg; o'i mewn, crogai'r *Welsh Not* ag arddeliad am yddfau ei ddisgyblion uniaith – arwydd o allu arswydus cydymffurfiaeth i blannu dryswch wrth galon hunaniaeth.

Un na swynwyd nac a ddryswyd gan syniadaeth yr imperialwyr oedd Emrys ap Iwan, y gweinidog Methodist Calfinaidd a dderbyniodd ei addysg uwch ar gyfandir Ewrop. Â'i drem, felly, yn ymestyn y tu hwnt i derfynau Lloegr gwelodd y peryglon yn glir a'u datgan yn huawdl.

Bellach y mae rhan fwyaf o eilunaddoliaeth y genedl yn rhedeg mewn dwy sianel – Ariangarwch a Saisaddoliaeth... [Y] mae'r Cymru yn awr wedi crynhoi eu holl serch ar ddau lo – y llo aur a'r llo Seisnig.[14]

Un o'r ychydig a gyd-genhadai ag ef oedd Michael D. Jones. Dengys talfyriad Emyr Humphreys i ni o'u cenadwri fod y ddau broffwyd yn deall i'r dim y perygl yr oedd Cymru ynddi.

...Wales was selling a birthright for a mess of pottage... If the Welsh were to remain in control of their own destiny they had to do this through the institutions that they had created for themselves and through their own language.[15]

Ond yng nghoridorau palasau grym, syrthiodd eu geiriau – yn ôl y drefn oesol – ar glustiau naill ai na fedrai,

---

[14] *Erthyglau Emrys ap Iwan* – Y Clwb Llyfrau Cymraeg, 1937 (Yn wreiddiol: *Y Faner*, 21 Mawrth, 1877)
[15] *The Taliesin Tradition (The Benthamite Train)* – Emyr Humphreys – Black Raven Press, Llundain, 1983

ynteu na fynnai, glywed. Felly, yn y canolfannau Addysg Ffurfiol newydd – yr ysgolion elfennol, y colegau hyfforddi a'r Brifysgol – nid oedd lle i ddiwylliant y Gymraeg. Gyda chymorth Hugh Owen enillwyd prifysgol i Gymru. Ond talwyd pris a oedd yn ddrutach o lawer na cheiniogau'r werin. Pan seliwyd y fargen rhwng Addysg Anghydffurfiol y capeli ac Addysg Ffurfiol y wladwriaeth drefedigaethol daeth y wir gost i'r amlwg: ysgariad yr iaith oddi wrth ei diwylliant. Heb gyd-destun ei hunaniaeth ni fyddai fyth gynhaliaeth ystyrlon i'r Gymraeg yng nghyfundrefn addysg uwch Cymru. Mesur o'r her a wyneba Coleg Cenedlaethol yr unfed ganrif ar hugain yw'r ffaith na fu, ac nad oes, o fewn holl golegau addysg uwch y wlad ymwybyddiaeth waelodol o nag angen na photensial ei diwylliant cydymaddysgarol.

Ond nid oes raid i ddiwylliant lleiafrifol fod yn ddiwylliant gwan a diymadferth. Yn wir, gall fod yn ddiwylliant arbennig o wydn a thu hwnt o greadigol – yn enwedig pan yw dan warchae. Medd Fanon...

Mae'r frwydr dros fodolaeth genedlaethol yn cyffroi diwylliant ac yn agor iddo ddrysau creadigrwydd.[16]

Ar drothwy'r ugeinfed ganrif, bu siom Seisnigrwydd colegau newydd Cymru yn fodd i radicaleiddio arweinwyr newydd y ganrif oedd ar wawrio. Roedd yn y to oedd yn codi awydd naturiol i ad-dalu buddsoddiad y rhydd-drefn addysg Anghydffurfiol a'u meithriniodd. Ar y naill law, roedd llwyddo ym myd addysg y colegau y brwydrodd yr Anghydffurfwyr i'w sefydlu yn gyfrifoldeb ym margen yr ad-dalu. Ar y llaw arall, roedd herio'r drefn fonolithig a

---

[16] *The Wretched of the Earth* (On National Culture) – Frantz Fanon – Penguin, Llundain, 1967

geisiai eu troi yn ddinasyddion Prydeinig unffurf yn gyfrifoldeb diwylliannol. O'r tyndra hwn y daeth yr egni a oedd i sicrhau bod 'drysau creadigrwydd' y diwylliant Cymraeg yn cael eu hagor led y pen, unwaith eto. Er gwaethaf bwriadau Hugh Owen, daeth graddedigion colegau unffurfiaeth y wladwriaeth ymerodraethol Brydeinig yn arweinyddion brwdfrydig gwladwriaeth 'anweledig' y Gymraeg. Yng Ngheredigion, y ddrama oedd prif arf eu hegalitariaeth radical. Ochr yn ochr â'r gweinidogion daeth carfan newydd o wŷr – a gwragedd, gydag amser – i gryfhau cymdogaethau'r Gymraeg. Swyddogaeth y dysgedigion newydd oll oedd arwain.

Pennod 7

Theatr y Gwrthwladychwyr

Cyn iddo fynd yn fasnachwr glo yn nhref Llanbedr Pont Steffan bu D. Teifi Jones, tad y dramodydd Idwal Jones, yn brifathro ar ddwy ysgol yn Nyffryn Aeron. Er ei fod yn Rhyddfrydwr cenedlaetholgar lled amlwg noda Gwenallt mai cwbl Saesneg oedd yr addysg ffurfiol a ddarparai.

> Euthum trwy lyfrau-lòg ysgol Bwlch-y-llan ac ysgol y Felin-fach... a gweled nad oedd fawr ddim Cymraeg yn eu cyrsiau, a hynny mewn ardaloedd mor Gymraeg.[1]

Byddai bwrw trem ar lyfrau-lòg gweddill ysgolion elfennol Ceredigion yn chwarter olaf y bedwaredd ganrif ar bymtheg yn cynnig i ni'r un darlun alaethus. A pha ryfedd? Cynnyrch unffurfiaeth Brydeinig y gyfundrefn addysg uwch oedd yr ysgolfeistri. Yng Ngholeg y Normal, Bangor yr hyfforddwyd Teifi Jones yn athro, ond pe bai wedi mynychu coleg cyntaf Prifysgol Cymru, Aberystwyth, yr

---

[1] *Cofiant Idwal Jones* – D. Gwenallt Jones – Gwasg Aberystwyth, Aberystwyth, 1958

91

un fyddai'r stori. Nid oedd y Gymraeg yn bwnc astudiaeth am bum mlynedd cyntaf y coleg hwnnw ac wedi ei apwyntio'n Athro Cymraeg (rhan amser) yn Saesneg y traddodai D. Silvan Evans ei ddarlithoedd, yn unol â disgwyl y gyfundrefn. Ond yr oedd y rhod yn dechrau troi.

Yn 1898, penodwyd Dan Jenkins, un o deulu barddonol Pentrefelin a nai i'r bardd gwlad Cerngoch, yn brifathro ar Ysgol Llanycrwys, Sir Gaerfyrddin. Ddwy flynedd yn ddiweddarach dechreuodd sefydlu patrwm o ddathlu dydd Gŵyl Ddewi a ddaeth yn fodel a fabwysiadwyd ac a addaswyd gan genhedlaeth o ysgolfeistri ifainc a brwd eu Cymreictod led-led bröydd y Gymraeg. Sail y patrwm oedd iaith a diwylliant y Gymraeg. Awgryma ymchwil Alan Leech fod Dan Jenkins yn bresennol yng nghyfarfod Undeb y Cymdeithasau Cymraeg yn Eisteddfod Genedlaethol Aberdâr, 1886. Yn y cyfarfod hwn sefydlwyd ymgyrch i wyrdroi'r gwaharddiad ar y Gymraeg yn ysgolion y wladwriaeth. Yn sgil y pwysau caniatawyd dysgu'r Gymraeg yn bwnc cwricwlwm yn 1891. Yn 1894, ac yntau yn brifathro Ysgol Llanfairclydogau ar y pryd, cofnododd y *Cambrian News* fod cyngerdd wedi'i chynnal gan ddisgyblion yr ysgol '*...in commemoration of the festival of the patron saint*'[2]. Dyma fenter gyntaf Dan Jenkins tuag at gryfhau statws y Gymraeg o fewn y drefn Saesneg oedd ohoni. Diau y bu'r datblygiad yn hoelen arall yn arch gyrfa'r athro radical ar lannau afon Teifi. Bedair blynedd yn ddiweddarach diswyddwyd ef gan wrth-Anghydffurfwyr y bwrdd ysgol. Ni chyflwynwyd rheswm am eu penderfyniad. Cyngor ei gynrychiolydd undeb oedd iddo ymadael yn ufudd ac yn dawel.

Ond nid gŵr i orwedd yn daeog oedd Dan Jenkins. Wedi cael ei draed dano yn Llanycrwys mentrodd eilwaith

---

[2] *Dan Jenkins* – Alan Leech – Y Lolfa, Talybont, 2011

ar arbrawf y Gyngerdd Gŵyl Ddewi. Nid oedd gan bobl yr ystadau yr un afael ar wleidyddiaeth Dyffryn Twrch. Â'i draed anturus yn rhydd, o 1901 hyd ei ymddeoliad yn 1920 comisiynodd yn flynyddol feirdd a cherddorion i gyfansoddi cerddi dathlu newydd sbon.[3] Trwy gyfrwng ei wrhydri a'i ddychymyg, agorwyd cil drws yr ysgol ffurfiol i'r Gymraeg. Wrth i'r arfer o gynnal cyngerdd neu eisteddfod Gŵyl Ddewi ledu a dod yn rhan o 'gwricwlwm' yr ysgol dechreuwyd sicrhau llwyfan o anrhydedd i'r iaith a'i diwylliant. Gyda'r blynyddoedd dysgodd cenedlaethau o blant benillion, megis Melin Trefin, Pwllderi, Cwm Pennant ac Aberdaron – penillion a ddaeth yn dirnodau o bwys ar fapiau eu hymwybyddiaeth Gymreig.

Yn 1915, ac yntau'n ddeuddeg ar hugain mlwydd oed, apwyntiwyd J. D. Lewis – tad-cu yr awdur – yn ysgolfeistr Ysgol Chancery, Ceredigion[4]. Buasai eisoes yn brifathro yng Nghwmystwyth. Adeg ei ymddeoliad, dair blynedd ar ddeg ar hugain yn ddiweddarach, dywedodd wrth ohebydd y *Welsh Gazette* mai yn ystod ei bedair blynedd ym mro'r mwynfeydd plwm y '...penderfynodd wneud yr ysgol yn un hollol Gymraeg'. Felly, yn Chancery, o'r cychwyn cyntaf hyd at ddydd ei ymddeoliad yn 1948...

Cymraeg oedd iaith yr Ysgol, a dyma oedd y cyfrwng i ddysgu pob pwnc...oddigerth Saesneg, a defnyddid llawer o Gymraeg hyd yn oed wrth ddysgu honno.[5]

Derbyniodd ei addysg uwch yng Ngholeg y Drindod, Caerfyrddin. Yn Ridgeway, Sheffield ac yna ym Maesteg, Cwm Ogwr y bwrodd ei brentisiaeth cyn bachu yn y cyfle

---

[3] *Cerddi Ysgol Llanycrwys* – gol. Dan Jenkins – Gwasg Gomer, Llandysul, 1934
[4] Yr ysgol a wasanaethai cymdogaethau Blaenplwyf a Llanfarian
[5] *Welsh Gazette*, Rhagfyr, 1948

i ddychwelyd i sir ei febyd, Ceredigion. Yn yr un erthygl, tystiodd i'r Parchedig D. H. Lloyd, Cwmystwyth – Lloyd y Cwm ar lafar gwlad – brofi'n ysbrydoliaeth iddo. Tra'r oedd y tyndra rhwng addysg uniaith Saesneg y gyfundrefn ffurfiol ac addysg uniaith Gymraeg y ddynameg Anghydffurfiol yn dal i ddrysu prifathrawon y cyfnod, yr oedd crynswth y gweinidogion – arweinwyr llawr gwlad gwladwriaeth y Gymraeg – yn ddiamwys eu hunaniaeth. Lloyd y Cwm oedd un o'r ysgogwyr mwyaf ar feddyliau mwynwyr ac amaethwyr gogledd Ceredigion y cyfnod. Seisnig oedd yr amgylchedd addysgol yr oedd J. D. Lewis wedi ei phrofi yn ei goleg ac ym mroydd ei ymarfer cyntaf. Yng Nghwmystwyth cafodd ei ail-ymdrochi nid yn unig yn y Gymraeg ond yn y meddwl Anghydffurfiol Cymraeg hefyd. Ym mherson D. H. Lloyd cafodd fentor a ail-gysylltodd ei uchelgais addysgol ag amgylchfyd ei Addysg Anghydffurfiol. Roedd yn '...ŵr o feddwl cawraidd, dadansoddol' meddai, gŵr a ddysgodd iddo i '...feddwl yn annibynnol'.[6]

Bu anogaeth rymus Prif Arolygwr Ysgolion ei Mawrhydi yng Nghymru – O. M. Edwards – hefyd yn ffactor o bwys ym mhenderfyniad J. D. Lewis i herio unffurfiaeth y gyfundrefn a throi ysgolion Cwmystwyth a Chancery yn gwbl Gymraeg eu hiaith. Profasai Edwards sarhad y *Welsh Not* yn ei fagwrfa yn Llanuwchllyn a synnwyd ef gan barhad y gwaharddiad ar ei famiaith yn ystod ei gyfnod yng ngholeg y brifysgol newydd yn Aberystwyth. Diddorol yw nodi, wedi iddo fanteisio ar addysg orau Rhydychen, mai tuag at Ewrop (fel Emrys ap Iwan o'i flaen) y trodd ei olygon yn gyntaf cyn troi yn ôl tua Chymru. Cododd gartref newydd yn Llanuwchllyn a'i fedyddio yn Neuadd Wen – arwydd o'i benderfyniad mai y

---

6 *Welsh Gazette*, Rhagfyr, 1948

J. D. Lewis a disgyblion Ysgol Chancery, tua 1924. Ar sail y disgyblion hyn sefydlodd ef a'i wraig Katie gerddorfa linynnol a gyfeiliai i'r canu cynulleidfaol yng nghapel Blaenplwyf. I'r perwyl hwn rhoddwyd ffidl yn llaw pob disgybl yn ddiwahân.

Cerddoriaeth oedd un o brif arfau addysgol John Ffos Davies hefyd. Tra'n brifathro ar Ysgol Cribyn (1921 - 1927) dechreuodd gasglu – â chymorth clust fain, nodiant sol-ffa a phapur a phensil – gyfoeth caneuon gwerin y Smotyn Du. I 'J.D.' a Ffos Davies a'u cenhedlaeth nid rhywbeth i'w gaethiwo o fewn pedair wal yr ysgol oedd addysg.

lle hwn, nid Whitehall, fyddai bwth olwyn byd addysg Cymru. Bwriodd ati'n ddiflino i ail-gysylltu addysg y Cymry ag amgylchfyd eu hanes a'u diwylliant. Yn unol â'u swyddogaeth, gosododd awdurdodau'r 'dominiwn' bob rhwystr yn ei ffordd. Ar lawr gwlad ysgolion y pentrefi yr oedd ei genhadaeth yn gafael ac yn atseinio yng nghlustiau y radicaliaid newydd. Er pwysiced yr anogaeth a'r gefnogaeth a gafodd J. D. Lewis o du'r Arolygydd Addysg a'r gweinidog blaengar, yr oedd yr annibyniaeth barn a'i gyrrai yn hŷn na dylanwad y naill na'r llall ohonynt. Nid o lyfrgell nac archifdy y cafodd awdur y llyfr hwn hanes Dafydd Lewis, Felin Llynwen, a drama Rhyfel y Degwm ond gan fab y melinydd, J. D. Lewis. Canys un o brif atgofion ei fachgendod oedd bod yn llaw ei dad, ddydd eu troi o'u cartref.

'Hir Wasanaeth yn Sir Aberteifi' yw pennawd y golofn sy'n cofnodi ymddeoliad prifathro Chancery. Mae'n erthygl o ryw 600 o eiriau. Dim ond y frawddeg neu ddwy a ddyfynnwyd eisoes sy'n sôn am ei waith yn yr ysgol ffurfiol. Diolch am ei gyfraniad helaeth i fywyd diwylliannol a chrefyddol y gymdogaeth a wna'r gweddill. Am ei ymadawiad â Chwmystwyth medd y *Welsh Gazette*:

Gweithiodd yn galed... gyda'r plant a'r bobl ifainc, ac amharod iawn oedd pobl y Cwm i adael iddo fyned i Lanfarian yn 1915.[7]

Yn y naill ardal a'r llall roedd – i bob pwrpas – yn brifathro ar ddwy ysgol, sef ysgol yr Addysg Ffurfiol (o fewn y muriau a'r oriau caeth) ac ysgol yr Addysg Anffurfiol (yr addysg ddi-ffiniau). Yn hyn o beth nid oedd yn wahanol i'r rhan fwyaf o ysgolfeistri ifainc a oedd bellach wedi cymryd lle D. Teifi Jones a'i debyg. Ar ddiwedd y Rhyfel Mawr yr oedd

---

[7] *Welsh Gazette*, Rhagfyr, 1948

cenhedlaeth o addysgwyr newydd yn ysgolion cynradd y sir, cenhedlaeth a oedd yn cymhwyso'r paratoad Prydeinig a roddodd eu colegau iddynt at gyd-destun Cymreig eu cylchoedd gorchwyl. Boed yn gapelwyr neu beidio, yn nhân eu sêl dros addysg ymdoddai eu hyfforddiant ffurfiol a'u treftadaeth Anghydffurfiol yn un genhadaeth gymdeithasol rymus. Rhaid ymwrthod â dehongliad y ddwy ysgol felly. Un academi oedd ysgol addysgwyr newydd y 1920au. Yn Chancery J. D. Lewis, fel yng Nghribyn Ffos Davies a Thalgarreg Tom Stephens, yr oedd gwersi hanes yr ysgol a gwersi canu Tŷ'r Ysgol yn rhan o'r un cwricwlwm – cwricwlwm aflonydd a luniwyd a'i ail-lunio'n barhaus yng nghyd-academi y dychymyg Anghydffurfiol.

Yn 1892, daeth J. E. Lloyd yn Gofnodydd ac yn Ddarlithydd Cymraeg a Hanes Coleg Prifysgol Cymru, Bangor. Dan ei anogaeth uniongyrchol dechreuodd T. Gwynn Jones ddringo o fod yn gyw newyddiadurwr na chafodd fawr ddim addysg ffurfiol i fod yn ddarlithydd ac yna – erbyn 1919 – yn athro'r Gymraeg yng Ngholeg Prifysgol Aberystwyth. Pan adawodd y darpar ddramodydd Idwal Jones a'r darpar ysgolfeistr Tom Stephens y fyddin ar ddiwedd y Rhyfel Mawr ac ymlistio yn y 'coleg ger y lli' yr oedd sŵn gobaith o'r newydd yn yr awyr, fel y mynega Iorwerth C. Peate – cyd-fyfyriwr iddynt – yng nghylchgrawn y coleg...

We trust... that the Welsh University, acting as a corporate body, will impart to our country-men a breadth of outlook and a sympathy of understanding as the true culmination of this remarkable stage in the progress of the renaissance of the soul of our country.[8]

---

8   *The Dragon*, cylchgrawn Coleg Prifysgol Cymru, Abersytwyth, 1922–23.

Roedd yr hinsawdd wedi newid yn sylweddol o'r hyn ydoedd yng nghyfnod O. M. Edwards. Cyflenwi gwybodaeth a wnâi'r hen ddarlithwyr; yr un darlithoedd, yr un wybodaeth, yr un geiriau flwyddyn ar ôl blwyddyn. Ond roedd darlithoedd y T. Gwyn Jones hunan-ddysgedig yn wahanol. Yn y lle cyntaf traddodai trwy gyfrwng y Gymraeg. Yn ail, roedd ei ddarlithoedd yn newydd; roeddynt yn newid ac yn ehangu fel y byddai maes ei dyrchu a'i drafod yn newid ac yn ehangu. Roedd ei ddysgu yn ffrwyth ymchwil blaengar a fradychai syched y gwir addysgwr am hunan – a chyd-addysgu. Dyma'r union un syched a oedd yn ddwfn yng nghyfansoddiad yr ysgolfeistri newydd. Yn unol â ffrwd yr Addysg Anghydffurfiol oedd wedi eu magu, cyd-ymaddysgwyr oeddynt; athrawon a wyddai nad 'gwthio i'w le rywbeth nad oedd yno' oedd eu gwaith ond 'arwain allan' y gallu, y dychymyg, y creadigrwydd sydd eisoes yn bod 'yn enaid y myfyriwr' – pob myfyriwr. Wrth galon y meddylfryd hwn yr oedd radicaliaeth y chwyldro Anghydffurfiol – chwyldro a fynnai gynnwys pawb.

Yn ystod y bedwaredd ganrif ar bymtheg y gweinidog oedd unig asiant sicr a pharhaol brwdfrydedd yr Addysg Anghydffurfiol. Ar droad y ganrif, gyda dyfodiad cenhedlaeth newydd o athrawon, dechreuodd ystod yr arweinwyr ledu. Dim ond hanner eu hamser a dreuliai'r ysgolfeistri o fewn muriau Addysg Ffurfiol. Treulient yr hanner arall ym meysydd agored Addysg Anghydffurfiol. Canys nid prifathrawon ysgol mohonynt, ond prifathrawon bro.

Pe baech yn ymuno â chynulleidfa capel y Methodistiaid Calfinaidd ym Mlaenplwyf ryw nos Sul, ddiwedd y 1920au a thrwy'r 1930au, nid blaenoriaid a welech yn llenwi'r sêt fawr ond plant ysgol. Yn llaw bob un ohonynt byddai ffidl. Ac wedi i'r gweinidog gyhoeddi'r emyn y gerddorfa ifanc hon fyddai'n cyfeilio.

Mewn adroddiad diweddar ar wefan newyddion y BBC ceir y dyfyniad hwn:

'...we broke the myth that you have to be from the upper class to play violin'.[9]

Carlos Sedan, Cyfarwyddwr Addysg rhanbarth Sarria, Venezuela sy'n siarad. System fydenwog cerddorfeydd ieuenctid Simon Bolivar yw ei destun. Wrth seiliau'r system mae'r egwyddor a ddarganfu'r addysgwr pan osododd gyfrifiadur at wasanaeth plant di-ddysg Delhi – egwyddor a gynysgaeddwyd i brifathro Chancery a'i genhedlaeth trwy gyfrwng addysg anffurfiol eu Haddysg Anghydffurfiol. Gwaith addysgwyr yw creu'r amodau sy'n rhyddhau holl botensial dynameg cydymaddysgu.

Yng nghefn gwlad tlawd Cymru wedi'r Rhyfel Mawr fel yn ninasoedd tlawd De America heddiw y dasg oedd cynorthwyo pob plentyn i oresgyn

'...everything that opposes his full realisation as a human being'.[10]

Ni ellir cyfyngu uchelgais o'r fath i oriau prin a muriau cul yr ysgol. Ni ellir ei chyfyngu i oedran neilltuol chwaith. Isadeiledd pwysicaf addysg yw cymdogaeth. Camp addysgwyr llawr gwlad y 1920au oedd eu gwneud eu hunain yn gyfryngau cyswllt a mynediad at holl botensial addysgol bro a chymdogaeth. Ymyrwyr creadigol oeddent. O achos eu hymyrraeth cynhaliwyd llif rhaeadrau chwedl, gwybodaeth a chrefft o genhedlaeth i genhedlaeth. Tŷ a

[9] *Venezuela Youths Transformed by Music* – Jens Erik Gould – Gwefan Newyddion BBC – Tachwedd, 2005

[10] Jose Antonio Abreu, Sylfaenydd Cerddorfa Ieuenctid Caracas – Gwefan Newyddion BBC – Tachwedd, 2005

thai-mas yn unig oedd yr ysgol; rhan anhepgor, ond rhan yn unig o ddyfnder gwybodaeth, adnodd a phrofiad ffarm eang cymdeithas.

Gyda chymorth adroddiadau swyddogol megis *Y Gymraeg mewn Addysg a Bywyd* (1927) – adroddiad a fu'n fodd i gyfreithloni'r Gymraeg yn gyfrwng addysg mewn ardaloedd Cymraeg – ymroddodd addysgwyr blaengar y Gymru wledig i ddarparu addysg a oedd nid yn unig yn Gymraeg ei hiaith ond hefyd yn Gymreig ei diwylliant. Yn y gyfrol *Addysg Gymraeg, Addysg Gymreig* medd yr Athro Emeritws Iolo Wyn Williams...

Pan ofynnir i mi beth yw pwrpas addysg byddaf yn dyfynnu Denis Lawton, a fagwyd ym Morgannwg, mai pwrpas addysg yw cyfryngu diwylliant, sef cyflwyno, dehongli a throsglwyddo diwylliant o genhedlaeth i genhedlaeth.[11]

Nod y trosglwyddo, meddai, yw '...hyrwyddo newid'.

Mae'r ganrif a aeth heibio wedi gweld twf sylweddol mewn addysg trwy gyfrwng y Gymraeg. Ysywaeth, rhoddodd y Cwricwlwm Cenedlaethol y modd i rym y canol – boed hwnnw yn Llundain neu yng Nghaerdydd – feicro-reoli cynnwys a meddylfryd yr addysg ffurfiol. O fewn cyfyng drefn y canol nid oes le i gyd-fenter a chyd-greadigrwydd. Rhaid adnabod y 'cyraeddiadau' cyn mentro'r cam cyntaf. Beth felly sydd i'w ddarganfod?

Yn ystod hanner cyntaf yr ugeinfed ganrif, creodd addysg Anghydffurfiol – ffrwyth cyd-ddychymyg y Cymry – wrthbwynt cryf ac effeithiol i unffurfiaeth y gyfundrefn ganolog. Ymateb cadarnhaol oedd i ddallineb diwylliannol cyfundrefnwyr y ganrif flaenorol; ymateb a fu'n fodd i

---

[11] *Addysg Gymraeg, Addysg Gymreig* – Gol. Gareth Roberts, Cen Williams – Prifysgol Cymru, Bangor, 2003

chwistrellu egni newydd i'r broses barhaus o greu ac ail-
greu cymdeithas; o fythol ail-ddiffinio ac ail-lunio
cymdogaeth. Medd Raymond Williams...

*Real independence is a time of new and active creation:
people sure enough of themselves to discard their
baggage; knowing the past as past, as a shaping history,
but with a new confident sense of the present and the
future, where the decisive meanings and values will be
made.*[12]

Ers sefydlu'r Cynulliad Cenedlaethol mae pob
llywodraeth wedi mynegi'r awydd i ddatblygu cyfundrefn
addysg sy'n nodweddiadol Gymreig. Yn y pen draw, gwir
oblygiad hynny yw troi cefn ar hierarchaeth; troi cefn ar
feritocratiaeth y wladwriaeth Brydeinig. Dim ond wedi
cyflawni'r weithred radical honno y bydd y ffordd yn glir i
weithredu'r ail gam radical: i'r llywodraeth ddiosg het y
rheolwr canoledig a gosod ei hunan yn gyfan gwbl o fewn
cylch cydymddiried y cydymaddysgwyr – cylch lle y mae
pawb yn cyfrannu at, ac yn cyfranogi o, y ddynameg
addysgol. Dyma'r addysg agored a holl gynhwysfawr y
gallai profiad a phatrymau ymarfer addysg Anghydffurfiol
fod yn fodel ar gyfer ei seilio a'i ddatblygu. O fewn
meddylfryd y gyfryw addysg ni fyddai'r Gymraeg, er
enghraifft, yn gaeth i'r stafell ddosbarth a thiriogaeth yr
ysgol. Mi fyddai rhyngberthynas gyfartal addysg ffurfiol ac
addysg anffurfiol yn sicrhau synthesis creadigol rhwng
dysgu testunol yr ysgol a chyd-destun anffurfiol y
gymdogaeth. Hanner canrif cyntaf yr ugeinfed ganrif oedd
blynyddoedd cynnydd mawr a phen llanw addysg

---

[12] *Welsh Culture* – Raymond Williams; dyfyniad o *Who Speaks for
Wales?* – Gol. Daniel Williams – Gwasg Prifysgol Cymru, Caerdydd,
2003

Anghydffurfiol. Nid yw'n gyd-ddigwyddiad mai menter a anwyd o groth yr addysg honno yw canolbwynt y gyfrol hon. Os yw gwleidyddion Bae Caerdydd am droi rhethreg addysg Gymraeg yn realaeth mi fyddai ymweld ag unrhyw agwedd ar waith Theatr Felin-fach yn hwb i'w hachos. Yn wir, mi fyddai'n addysg.

Pennod 8

Theatr y Cydymaddysgwyr

Wrth wraidd llwyddiant addysg Anghydffurfiol yn gyffredinol a'i phrifiant yn ystod hanner cyntaf yr ugeinfed ganrif yn arbennig roedd yr ymwybyddiaeth reddfol o blith ei harweinwyr bod creadigrwydd yn magu creadigrwydd. Nid darparwyr addysg oeddynt ond ysgogyddion cydymaddysgiaeth. Athrylith eu creadigrwydd oedd iddynt hau hadau eu hyder, eu chwilfrydedd, eu gofal a'u consyrn yn eang-egalitaraidd.

Cynigwyd lloches i'r gweinidog a'r bardd Dewi Emrys o'r anialwch cymdeithasol y crwydrai ynddo dros glawdd Offa gan Tom Stephens, ysgolfeistr a ymsefydlodd yn Nhalgarreg ym 1928. Wrth gynnig teyrnged iddo, dywed merch y bardd, Dwynwen...

> Carai Wncwl Tom yr Iaith Gymraeg; carai lenyddiaeth Cymru; yn anad dim carai bobl... Treuliai bob eiliad o'i amser yn helpu pobl, yn gwasanaethu eraill, yn aberthu ei hunan, ei hamdden a'i iechyd er lles eraill.[1]

Er cymaint dyled Dwynwen a'i thad i Tom Stephens

---

[1] *Y Gwron o Dalgarreg* – gol. T. Llew Jones – Cymdeithas Lyfrau Ceredigion, Aberystwyth, 1967 [Cyfieithiad]

mae ei geiriau yn addas i ddisgrifio gwasanaeth oes cymaint o brifathrawon bro y cyfnod – gwasanaeth yr oedd trigolion cymdogaethau eu gofal a'u harweiniad yn gwbl ymwybodol ohono.

Bu John Ffos Davies yn brifathro ar ysgol Cribyn cyn symud i bentref cyfagos Felin-fach. Ar ei farwolaeth annhymig yn 49 mlwydd oed cludwyd ei gorff trwy bentrefi Felin-fach ac Ystrad Aeron i'w gladdu, bedair milltir i ffwrdd, ym mynwent Cilcennin. Yn ôl yr actor Aeron Davies[2], oedd yn saith oed ar y pryd, yr oedd ymyl y ffordd yn drwch o bobl a oedd wedi teithio o bell ac agos i ddangos eu parch ac i fynegi eu colled. Ym mis Tachwedd, 1929, ryw ddeunaw mis cyn marw'r ysgolfeistr cyhoeddodd yr Athro David de Lloyd, pennaeth Adran Gerdd Coleg y Brifysgol, Aberystwyth, gyfrol o alawon gwerin Cymraeg – *Forty Welsh Traditional Tunes*. Mewn print mân ar y dudalen ôl gwelir mai ffrwyth llafur ysgolfeistr Felin-fach, a Chribyn gynt, yw'r gyfrol. Fe, o'i lwyr wirfodd, fu'n gyfrifol am godi crynswth yr alawon oddi ar wefusau cenhedlaeth hŷn cynefinoedd ei brifathrawiaeth. Dim ond un elfen ar arweinyddiaeth greadigol Ffos Davies oedd hon. Roedd e hefyd yn hyfforddwr canu, yn athro Ysgol Sul, yn arweinydd côr yng nghapel Troedyrhiw ac yn gynhyrchydd drama. Mewn ysgrif ar gyfer Eisteddfod Cymdeithas Hwyl a Hamdden, Theatr Felin-fach, medd Martha Thomas, Cribyn: 'Nid rhywbeth i'w dysgu yw drama, ond rhywbeth i'w deall.'

---

[2] Bu Aeron Davies yn aelod o Gwmni Drama Tyngwndwn am 26 mlynedd, yn berfformiwr cyson â Chwmni Actorion Theatr Felin-fach am dros ugain mlynedd ac yn aelod parhaol o'r ddrama-ddyddiol Bontlwyd, Theatr Felin-fach/Radio Ceredigion am 17 mlynedd.

[*I wynfyd aeth o'i gwynfan
Arwr gŵyl – i gartre'r gân*
Arysgrif ar fedd John Ffos Davies]

Tystiodd mai yn ysgol Ffos Davies y cafodd y ddealltwriaeth honno.

Cledlyn Davies, prifathro Cwrtnewydd ac awdur Hanes Plwyf Llanwenog, a olygodd eiriau'r alawon gwerin a gasglwyd gan ei gymydog yng Nghribyn. Fel Ffos Davies, derbyniodd ei addysg uwch yng Ngholeg y Brifysgol, Aberystwyth ac er iddo gael ei ddyfarnu'n brifardd Eisteddfod Genedlaethol Corwen (1919) a'r Wyddgrug (1923) ei ddarnau adrodd ar gyfer plant – llawer ohonynt i'w gweld yng *Ngherddi Ysgol Llanycrwys* – fu'n achos ymlediad ei enw ar draws bröydd y diwylliant Cymraeg. Ar ddechrau'r 1920au, gafaelodd y dwymyn ddrama ynddo yntau hefyd. Dan ei arweiniad perfformiodd Cwmni Drama Cwrtnewydd y dramâu *Ffrois* a *Hen Grydd*[3] ar hyd a lled cymdogaethau canolbarth y sir. Un o nifer o arfau oedd y ddrama Gymraeg i Tom Stephens yn Nhalgarreg hefyd. Trwy gyfrwng ei bresenoldeb dylanwadol ar gynifer o bwyllgorau eisteddfodau pentref ac ardal sicrhaodd le i'r ddrama yn eu rhaglenni gwaith a phan sefydlwyd Clwb Ffermwyr Ifainc ym Mhontsian, ar ddechrau'r 1940au, bu i'w arweiniad osod seiliau sy'n dal i gynnal llwyfan disglair i'r ddrama yn y clwb hyd heddiw.

O ran theatr y werin mae Ffos Davies, Cledlyn a Tom Stephens yn gynrychioladol o'r prifathrawon hynny a hybai'r ddrama o fewn cymanfa o weithredu diwylliannol. I eraill, y ddrama oedd eu prif, os nad eu hunig, arf. Athrawon neu brifathrawon oedd arweinwyr 60% o gwmnïau drama Ceredigion yn ystod yr ugeinfed ganrif. Gweinidogion a ficeriaid oedd y garfan nesaf (20%) a phobl ddi-goleg – amaethwyr, crefftwyr, siopwyr a masnachwyr ac ati, sef cynnyrch Addysg Anghydffurfiol – oedd y gweddill. Pwysig yw nodi maint cyfraniad athrawon,

---

[3] *Welsh Gazette*, Aberystwyth, Chwefror 1921

gweinidogion a ficeriaid i fudiad y ddrama Gymraeg yng
Ngheredigion. Arweiniwyd 80% o'r cwmnïau gan bobl a
addysgwyd yn y colegau hyfforddi, y colegau diwinyddol
neu'r prifysgolion. Pwysicach yw sylwi mai cynnyrch
Addysg Anghydffurfiol – y system anweledig ond holl
bresennol – oeddynt oll, yn y bôn, waeth beth oedd eu
cefndir enwadol. Canys pa ddylanwadau bynnag y ceisiodd
y gyfundrefn addysg ffurfiol – cyfundrefn Matthew Arnold
a Hugh Owen – eu hargraffu arnynt yr oedd dynameg
Addysg Anghydffurfiol yn darian gyd-greadigol a gydiai
uchelgais eu dychymyg wrth gydymddibyniaeth eu
cymdeithasolrwydd. Y mae deall pwysigrwydd y rhod hon
o fuddsoddi gan y diwylliant yn y diwylliant yn hanfodol er
mwyn adnabod ecoleg twf y diwylliant wedi'r Rhyfel Byd
Cyntaf. Heb y ddealltwriaeth hon nid oes modd i lwyr
ddeall y bygythiad i theatr y werin yn benodol yn ystod
chwarter olaf yr ugeinfed ganrif ac argyfwng y diwylliant
yn gyffredinol ar ddiwedd degawd cyntaf yr unfed ganrif ar
hugain. Wrth grynhoi arwyddocâd enthiwsiastwyr y
ddrama Gymraeg yn y ganrif ddiwethaf dywed Ioan
Williams mai eu camp oedd creu...

> pont y croesodd cenedl y Cymry drosti, gan gario gyda
> hwy eu hiaith a'u diwylliant... oedd yn eiddo iddynt hwy
> eu hunain... ac erbyn hyn, yn eiddo i ni.[4]

Gwyddai eu harweinwyr nad digwyddiad oedd eu
creadigrwydd ond proses; nid enw ond berf.
Ymfuddsoddasant yn barhaus yn y broses barhaus o godi
pontydd eu cyd-greadigrwydd – llwyfannau eu *solidarnos*
a'u hegalitariaeth radical. Cyflawnasant y campau hyn yn

---

4 *Y Mudiad Drama yng Nghymru, 1880–1940* – Ioan Williams –
Gwasg Prifysgol Cymru, Caerdydd, 2006

nannedd gwyntoedd nerthol meritocratiaeth ac unffurfiaeth Prydeindod ymosodol.

Ar ddechrau'r 1920au, wedi gyrfa addysg uwch lwyddiannus yn Aberystwyth enillodd Dai Lloyd Jenkins, mab ffarm Cefn-garth, Llanddewi Brefi, ysgoloriaeth i astudio Saesneg yng Ngholeg yr Iesu, Rhydychen. Disglair fu ei hanes yno hefyd ond fel O. M. Edwards – rhagflaenydd iddo yng Ngholeg yr Iesu – dychwelyd i wlad ei febyd a wnaeth. Apwyntiwyd ef yn athro Saesneg yn Ysgol Sir Tregaron ac erbyn iddo ennill cadair Eisteddfod Genedlaethol Llandybïe, yn1944, yr oedd ei ddramâu a'i sgriptiau hanes eisoes wedi sicrhau iddo enwogrwydd ymysg theatr y werin. Ac yntau wedi hedfan nyth ei fagwrfa Gymreig ac ymsefydlu yn llwyddiannus-gysurus ym mhrif neuaddau dysg yr Ymerodraeth, tybed paham y trodd yr ieithydd ifanc disglair ei olygon yn ôl tua Chymru? Dynameg gydymfuddsoddol diwylliant y Gymraeg piau'r clod. Tra'r oedd Jenkins yn ddisgybl yn Ysgol Sirol Tregaron daeth dan ddylanwad S. M. Powell, gŵr o Rydlewis a ddaeth, maes-o-law, yn brifathro ar yr ysgol. Mae achau Powell nid yn unig yn ddiddorol yn eu hunain, maent hefyd yn fodd i ni ddeall dyfnder a choethder y cydblethiad rhwng crefydd, addysg a chymdeithas a egnïai ddadeni Cymreictod wedi'r Rhyfel Mawr.

Ym 1774, ac yntau yn 30 mlwydd oed, ymadawodd Dafydd Morris – hen dad-cu S. M. Powell – â ffarm ei febyd yn ardal Lledrod a mynd yn weinidog cyntaf eglwys ifanc Twrgwyn, Rhydlewis. O seiet a ffurfiwyd gan y diwygiwr Daniel Rowland ei hunan y tyfodd yr eglwys – un o achosion cyntaf oll y Methodistiaid yng Ngheredigion. Pregethai Morris yn aml wrth benelin Rowland. 'N'ad im fodloni ar ryw rith / o grefydd, heb ei grym'[5] yw llinellau

---

[5] *Caneuon Ffydd*: Emyn 291 – Pwyllgor y Llyfr Emynau Cydenwadol – Gomer, Llandysul, 2001

*Dan Jenkins, Llanycrwys [uchod] a Tom Stephens, Talgarreg –
dau arall o blith y fyddin o brifathrawon yn hanner cyntaf yr
ugeinfed ganrif a weithiau'n ddiflino i ddyrchafu egalitariaeth
addysg Anghydffurfiol uwch addysg Brydeinig y drefn ffurfiol.*

agoriadol yr unig emyn cyflawn o'i eiddo a geir yng *Nghaneuon Ffydd*. Mae'n emyn sydd yn bradychu ei gyffro a'i fenter wrth ymadael â'r bywyd amaethyddol y'i magwyd iddo a chamu'n arloesol i wyndwn y weinidogaeth newydd.

Dy gariad cryf rho'n f'ysbryd gwan
i ganlyn ar dy ôl;
ni chaffwyf drigfa mewn un man
ond yn dy gynnes gôl.

Goleuni'r nef fo'n gymorth im,
i'm tywys yn y bla'n;
rhag imi droi oddi ar y ffordd
bydd i mi'n golofn dân.

Rhaid cydymdeimlo â nerfusrwydd y gweinidog ifanc. Mae'n hysbys mai naw ar y mwyaf oedd aelodaeth yr eglwys y mentrodd ei harwain. O fewn pedair blynedd, yr oedd yr adeilad cyntaf a godwyd bellach yn annigonol. Trwy gydol ei weinidogaeth parhau i dyfu a wnaeth yr achos ac erbyn marw Dafydd Morris, ym 1791, roedd Twrgwyn, Rhydlewis yn gartref ysbrydol i dorf gref o addolwyr. Ac eto, i'w fab – Eben Morris – y mae'r Parchedig John Evans, hanesydd Methodistiaid y sir, yn priodoli'r prif brifiant. Wrth wraidd ei lwyddiant roedd addysg. Sefydlodd a meithriniodd Ysgol Sul at wasanaeth pobl o bob oed. Yn ôl yr hanesydd bu'r arloesi hwn mor llwyddiannus nes gorfodi i'r eglwys godi capel estynedig newydd yn 1816.[6] Ymron i ganrif yn ddiweddarach, yn sêt fawr y capel hwn y llwyfannodd Cwmni Drama Rhydlewis ei berfformiad cyntaf oll. Erbyn hynny, yr oedd Sam Powell – ŵyr Eben Morris – yn athro ifanc yn Nhregaron.

---

[6] *Hanes Methodistiaeth De Aberteifi* – Parchedig John Evans – Swyddfa'r Goleuad, Dolgellau, 1904

Gyda throad y ganrif roedd wedi astudio pwnc 'newydd' Hanes Cymru yng Ngholeg Prifysgol Aberystwyth. Ni fyddai ei addysg elfennol ffurfiol wedi cynnig paratoad ar gyfer y maes hwnnw. Yn hytrach, dynameg yr addysg Anghydffurfiol a blannwyd gan ei dad-cu fu'n gyfrwng i greu ynddo awydd yr hanesydd i adnabod a chwestiynu naratif ei hunaniaeth. Yn ddiau ysbryd creadigol, chwilfrydig ac anturus yr addysg honno a barodd iddo ymddiddori yn arbrofion Beriah Gwynfe Evans â'r ddrama hanesyddol ar lun *Gwrthryfel Glyndŵr, Owain Glyndŵr* a *Llywelyn a Caradog*, ynghyd â *Dafydd ap Gruffydd*, T. Gwynn Jones – cynnyrch dau ddegawd olaf y bedwaredd ganrif ar bymtheg.

Egni ac ysbryd yr addysg hon a barodd i S. M. Powell, o fewn blwyddyn i'w benodi yn athro Hanes yn Ysgol Sir Tregaron, daro ar ffordd o ledaenu swmp ei wybodaeth ddysgedig a'i rhannu'n genhadol â'r gymdogaeth gyfan. Gan ddechrau yn 1906 lluniodd a llwyfannodd gyfres o ddramâu ar sail hanes a chwedloniaeth ardal Cors Caron. Denodd Twm Sion Cati o hen guddfannau Cwm Berwyn, Abergwesyn ac Ystrad Ffin a'i ollwng i rodio'n dalog ac yn rhydd ar lwyfan dychymyg disgyblion ifainc yr ysgol a 'myfyrwyr gydol oes' yr ardal gyfan. Yn wir, gellir dadlau iddo, trwy gyfrwng ei ddramâu hanes, gyfrannu'n sylweddol at broses o weu mân gymdogaethau ymylon Cors Caron yn ardal o hunaniaeth a fedrai gynnal trafodaeth ddiwylliannol rhyng-gymdogaethol a thrawsgymdogaethol – camp y byddai cynllunwyr addysg yr oes sydd ohoni ar eu hennill yn ddirfawr o'i dadansoddi a'i deall. Medd Siencyn Powell, mab S. M....

Yn anad dim arall, hanesydd oedd fy nhad – hanesydd oedd ag awydd parhaus i ddysgu ac i rannu ei wybodaeth ag eraill.[7]

---

[7] Cyfweliad yn ei gartref yn Rhydargaeau, Medi, 2010

Pa ryfedd mai i diriogaeth mor addawol ei dychymyg y dewisodd Dai Lloyd Jenkins ddychwelyd. Nid llonyddfyd y *country-side* oedd yn ei ddisgwyl ond cefn gwlad byw o drafod a dadlau a chreu a gweithredu. Onid ar ymylon Cors Caron y cyfansoddwyd Brut y Tywysogion[8] a Llyfr Gwyn Rhydderch – dau o brif drysorau'r Cymry? Onid ar ymylon Cors Caron yr oedd cyffroadau hanes a chwedloniaeth eto fyth i'w cofnodi, i'w dysgu, i'w llunio a'u llwyfannu?

Ar ôl dychwelyd i Dregaron ychwanegodd Dai Lloyd Jenkins brofiad a gwybodaeth ehangach Rhydychen at ymdrech genhadol barhaus Powell. Pinacl amlwg eu cyd-ddychymyg oedd Y Trwbadŵr, drama-gerdd ag iddi'r uchelgais i ymestyn ffrâm y llwyfan Cymraeg y tu hwnt i'w ffiniau llythrennol a ffigurol. Mae cof am y perfformiadau mawr eu graddfa a gafwyd yn Nhregaron, Aberaeron a Phontrhydfendigaid wedi'i raeadru ar draws mwy nag un genhedlaeth bellach – prawf sicr o effeithiolrwydd y gweithredu blaengar. Ond pwysicaf oll oedd cyfraniad Dai Lloyd Jenkins at yr ecoleg arbennig o greu a pherfformio oedd o gwmpas Cors Caron. Ar gefn buddsoddiad S. M. Powell roedd yno bellach rwydwaith o athrawon yn bwydo egni'r ddrama Gymraeg ar draws yr amgylchedd diwylliannol cyfoethog hwn. Roedd yr had a heuwyd yn cyrraedd yn bellach fyth hefyd.

Arferai [S. M. Powell] gymell ei ddisgyblion i sgrifennu ac i berfformio drama yn seiliedig ar ryw ddarn o hanes hynafol ardal Tregaron... Gwnâi'n siŵr... eu bod yn ymgydnabod â'r gwerthoedd a nodweddai eu bro – heddychiaeth Henry Richard... ynghyd ag ysbrydolrwydd y Methodistiaid cynnar...[9]

---

[8] *Cymru – y 100 lle i'w gweld cyn marw* '...does odid ddim amheuaeth' – John Davies/Marian Delyth – Y Lolfa, Talybont, 2009

[9] *Kitchener Davies* – detholiad o'i waith – Rhagymadrodd M. Wynn Thomas – gol. Manon Rhys, M. Wynn Thomas – Gwasg Prifysgol Cymru, Caerdydd, 2002

Rhan o ragymadrodd i waith Kitchener Davies yw'r geiriau hyn. Yng Nghwm Rhondda y bu i'r bardd a'r dramodydd hwnnw ymarfer ei grefft. Ond ym mhair diwylliannol Cors Caron y dysgodd mai blaenoriaeth bennaf diwylliant y Gymraeg yw parhad trwy fuddsoddi. Fel sy'n hysbys, buddsoddodd i'r eithaf.

Wrth drafod treftadaeth y Cymry sonnir yn gyffredin am 'linyn arian' sy'n dirwyn o genhedlaeth i genhedlaeth. O ran clymu cyfoeth y gorffennol wrth bresennol ein byw mae'r trosiad yn un syml-effeithiol. Ond o ran darlunio cymhlethdod cyfoethog y cysylltiadau cymhleth a chyfoethog rhwng treftadaeth ddoe a chreadigrwydd heddiw mae angen trosiad rhagorach – trosiad sy'n cyfleu perthynas y broses oesol â llanw a thrai bywyd; â chyd-ddibyniaeth a rhyngberthynas pobloedd a'i diwylliannau â'i gilydd; â rôl disgord yn ogystal â chytgord; ymyrraeth yn ogystal â pharhad. I'r perwyl hwn nid oes angen creu trosiad newydd. Mae e eisoes yn bod; yn byw ac yn bodoli yn nyfnder y dreftadaeth: y gadwyn ddolennog.

Disgrifiwyd tarian Geltaidd gain i ryfeddu a ddarganfuwyd ger Llundain fel '*...a whorl, a whole inner world, leaping, coiling, dancing.*'[10] Dyma'r cyfryngwr egniol ac ysblennydd-gymhleth a gyflwynodd i S. M. Powell ei etifeddiaeth. Dyma hefyd y cyfryngwr a ddefnyddiodd yntau, yn ei dro, i gynysgaeddu eraill. Nid llinyn mohono ond cadwyn; nid dargludydd unffurf a di-dor ond dolenni o brofiad, gwybodaeth a dychymyg yn cydio yn ei gilydd; cadwyn anghlasurol-anghydffurfiol a ymgyfoethoga â phob dolen newydd, pob gwir ymdrech o ymestyn a pharhad. Nid llwyth a drosglwyddir i'n hysgwyddau yw treftadaeth ein diwylliant. Nid Arch y Cyfamod yw. Yn wir, nid yw'n unrhyw fath o arch nag unrhyw fath o grair – i'w drysori'n

---

addolgar a'i drosglwyddo'n ofalus yn yr union un cyflwr o berffeithrwydd. Perthyn i amgueddfa yr ymerodraeth – theatr y sefydliad – a wna meddylfryd felly. Nid yr angen i gadw a gwarchod ddenodd Dai Lloyd Jenkins a'i gyfoedion i ddychwelyd ond y cyfle i greu; i barhau ac i dorri ar draws; i ddechrau eto; i ymestyn; i lunio dolenni newydd.

Ysbeidiol yw'r cofnod am gwmnïau drama yng nghymdogaethau Ceredigion ar droad yr ugeinfed ganrif. Yn sicr yr oedd y capeli, yn enwedig capeli mawr Aberystwyth, Llambed, Aberaeron ac Aberteifi, wedi hen arfer a throi'r sêt fawr yn llwyfan ffurfiol, ac ers taith Cwmni Trefriw (1886–87) yr oedd chwarae drama – addasiad o *Rhys Lewis* yn aml iawn – mewn festri neu ysgol bentref yn ddigwyddiad nid anarferol. Gan fwyaf, byrhoedlog oedd y cwmnïau. Dyfod ynghyd yn unswydd ar gyfer yr antur o berfformio a wnaent a byr fyddai eu hoes wedi i'r perfformio *ad hoc* ddibennu. Ond wrth i'r Rhyfel Byd Cyntaf ddarfod daeth newid ar fyd. Wrth sôn am boblogrwydd rhyfeddol y ddrama Gymraeg yn ystod dauddegau a thridegau'r ugeinfed ganrif medd y dramodydd J. Ellis Williams...

> Eithriad oedd cael pentref heb gwmni drama, ac mewn llawer ardal, gellid rhifo'r cwmnïau drama yno drwy gyfrif nifer y capeli.[11]

Yr oedd egni a hyder arweinyddol gwŷr a gwragedd y colegau yn ganolog i'r ymchwydd hwn. Yng nghymoedd y de yr oedd ideoleg yr Ymerodraeth, trwy gyfrwng y gyfundrefn addysg ffurfiol, yn ennill y dydd ar y diwylliant Cymraeg. O'i brofiad yn Ysgol Ramadeg y Porth, Cwm Rhondda, medd Cennard Davies...

---

[11] *Inc yn fy Ngwaed* – J. Ellis Williams – Llyfrau'r Dryw, Llandybïe, 1963

Roedd y peth yn amlwg i ni o'r diwrnod cyntaf yno: ystyr llwyddo – dod mla'n yn y byd – oedd ymadael; ymadael a byth i ddod yn ôl, wrth gwrs.[12]

Meritocratiaeth – torri'r cylch o gydymddibyniaeth a chydymfuddsoddi – oedd nod yr addysg, tynnu'r dyn oddi wrth dylwyth ei *solidarnos*. Cynyddu wnaeth y pwysau o blaid yr ysgaru hwn ar ddiwedd y Rhyfel Mawr. Tra'r oedd yr ymladd yn ei anterth roedd y galw am lo a dur ac am weithwyr i'w cynhyrchu yn eu hanterth. Drannoeth y ffair diflannodd y galw yr un mor sydyn ag y daeth y ddyled – cost y rhyfel – i'r amlwg. Ond nid marchnadoedd y pyllau glo a'r gweithfeydd dur yn unig a ddrylliwyd. Yn ystod y rhyfel achosodd yr angen i fwydo'r wlad gynnydd aruthrol yn y galw am gynnyrch y tir. Cyniga Gerald Morgan enghreifftiau o ba mor arswydus oedd y cwymp a ddaeth ar ei ddiwedd. Erbyn 1930, meddai, roedd gwenith yn hawlio pris is na'r hyn a gafwyd ym 1771. Dychwelodd prisiau da tew i'r hyn oeddynt cyn dechrau'r rhyfel. Yn wir, rhwng 1920 ac 1933 roedd gwerth cynnyrch y tir wedi gostwng 62%.[13]

Yn ystod cyfnodau cyni y gorffennol roedd y Cardi wedi codi ei bac a mentro i sawl 'tir na welodd dyn erioed.' Meibion i ffermydd na fedrent eu cynnal oedd y rhan helaethaf o'r morwyr a wasanaethai gapteiniaid porthladdoedd Ceredigion. Tua chanol y bedwaredd ganrif ar bymtheg yr oedd cymaint o werin gwlad y sir â'u bryd ar ddilyn yr ymfudwyr cyntaf o ardal y Mynydd Bach i Ohio (1840)[14] fel

---

[12] Cyfweliad ar gyfer y rhaglen *Terfysg Tonypandy* – cynhyrchiad Wes Glei/Dinah Jones ar gyfer Radio Cymru, Tachwedd, 2010

[13] *Ceredigion – A Wealth of History* – Gerald Morgan – Gwasg Gomer, Llandysul, 2005

[14] Trodd y Parchedig Stephen Morgan hanes yr ymfudo o ardal y Mynydd Bach a Dyffryn Aeron i Oak Hill, Ohio yn basiant – *Bydd Melys Lanio Draw*. Perfformiwyd y gwaith poblogaidd hwn gan Gwmni'r Gobaith – cwmni a seiliwyd ar aelodaeth eglwysi Presbyteraidd yr ardal – liaws o weithiau ar lwyfan Theatr Felin-fach yn 1998

bod gŵr o Langeitho – a alwai ei hunan yn *True John* –
wedi creu swydd asiant iddo fe'i hunan i wneud y
trefniadau teithio ar eu rhan. Yn ystod ail hanner y ganrif
troi eu golygon tua Llundain a wnâi llu o fechgyn a
merched gan greu o'r fasnach laeth diriogaeth o fenter
unigryw i'r Cardi.[15] Ymuno yn y *coal-rush* â'i baglu hi tua
chymoedd y de (yn enwedig cymoedd y Rhondda) a
wnaeth y gweddill.[16] Erbyn y tridegau, trodd yr argyfwng
ôl-ryfel yn ddirwasgiad byd-eang. Lle gynt yr oedd y
canolfannau diwydiannol wedi cynnig cyflogaeth o ryw
fath i ffoaduriaid cefn gwlad yr oeddynt hwythau bellach
yn ddiffeithwch o ddiweithdra, tlodi ac angen. I'r ffarmwr
a'r tyddynwr, i'r gweision a'r morynion ac, yn wir, i holl
gyfranddalwyr economi bregus cefn gwlad y gorllewin nid
oedd dihangfa.

Parodd yr argyfwng economaidd broblemau mawr i wŷr y
plas hefyd wrth i bris tir gwympo'n ddramatig. Ond, yn
wahanol i'w tenantiaid a'u teuluoedd dibynnol, yr oedd gan
y tirfeddianwyr lwybr tuag at ddiogelwch, sef gwerthu. Yr
oedd y rhai mwyaf mentergarol o'u plith eisoes wedi
dechrau buddsoddi mewn 'rhywbeth a dalai'n well na thir',
chwedl John Davies. O ran y ffermwyr wynebai eu
crynswth sefyllfa ariannol dywyll iawn. Dymchweliad ym
mhrisiau'r farchnad neu beidio, roedd y rhent – neu'r
ddyled i'r banc yn achos y garfan nid ansylweddol oedd
wedi cael cyfle i brynu oddi wrth y stadau[17] – yn faen melin

---

[15] Bu ymfudo'r Cardi tua Llundain a sefydlu'r diwydiant llaeth yn sail i
bantomeim Theatr Felin-fach yn 1987 dan y teitl *Jwff-jwff, Twt-twt,
Ta-ta.*

[16] Ymdriniwyd â chysylltiadau teuluoedd y Rhondda a Cheredigion yn
y pantomeim *'Da'r Hwrdd i'r Rhondda – Haleliwia!,* 1991

[17] Erbyn 1970 Ceredigion oedd yr ardal gyda'r ganran uchaf o
berchnogaeth yng ngwledydd Prydain (69%) – *Ceredigion – A
Wealth of History* – Gerald Morgan – Gwasg Gomer, Llandysul, 2005

am eu gyddfau. A oedd gwaredigaeth? O lygad sefyllfa mor enbydus o negyddol lluniodd y gymdeithas gyd-greadigol ymateb cadarnhaol.

Pennod 9

Theatr y Cydfuddsoddwyr

O fewn degawd i ddiwedd y Rhyfel Byd Cyntaf yr oedd math newydd o adeilad wedi ymddangos mewn tair cymdogaeth ar ddeg yng Ngheredigion. Codwyd rhai o frics a morter ac eraill o goed a sinc. Roeddynt oll â'u seiliau yn ffosydd y Somme, Coedydd Mamet a chaeau eraill yr heldrin. Fel y mae eu henwau yn dal i gyhoeddi, cofio am genhedlaeth o bobl ifainc y gwadwyd iddynt eu bywydau oedd, ac yw, cenhadaeth y neuaddau coffa. Ond nid ymglymu wrth y gorffennol oedd y nod. Canys yr oedd codi'r canolfannau newydd yn fuddsoddiad dewr a hyderus yng nghyd-greadigrwydd y genhedlaeth newydd o bobl ifainc a gynrychiolai'r gobaith am ddyfodol newydd. Yn nhraddodiad gorau y prosiect Anghydffurfiol yr oedd dychymyg pobl ifainc – y rhai a arbedwyd a'r rhai nad oedd iddynt ddihangfa y tu hwnt i'w milltir sgwâr – wrth galon egni'r weledigaeth a'r penderfyniad a ddaeth â'r meini i'r wal ar ran eu cyd-ieuenctid. O'r aflonyddwch mawr a achoswyd gan chwyldro'r radicaliaid Methodistaidd yr oedd y capeli a'r ysgoldai a'r festrïoedd wedi'u codi'n ganolfannau i ddiwylliant y gymdeithas Gristnogol-Gymraeg. Dynameg addysg y gymdeithas honno a barodd gyd-greu, o aflonyddwch y Rhyfel Mawr, ganolfannau amgen a fyddai'n sefydlu cyd-ymaddysgu wrth fôn cymdogaethau'r Gymraeg am genedlaethau i ddod. Yr oedd y ddrama Gymraeg yn greiddiol i'r momentwm hwn. Daeth y neuaddau newydd yn theatrau'r werin.

Eisoes gwelsom mai yn sêt fawr y capeli y dechreuodd y ddrama ail ymddangos yn ei gwisg ffurfiol, a hynny tua chanol y bedwaredd ganrif ar bymtheg. Ond y Te Parti, ac nid y ddrama, a ysgogodd ddatblygiad y festrïoedd. Deallwyd pwysigrwydd dynameg cyd-ddathlu yn gymharol gynnar yn natblygiad yr eglwysi newydd. Trwy gyd-ddathlu yr oedd modd pwysleisio cydymddibyniaeth, cydfalchder a chyd-gyfrifoldeb y gymdeithas Anghydffurfiol. Daeth yr arfer o gynnal Te Parti adeg y Nadolig ac ar ben-blwydd yr Ysgol Sul yn arf bwysig yng nghymdeithas-olrwydd y capeli, a hynny flynyddoedd cyn i'r mudiad dirwest ledu o America gan weddnewid perthynas y capel a'r dafarn.[1] Yn ne Ceredigion y *Long Room* oedd y bensaernïaeth a ddewiswyd yn aml – stafell agored ac eang uwchben y tŷ capel ar ffurf â gariai adlais dyrchafol-ddramatig o'r 'Or-uwch Ystafell'.

Tueddai llwyfan sêt-fawr y capel i gaethiwo'r dramâu a chwaraeid yno i storïau a themâu Beiblaidd yn unig. Gan nad oedd chwarae dramâu yn ystyriaeth o bwys wrth godi'r festri a'r *long room*, cyfyng oeddent at y gwaith, ar wahân i'r adeiladau helaeth yn y prif drefi. Felly, pan godwyd yr ysgolion cynradd yn sgil deddf addysg 1870 daeth llawer ohonynt, gan gynnwys Cwmystwyth, Cribyn, Llan-non, Chancery a Felin-fach, er enghraifft, yn ganolfannau perfformio ysbeidiol. Erbyn diwedd oes Victoria, yr arfer gyffredin oedd ymarfer yn y festri cyn symud i'r ysgol ar gyfer y perfformiad mawr ei hunan – a'r unig berfformiad yn aml, hefyd.

---

[1] *Hanes Annibynwyr Cymru* – R. Tudur Jones – Undeb Annibynwyr Cymru, Abertawe, 1966

Er bod yr ysgolion newydd yn cynnig cartref ehangach i'r ddrama, yr oeddynt ymhell o fod yn ddelfrydol chwaith. Yn Felin-fach rhaid oedd clirio dwy ystafell ddosbarth o'u holl ddodrefn ac agor y pared a'u rhannai cyn codi llwyfan dros-dro ar ben sail o gasgenni cwrw. Nid helbul ac anghyfleustra y paratoi oedd yr unig feini tramgwydd. Yn ysgol Talybont, ym mis Medi,1910, bu bron i berfformiad o *Rhys Lewis* gan Gwmni'r Garn gael ei ddileu cyn iddo ddechrau. Bu cynnwrf mawr am fod cynifer wedi methu cael mynediad i'r chwaraedy dros-dro. Hyd yn oed wedi cael cychwyn arni bu anniddigrwydd ymhlith y dorf oherwydd yr anhawster cyffredinol i allu gweld y chwarae ar y llwyfan annigonol. Ers wythdegau'r ganrif flaenorol roedd sawl ymgais aflwyddiannus wedi bod i godi neuadd at wasanaeth y gymdogaeth. Yr un oedd yr hanes yn llawer o bentrefi mwyaf poblog y sir. O gofio mai adnoddau'r gymdeithas ei hun oedd eu hunig ffynhonnell ariannol, yr oedd dyled yn broblem gyffredin i nifer fawr o'r capeli yn sgil canrif o adeiladu, helaethu ac ail-adeiladu na welwyd ei thebyg na chynt na wedyn. Ar droad yr ugeinfed ganrif, yr oedd y faich honno'n dechrau ysgafnhau. Ond yna daeth y Rhyfel Mawr i fygu pob cynllun a throi heibio pob uchelgais.

Fis Chwefror, 1919 – ddeuddeg wythnos wedi diwedd y rhyfel – trodd Pwyllgor Cyngerdd Milwyr Tal-y-bont yn bwyllgor codi neuadd. Erbyn mis Mai, 1921 roedd £1,200 o'r gost gyflawn o £2,000 eisoes yn y gronfa. Cynhaliwyd Eisteddfod y Plant yn y neuadd orffenedig ym mis Mehefin, 1924. Er bod y neuadd newydd dan ei sang ni bu cythrwfl. Wedi'r cyfan, hi oedd y neuadd bentref fwyaf yng Ngheredigion gyda lle ynddi ar gyfer 1,000 o bobl. Ni bu cwynion o ran gweld y llwyfan chwaith. Ar gefn profiad diflas cynulleidfa *Rhys Lewis* a pherfformiadau eraill yn yr ysgol, bymtheg mlynedd ynghynt, gosodwyd llawr y neuadd newydd ar oledd i sicrhau bod pobl y seddau ôl yn cael pob cyfle i weld y llwyfan uchel ac eang. Wedi'r tindroi yn Nhalybont am ddegau o flynyddoedd, ar ddiwedd y rhyfel dygwyd y maen i'r wal mewn cwta bum mlynedd. Yn Rhydlewis, symudodd y gymdogaeth yn gyflymach fyth. Yn 1919 clywyd bod y fyddin yn gwaredu cytiau pren o'u canolfan yn Noc Penfro. O fewn dim o amser yr oedd un o'r cytiau wedi'i gario ar gefn lori i gwm Hawen, wedi'i osod yn sgwâr ac yn gwmws, ei gymennu a'i beintio ac wedi ei ail-fedyddio yn Neuadd YMCA[2] Rhydlewis – neuadd y bobl ifainc. O'r un lle ac yn yr un modd y daeth neuadd i Lwyncelyn hefyd (1922). Rhaid bod y sawl a ailgododd y neuaddau coed a sinc hyn yn eu safleoedd newydd wedi gwneud hynny â chryn ofal a chrefft. Profodd y ddwy neuadd – a chynifer o neuaddau pren eraill y sir – yn gartrefi da i'r ddrama, yr eisteddfod a'r gyngerdd hyd eu hadnewyddiad diweddar – bedwar ugain o flynyddoedd yn ddiweddarach.

Agorwyd Neuadd Goffa Felin-fach ym mis Chwefror, 1927. Un o brif ysgogwyr y datblygiad oedd Simon Davies, ffarmwr deugain oed a oedd – ynghyd â'i dri brawd – newydd fentro i'r eithaf wrth brynu'r oll o'r stad y bu'n denant isel iddi, sef stad teulu'r Vaughaniaid, Plas y Braenog. Ar wahân i'r plas hwnnw a phlasau cyfagos Greengrove a Llanllŷr, Neuadd Goffa Felin-fach – cynnyrch cyd-ddychymyg y gymdogaeth ei hunan – oedd yr adeilad mwyaf o hen ddigon yn Nyffryn Aeron. Yn babwyr i fflam y dychymyg roedd theatr gwerin gwlad Dyffryn Aeron.

Yn 1919, ddwy flynedd wedi'r arbrawf o lwyfannu pasiant *Twm Sion Cati* yn ysgol Felin-fach, ffurfiwyd cymdeithas ddrama gan aelodau Capel Annibynnol

---

Tyngwndwn, Felin-fach. Yn unol ag arfer yr oes, penodwyd noson gŵyl yng nghalendr y fro ar gyfer y perfformiad cyntaf, sef nos y Nadolig. Tybed a ddychmygodd unrhyw un oedd yn bresennol y Nadolig cyntaf hwnnw mai eiddo Cwmni Tyngwndwn fyddai'r noson hyd at dros hanner cant o flynyddoedd yn ddiweddarach. Heb os, cyfrannodd llwyddiant cynnar a chyson y cwmni yn fawr tuag at greu ymysg y brodorion yr awydd i fuddsoddi o'u ceiniogau prin, yn nannedd y dirwasgiad ôl-ryfel, i godi yn Felin-fach lwyfan diddos a chwbl bwrpasol ar gyfer theatr y werin. Cyfrannodd perfformiadau'r theatr honno yn sylweddol at gwrdd â'r gost o £700 i'w hadeiladu.

Mae clawr cyfrol gyfoethog yr Athro Ioan Williams *Y Mudiad Drama yng Nghymru* yn dangos llun o bont haearn, pont a godwyd ym 1886 er hwylustod aelodau Capel Peniel, Trefriw. Clirio dyled y gwaith adeiladu hwn fu'n ysgogiad i bobl ifainc yr eglwys i deithio Cymru ben baladr â'r ddrama *Rhys Lewis*. Yn 1921 enillwyd cystadleuaeth genedlaethol a gynhaliwyd yn theatr y Colliseum, Aberystwyth gan Gwmni Drama Aberaeron yn chwarae *Beddau'r Proffwydi* (W. J. Gruffydd). Daeth y cynhyrchiad hwn i'r brig yn Eisteddfod Genedlaethol Abertawe, 1926 hefyd. Yn y cyfamser teithiodd y cwmni'n helaeth – yn enwedig yng Ngheredigion. Yn ôl adroddiadau'r *Welsh Gazette* codi arian ar gyfer gosod offer sgrinio clefyd y dicái yn Ysbyty Aberaeron oedd nod y perfformiadau. Gellir ychwanegu'n ddiddiwedd at yr enghreifftiau hyn o'r modd yr oedd Addysg Anghydffurfiol yn clymu cyd-greadigrwydd wrth gyd-fentergarwch gymdeithasol. Ysgogai'r naill y llall gan y perthynai'r naill a'r llall i'r un ddynameg gydymddibynol, i'r un sosialaeth gymdogaethol.

Nid codi neuaddau a chreu cwmnïau i berfformio ynddynt oedd unig ymateb y gymdeithas annibynnol

*Pan agorwyd Neuadd Goffa
Felin-fach ym 1927 daeth yr adeilad
yn ganolbwynt newydd ar gyfer
theatr y werin nid yn unig yn Nyffryn
Aeron ond ar gyfer y sir gyfan.
Yng nghanol rhes gefn y seremoni
agoriadol saif yr Henadur Simon
Davies, gwleidydd llywodraeth leol a
ddaeth a chyfleoedd gwaith, addysg
ac hyfforddiant i gefn gwlad
Ceredigion.*

FELINFACH.

RHAGLEN

Agoriad
Y Neuadd Goffa,

Dydd Llun, Chwef. 28, 1927.

CYMERIR RHAN GAN

Mrs. EVAN JONES, Pengam.
Mr. R. HOPKIN MORRIS, A.S.
Mr. DAVID DAVIES, A.S., Llandinam.

Cadeirydd : Mr. JOHN JONES, Y.H., Cwmere.

DECHREUIR AM 2 O'R GLOCH.
PRIS—2s.

Gymraeg i sgil-effeithiau'r Rhyfel Mawr. Yr oedd gorwelion ei chyd-greadigrwydd yn ehangach na hynny. Gydag esgid y cyfnod ôl-ryfel yn gwasgu'n galed ymestynnodd amaethwyr bach a mawr y sir arferion cyd-ddibyniaeth y gweiriau a chymhorthfa'r cnaif i fyd eu masnach a'u busnes. Yn Nyffryn Aeron, ar y 9fed o Fai, 1919, daeth un o brif ysgogwyr ymdrech y neuadd – Simon Davies – ag un ar ddeg o ffermwyr lleol at ei gilydd i ffurfio y *Vale of Aeron Agricultural Co-operative Society*.[3] Ledled y Gymru wledig yr oedd arweinwyr cyffelyb yn codi cymdeithasau cyffelyb yn ymateb goleuedig i'r tywyllwch economaidd a'u hamgylchynai. Cyd-farchnata oedd y nod dechreuol. Maes o law, daeth prynu ar-y-cyd – er budd pob aelod yn ddiwahân – yn flaenoriaeth. Diddorol yw nodi mai methiant fu'r ymdrech i hybu cymdeithasau cyffelyb yn Lloegr. Cyniga Gerald Morgan fod arweiniad a chefnogaeth y *Welsh Agricultural Organisation Society* – cymdeithas y cymdeithasau hynny yw – wedi bod yn ffactor cadarnhaol o bwys yng Nghymru.[4] Ond sail y llwyddiant oedd meddwl ac ymarfer y gymdeithas gyd-greadigol, Anghydffurfiol. Tyfodd 'cop' y ffermwyr am mai un mudiad ydoedd ymysg plethiad celf-Geltaidd o gymdeithasau cydweithredol, lleol eu canolbwynt, anhierarchaidd a chymdogaethol eu nod a'u trefn. Gweithredai'r mudiad ar sail yr un egwyddorion ac yn yr un ffrâm o gyd-drafod, cyd-ddibyniaeth a chyd-ddyheu ag a wnâi mudiad y ddrama; yn wir, ag a wnâi holl eang weithgareddau Addysg Anghydffurfiol.

Rhoddwyd y tir ar gyfer codi Neuadd Goffa Talybont gan Syr Lewes Pryce, Plas Gogerddan. Cynrychiolai'r

---

[3] Nodiadau bywgraffiadol o law Rado Davies, Felin-fach – merch-yng-nghyfraith Simon Davies

[4] *Ceredigion – A Wealth of History* – Gerald Morgan – Gwasg Gomer, Llandysul, 2005

weithred drosglwyddiad o rym a ddeilliai ond yn rhannol o wendid yr elfennau economaidd a gynhaliai'r drefn hierarchaidd. Prif yrrwr y prif ddatblygiadau cymdeithasol oedd hyder ac uchelgais y gymdeithas Gymraeg ei hunan. Arweinwyr cylchfydoedd cydweithredol y Gymraeg oedd yn dal yr awenau cymdeithasol bellach. Gweinidogion a ficeriaid a'u diaconiaid a wardeniaid o fancwyr, siopwyr a ffermwyr oedd y cynghorwyr sir, ac eiddo'r Rhyddfrydwyr – plaid y werin Anghydffurfiol – oedd sedd San Steffan. Yn sail i bositifiaeth y gymdeithas Gymraeg roedd cred yn ei chyd-greadigrwydd hi ei hunan. Y gred hon a alluogodd ei chelloedd o gymdogaethau i ymateb â dewrder a dychymyg i argyfwng emosiynol y Rhyfel Mawr ac argyfwng economaidd ei sgil-effaith. Yn wir, 'cyd-ddewrder' a 'chyd-ddychymyg'; canys 'cyd' yw gair diffiniol diwylliant y Gymraeg; y rhagddodiad sy'n sicrhau mai creu cymdeithas o weithwylwyr – o gydgyfranogwyr cyflawn – yw nod ei chymdogaethau. O'r holl eiriau y gellir eu cysylltu yn ddilys â'r rhagddodiad yr un sy'n greiddiol i bob agwedd ar eu hyfywedd yw 'creadigrwydd'. Cyd-greadigrwydd yw hanfod y gymdeithas Gymraeg.

Pan ffrwydrodd daeargryn y diwygiadau Methodistaidd ail-ryddhawyd potensial y Cymry i gyd-ddychmygu. Ffrwyth y cyd-ddychmygu oedd creadigrwydd crefyddol, gwyddonol ac addysgol y ganrif a hanner ddilynol. O ffrwydrad mawr y chwyldro hwn hyd at gyrion yr Ail Ryfel Byd, ymestyn yn barhaus a wnâi bydysawd dychymyg y Gymraeg. Y ffiseg a glymai ei we anweledig ynghyd oedd cyd-ddawns y prif ronynnau, sef ei hiaith a'i diwylliant. O'i rhyddhau o ddogma yr eglwys wladol a thynghediaeth cenedl ddi-wladwriaeth daeth canfod a chwestiynu a meddwl a thrafod yn ffordd o fyw; yn ffordd i fyw. Ymbrifiodd y gymdeithas Gymraeg wrth i'w harweinyddiaeth hunan-fuddsoddol asio'n greadigol ag awydd naturiol-ymaddysgol ei phroletariat. Yn y twf hwn roedd geirfa'r Gymraeg yn hanfodol ar gyfer y broses o geisio troi profiad yn weithred. Gosodwyd cyfrifoldeb o'r newydd ar yr iaith i gynnal momentwm yr ymholi radical. Rhaid oedd iddi fod yn gerbyd i ddiffinio, tybio, dadansoddi, cwestiynu a thrafod hyd at grombil ac eithafion profiad ei phobl; i fod yn ffrwd ddeuol a wnâi'r gwylwyr yn weithredwyr grymus a'r gweithredwyr yn wylwyr deallus. Ar ddiwedd y Rhyfel Mawr, er bod canolbwynt hanesyddol y ddynameg – y grefydd Anghydffurfiol – eisoes â'i dychymyg yn crebachu yr oedd ffiniau'r gymdeithas Gymraeg yn dal i ymestyn. O'i diwylliant ei hun, cododd ei chyd-greadigrwydd a'i chyd-fentergarwch ganolfannau amgen o addysg, celfyddyd a masnach.

Pennod 10

Theatr y Gwenyn

Yng Ngheredigion dauddegau a thridegau'r ugeinfed ganrif amlygiad o gyd-greadigrwydd diwylliant y Gymraeg oedd hollbresenoldeb y cwmnïau drama. O Henllan a Phontgarreg y de i Gwm Ystwyth a Thalybont y gogledd yr oedd gwŷr y coleg yn gwneud defnydd helaeth o'r neuaddau newydd gan ail-fuddsoddi o'u haddysg ffurfiol ac anffurfiol yn rhinwedd eu gweinidogaeth neu eu prifathrawiaeth fro. Y côr neu'r cwmni drama oedd prif gyfrwng eu dysgu. Er hynny, mesur o gryfder diwylliant cynhwysol y Gymraeg oedd iddo ddyrchafu cynifer o addysgwyr disglair na chafodd freintiau addysg uwch.

Deuddeg oed oedd Dan Davies, Rhydlewis, pan fu farw ei dad. Bu raid iddo roi o'r neilltu bob uchelgais addysg ffurfiol. Y flaenoriaeth bellach oedd cynnal ei hun a'i deulu. Maes o law, prentisiwyd ef yn deiliwr – crefft a enillodd iddo enw da. Ond dengys ansawdd ei gyfraniad i'r gyfrol *Atgofion Dau Grefftwr* y potensial a gollwyd. 'Gwerinwr diwylliedig' yw'r ymadrodd a ddefnyddir yn arferol i ddisgrifio Dan Davies a'i debyg – ymadrodd nad yw'n gwneud cyfiawnder â'r anghyfiawnder a ddioddefodd dan law ddidostur y wladwriaeth hierarchaidd. Taenu ei breichiau amdano a wnaeth ei gymdeithas, a thrwy gyfrwng ei haddysg Anghydffurfiol, cafodd fodd i feithrin a rhannu ei greadigrwydd. Daeth Dan Davies y teiliwr yn Dan Davies yr actor a'r cynhyrchydd. Wrth ymarfer crefft y swyddogaethau creadigol hyn lluniodd ddolenni newydd ar gadwyn ei dreftadaeth.

Yn ardal y Mynydd Bach, gŵr o'r un anian oedd Dafydd Williams – Dafydd y Groesffordd. *Lengthman* – gweithiwr caib, rhaw a chryman yn cynnal a chadw hewlydd ei ddarn o gefn gwlad – ydoedd ar hyd y dydd. Gyda'r nos, cerddor oedd, hyfforddwr canu ac arweinydd corau, gan gynnwys Côr Llangwyryfon. Cymaint oedd gwerthfawrogiad yr aelodau o'i allu fel y cymerent eu tro i'w gyrchu o'i gartref ger sgwâr Tyncelyn dros y Mynydd Bach i'r ymarferion rheolaidd yn festri Tabor, Llangwyryfon. Yn Ysgol Gân Methodistiaid Llwynpiod y dysgodd deithi cynghanedd gerdd. Trwy gyfrwng rhwydwaith Addysg Anghydffurfiol ei filltir sgwâr lledodd ac ail-fuddsoddodd holl gynnyrch ei oes o ymarfer-fel-ymchwil.[1]

Ond am bob un 'gwerinwr diwylliedig' y tadogwyd arnynt statws arweinydd yn y Geredigion greadigol, yr oedd pedwar o wŷr y coleg. Yng nghrynswth ei chymdogaethau eiddo'r prifathro neu'r gweinidog oedd yr egni arweiniol. Gwerthfawr yn y cyswllt hwn yw sylwi ar y tebygrwydd rhwng hyfywedd ecoleg biolegol a chymdeithas greadigol. Dywed ecolegwyr bod tarfu ar amgylchedd yn esgor ar amlhau bioamrywiaeth. Mae agor chwarel, dywedant – er yr amharu cychwynnol – yn creu cynefinoedd newydd ar gyfer tyfiant a bywyd newydd. Bron yn ddieithriad, pobl ddŵad oedd yr ysgolfeistri a'r pregethwyr. Eu gwaith – yr hyn a ddisgwylid oddi wrthynt – oedd agor chwarel: tarfu ar yr amgylchedd diwylliannol er creu cynefinoedd tyfiant a bywyd newydd.

---

[1] Cyfweliad â Vaughan Evans, Tyncelyn, Mehefin, 2009

Wedi'i 'fethiant' yn brifathro Ysgol Mynach, Pontarfynach, daeth Idwal Jones (uchod) yn un o 'wenyn' theatr gynhenid y Cymry. Cynhaliai ddosbarthiadau nos ar y Theatr Ewropeaidd mewn canolfannau yng ngogledd a de Ceredigion. O waith ymarferol y sesiynau hyn tarddodd un o gwmnïau mwyaf llwyddiannus mudiad y ddrama, cwmni Dan Davies, Rhydlewis (a welir yma yng ngwisgoedd drama enwog J. O. Francis: Y Potsier).

Ar ddechrau'r tridegau, penodwyd Dafydd Roberts – gŵr a godwyd yn yr un traddodiad drama yn Nhreherbert, Cwm Rhondda, â'r actor Prysor Williams – yn brifathro Ysgol Bwlch-llan. Er nad oes cofnod y bu yn y gymdogaeth gwmni parhaol o'r blaen, gydag amser ffurfiodd yno ddau gwmni perfformiadol o blith ei brodorion. Trwy gyfrwng ei darfu ar y tirlun diwylliannol blodeuodd cyd-greadigrwydd ymhlith cwmni o chwaraewyr nad oedd, bid siŵr, yn ymwybodol o'u potensial eu hunain cyn ei ddyfodiad. Wrth gwrs, tarfodd geni'r cwmni newydd yn ei dro ar dirlun yr ardal ddiwylliannol ehangach – cyffro a ddwysâi wrth i'r cwmni fagu'r hyder i fentro y tu hwnt i'w gynefin. Ym myd diwylliant fel ym myd bioleg a ffiseg, symud a lledu yw anian egni. Symud a lledu wnaeth yr egni a ryddhawyd gan yr act o darfu. Heb darfwyr – o ble bynnag y dônt – nid yw diwylliant yn gynaliadwy.

Ar ganol y pedwardegau, cododd Dafydd Roberts ei bac gan ddod yn brifathro ysgol fechan arall yng nghefn gwlad Ceredigion, sef Ysgol Llanfihangel y Creuddyn. Yn yr ymfudo hwn o gymdogaeth i gymdogaeth cydymffurfiai'r prifathro â phatrwm o symudoledd oedd yn greiddiol i gynaliadwyaeth y diwylliant Anghydffurfiol. Nid pobl â'u bryd ar les materol oedd gweinidogion hanner cyntaf yr ugeinfed ganrif ac ni ddeuai symudiad o ysgol bentref i ysgol bentref a fawr ddim o godiad cyflog i'r un prifathro. Eto, symud yn lled reolaidd oedd anian cymaint, os nad y mwyafrif, ohonynt. Pam? Am mai gwenyn diwylliannol oeddynt. O darfu'n ysgogol ar dyfiant diwylliannol roeddynt hefyd yn tynnu nerth a nawdd i'w creadigrwydd eu hunain. Yn hwyr neu'n hwyrach gyrrai rheidrwydd biolegol-ddiwylliannol eu creadigrwydd hwy i ehedeg a chwilio am gyrchfan newydd a fyddai'n aeddfed i dderbyn ymyrraeth eu croesffrwythlondeb. Yn fuan wedi i Dafydd Roberts gyrraedd Llanfihangel, roedd gweithgaredd creadigol newydd yn blaguro yno gan ychwanegu at fioamrywiaeth ddiwylliannol y sir. Cariai'r broses o groesffrwythloni arfer dda o ardal i ardal – arfer a darfai'n greadigol gan ysgogi posibiliadau newydd yn y croesffrwythlonwr a'r gymdogaeth dderbyn fel ei gilydd. Yn ogystal â bod yn darfwyr y mae gwenyn croesffrwythloni yn hanfodol ar gyfer cynnal hyfywedd diwylliant cydgreadigol ac mae anian croesffrwythloni yn hanfodol ar gyfer cynaliadwyaeth y gwenyn eu hunain. Diwylliant organig – diwylliant cyd-gyfranogol – yw diwylliant y Gymraeg. Adnabod patholeg ei hunan-gynaliadwyaeth yw'r cam cyntaf tuag at gynorthwyo hunan-adferiad organau ei greadigrwydd. Er mwyn cwrdd â her yr unfed ganrif ar hugain mae'r gyfryw adnabyddiaeth yn hanfodol.

Bid siŵr, yr oedd John Ellis Williams yn iawn i ddweud am y dauddegau a'r tridegau mai'r ffordd rwyddaf o rifo cwmnïau drama aml i ardal oedd rhifo ei chapeli. Y gwenyn o weinidogion, ffeiradon ac ysgolfeistri oedd i gyfrif. Pwysig yw nodi mai byrhoedlog oedd oes cynifer o gwmnïau hollbresenoldeb y ddrama Gymraeg. Wrth i'r wenynen godi ac ymadael syrthio yn ôl i drwmgwsg a wnâi creadigrwydd y cwmni yn rhyfeddol o aml. Er parhad y parti noson lawen, bu ardal Bwlch-llan, er enghraifft, heb gwmni drama wedi ymadawiad Dafydd Roberts. Er bod ffurfafen y ddrama Gymraeg yn gyforiog o sêr, disgleirio am gyfnodau cymharol fyr a wnâi y rhan fwyaf ohonynt.

O fewn y dwysedd hwn o niferoedd yr oedd eithriadau o gwmnïau ag iddynt barhad. Er nad oedd y gydberthynas yn absoliwt, dwysedd ansawdd oedd nodwedd y cwmnïau hyn. Yng Ngheredigion y mwyaf hirhoedlog ohonynt oedd Cwmni Drama Tyngwndwn (1919–1973). Ffurfiwyd y cwmni o blith aelodau eglwys Annibynnol

Un o wenyn y ddrama oedd Dafydd Roberts (canol, rhes flaen). Wrth ymsefydlu mewn ardal newydd deuai'r gwenyn â phrofiad ac ymarfer eu bro flaenorol gyda hwy. O gymoedd poblog y de yr hanai Dafydd Roberts. Cymdogaeth gymharol amhoblog oedd bro Bwlch-llan, Ceredigion. Ond ni fu hynny'n rhwystr iddo godi ynddi gwmni drama a pharti noson lawen (uchod) - parti 'Blodau'r Grug'.

Yn ne Ceredigion, croesffrwythlonwyd ardal eang gan laniad David Beynon yng nghymdogaeth Beulah. Â chefnogaeth frwd ei wraig (meistres gwisgoedd a cholurwraig arbenigol) sefydlodd gwmni drama (Cwmni Drama Beulah) a enillodd gwobrau lawer yn yr Eisteddfod Genedlaethol ac a ddiddanai gynulleidfaoedd ar hyd a lled tair sir y gorllewin.

Tyngwndwn, Felin-fach. Ond, yn groes i'r drefn gyffredinol, nid dyfodiad un o wenyn y diwylliant i'r ofalaeth oedd yr ysgogiad gwreiddiol. Daeth hwnnw o ddau darfiad: cyffro y pasiant *Twm Shon Cati* a berfformiwyd yn Ysgol Felin-fach yn 1917 oedd y naill ac ymadawiad twr o aelodau o eglwys Llanfihangel Ystrad wedi i'r ficer, yn eu tyb hwy, eu digio oedd y llall. Cnewyllyn côr yr eglwys oeddynt. Ond wedi ail-gartrefi yng nghapel Tyngwndwn cyfeiriwyd eu hegni, gan gyffro'r pasiant, tuag at greu cwmni drama. Er hynny, nid oedd ffurfio cwmni drama yn gyfystyr â dod â drama i'r ardal. Fel y gwelsom wrth drafod tyndra'r ffin Fethodistaidd/ Undodaidd a thraddodiad y cerddi pendrws, yr oedd gwerin gwlad Dyffryn Aeron eisoes yn meddu ar ei theatr fyw ac eang. Go amrwd, yn ôl pob sôn, fu arbrawf y pasiant. Sbort mwyaf y gynulleidfa oedd ceisio adnabod y dynion a guddiai y tu ôl i drwch eithafol eu barfau ffug. Ymgais cyntaf y gymdeithas an-Fethodistaidd hon at greu rhyw lun ar theatr ffurfiol oedd *Twm Shon Cati.* Gwerth yr arbrawf oedd eu galluogi i waredu o'u system gonfensiynau allanol y ffurf newydd. O'r perfformiad cyntaf oll roedd gan Gwmni Tyngwndwn uchelgais creadigol. Craidd yr uchelgais oedd eu hymddiriedaeth yng nghreadigrwydd greddfol theatr eu treftadaeth, sef y theatr anffurfiol. Y nod oedd cydio dolen y ffurf ffurfiol newydd wrth gadwyn rhyddid ac anffurfioldeb diwylliant y Smotyn Du. Nod anymwybodol oedd hwnnw, bid siŵr. Medd Raymond Williams...

A culture, while it is being lived is always in part unknown, in part unrealized.[2]

---

[2] *Culture & Society* – Raymond Williams – Hogarth Press, Llundain, 1987

Ond nod ymwybodol – ar ryw lefel neu'i gilydd – oedd parhad diwylliant penodol, anuniongred Dyffryn Aeron. Boed y gweithwylwyr yn Undodiaid o argyhoeddiad neu beidio, roedd penodolrwydd diwylliannol Dyffryn Aeron yn eiddo i'r gymdeithas gyfan. Gweithredodd unplygrwydd y nod o barhad yn gatalydd parhaus i'r cwmni a'i gynulleidfa graidd o'i gychwyn ar ddiwedd y Rhyfel Mawr hyd drosglwyddiad ei gyd-gyfrifoldeb i fudiad ehangach o gyd-greadigrwydd, hanner can mlynedd yn ddiweddarach.

O fewn i ficro-ecoleg y cwmni yr oedd yr holl elfennau hynny a gynhaliai hyfywedd theatr y werin ar waith. Er bod gwenyn o ysgolfeistri a gweinidogion yn dod yn eu tro i impio profiadau ehangach ar y cwmni, roedd y reddf rydd-greadigol a etifeddwyd oddi wrth theatr y dafarn, y cae gwair a'r ffeiriau yn gymaint fel nad oedd yn ddibynnol ar eu harweiniad. O'r ffrwd honno y deuai'r egni a gadwai rod cydymfuddsoddi i droi yn gyson ac yn gryf. Cynhyrchodd y pwerdy addysg Anghydffurfiol hwn ei arweinwyr ei hunan – gan gynnwys Tom Owen, garddwr Plas Llanllŷr ac un o gynhyrchwyr mwyaf effeithiol y cwmni. O'r ymfuddsoddi hefyd y deuai cenedlaethau newydd cyson o actorion i greu'r dolenni newydd angenrheidiol.

Mewn cymdeithas greadigol y mae achau creadigrwydd cyn bwysiced ag achau gwaed. Merch Penclawddmawr oedd Rachel Thomas, ffarm a saif gyferbyn â Phenbrynmawr, cartref y bardd gwlad Cerngoch. Yn ferch ifanc cafodd ran yn *Beddau'r Proffwydi* (W. J. Gruffydd) – perfformiad cyntaf oll Cwmni Tyngwndwn yn 1919. Perfformiodd ym mhob un o gynyrchiadau'r cwmni hyd ei hymddeoliad o lwyfan theatr y werin hanner can mlynedd yn ddiweddarach yn 1969. Ddiwrnod ei hangladd yng nghapel Tyngwndwn, yn 1978, canolbwynt teyrnged ei gweinidog oedd y teitl a dadogwyd arni gan ei chymdogaeth: Brenhines y Ddrama. Coronwyd hi nid am hirhoedledd ei gwasanaeth ond am gyfoeth ac haelioni ei hartistiaeth.

Cwmni o ddisgyblaeth a gymerai ei waith o ddifrif oedd Cwmni Tyngwndwn. Pump i chwech wythnos oedd ystod ei gyfnodau ymarfer: rhyw 60 awr o ganolbwyntio, disgyblaeth, ymarfer a chreu. Yn ddi-ffael, ar ddiwedd y darlleniad cyntaf geiriau cyntaf Rachel Thomas oedd: 'Pa het wisga'i?' Gwyddai'r cwmni oll arwyddocâd y geiriau. Roedd yr actores wedi dechrau o ddifrif ar ei siwrne ymwybodol-anymwybodol o greu. Iddi hi, a difrifolwyr eraill Tyngwndwn a chwmnïau tebyg, nid gweithgaredd a neilltuwyd i'r oriau ymarfer oedd y broses greadigol. Nid difyrrwch oriau hamdden oedd creu. Beth bynnag am ofynion cynhaliaeth a theulu, ymbrifiant artistig oedd canolbwynt eu bywyd.

Yr oedd Cwmni Tyngwndwn yn paratoi i lwyfannu ei drydydd cynhyrchiad pan anwyd Grett Jenkins. Yn or-nith i Cerngoch, daeth theatr Neuadd Goffa Felin-fach, yn enwedig perfformiadau 'Mrs Thomas' a'i chyd-actorion, yn feithrinfa holl bwysig iddi. Ar farwolaeth Rachel Thomas gosododd cymdogaeth ddrama-garol Dyffryn Aeron ei choron ar ben Grett. Er nad yr het oedd ei chonsyrn cyntaf yr oedd adnabod gwisg y cymeriad i'w bortreadu yn elfen gynnar a phwysig yn ei methodoleg greadigol hithau hefyd. Nes ei rhyddhau o deyrn-lywodraeth Plas Llan-llŷr, lle gwasanaethai yn forwyn, dysgu wrth wylio Rachel o blith cynulleidfa y Neuadd Goffa a wnaeth Grett. Yna, am gyfnod o ddeunaw mlynedd, cafodd y profiad amhrisiadwy o gydweithio – o gyd-greu – â hi. O fewn cyd-destun cydddyrchafol Cwmni Tyngwndwn, rhannai'r genhedlaeth hŷn o'u hegni a'u profiad creadigol yn rhydd ac yn rhwydd â'r genhedlaeth iau. Gwerthfawr yw sylwi ar bwysigrwydd yr osmosis creadigol hynny a weithredai'n barhaus o fewn i gorff y diwylliant. Nid dim ond trawslifiad yr egni ystyrlon o un genhedlaeth i'r llall oedd yn hanfodol at iechyd a pharhad y gymdeithas gydgyfranogol. Cyn bwysiced oedd yr osmosis a alluogai i egni creadigol lifo o bob pwynt o gryfder at bob pwynt o angen. Theatr gydymaddysgol yw theatr y werin.

Yn yr iaith Saesneg y mae synergedd annifyr yn perthyn i'r ddau air 'community' ac 'amateur'. Mae'r ensyniad o eilraddoldeb sydd ynghlwm wrth y naill a'r llall yn gyfiawn, go debyg, ym meddylfryd hierarchaidd Lloegr. Yng Nghymru egalitariaeth yw'r meddylfryd llywodraethol – sail y gymdeithas gyd-ymdeithiol. Wrth drosi 'community' i'r Gymraeg mae gan y cyfieithydd ddewis eang o eiriau – cymdogaeth, cyfeillach, bro, milltir sgwâr a chynefin, er enghraifft – bob yr un ohonynt yn cynnig ystyr penodol mewn perthynas â chyd-destun penodol. Dengys amlder yr eirfa holl-bwysigrwydd cymunedoliaeth o fewn diwylliant Cymru: gwlad y bröydd. Yn wrthgyferbyniol, dengys absenoldeb 'amateur' o eirfa hanesyddol y Gymraeg amherthnasedd y gair. O fewn gwladwriaeth answyddogol – gwladwriaeth nad yw'n bodoli ac eithrio yng nghof a chyd-ddychymyg pobl ei phresennol – y mae pob gweithred o gyd-greu yn cyfrannu at gynnal y myth hanfodol. Mewn cymdeithas egalitaraidd ni ddosrennir statws. Mae pob ymdrech ac arwydd naill ai yn berthnasol neu'n amherthnasol. Gan gofio mai'r gair Lladin 'amo' (caru) yw bôn y gair 'amateur' mae lle i ddadlau bod y benthyciad diweddar 'amatur' yn fodd i gydnabod pwysigrwydd ymroddiad o fewn cwmnïau megis Tyngwndwn. Ysywaeth, am mai trwy gyfrwng diwylliant Prydain y daw'r benthyciad, daw'r holl atseiniau hierarchaidd gydag ef – atseiniau a fedda'r gallu i fyddaru clustiau'r Cymry i'w diwylliant eu hun; rhagdybiaethau a wna iddynt edrych ar hanes a photensial cyd-greadigrwydd drwy sbectol sinigaidd y 'diwydiannau diwylliannol'. Gwir ddrwg yr ildiad hwn i gyfrwystra unffurfiaeth yw'r anweledigrwydd a daenir dros gyrhaeddiad yn ogystal â thros botensial diderfyn theatr y gweithwylwyr. Pan fydd y Cymry yn cyflawni'r ddyletswydd hunan-feirniadol o bwyso a mesur ansawdd ac effeithiolrwydd eu cydymdrechion dylsent arfer geirfa sy'n fanwl-benodol ac yn ddiwylliannol-berthnasol. Wrth drafod ymroddiad at gymdeithas a'i diwylliant ni wna cyllell ddi-safn, fenthyg y tro. Ym mlynyddoedd ei hanterth, er iddi fabwysiadu confensiynau ffurfiol daliodd theatr y werin ei gafael ar allu diffiniol ei hanghydffurfiaeth: nid ei gallu anwastad i gyfathrebu stori, cymeriadau a thestun ond ei gallu i wneud dim llai na rhannu yn eang a chyd-greu o fewn ei safleoedd penodol wirionedd cyd-ddychymyg. I'r gweithwylwyr ac nid i'r diwydiannau diwylliannol y perthynai'r theatr hon.

Cynheuwyd uchelgais Megan Williams i fod yn actores yn Neuadd Goffa Felin-fach, noswyl y Nadolig.[3] Yn y dauddegau a'r tridegau, y bererindod o Bennant i Felin-fach oedd yr unig dro mewn blwyddyn y teithiai hi a'i theulu a'i ffrindiau mewn car. Ar y ffordd yn ôl o berfformiad Cwmni Tyngwndwn ni chai ei thad lonydd nes iddo sicrhau gyda'r gyrrwr wasanaeth y car ar gyfer y Nadolig nesaf. Aeth perfformiad nos Nadolig y cwmni yn ddwy noson o berfformio erbyn canol y tridegau ac yn dair noswaith erbyn blynyddoedd y rhyfel. Cyn oes rheolau Iechyd a Diogelwch teg yw amcangyfrif bod dros 400 y nos yn dod o hyd i ryw dwll neu gornel – ar lawr y neuadd, yr ystafelloedd ymylol neu hyd yn oed o gwmpas a thu cefn i'r set. Os mai 'Cyrddau Pawb Ynghyd' oedd cymanfaoedd ac

---

[3] Cyfweliad â Megan Williams, 27 Mai, 2009. Bu Megan, ynghyd â'i gŵr Dan a'i mab, Martin, yn rhan o dîm llwyddiannus Cwmni Drama Cilie Aeron, cwmni a sefydlwyd cyn hwyred a diwedd y chwedegau.

Ym 1919, a hithau'n ferch ifanc, cafodd Rachel Thomas (Jones ar y pryd) ran yng nghynhyrchiad cyntaf Cwmni Drama Tyngwndwn (Beddau'r Proffwydi, *W. J. Gruffydd). O 1927 hyd y chwedegau, tynnai perfformiadau nos Nadolig a thrannoeth y Nadolig y cwmni gynulleidfaoedd o bellter mawr i Neuadd Goffa Felin-fach. Rhan fawr o'r dynfa oedd perfformiadau 'Mrs. Thomas'. Erbyn cyfnod perfformio drama Gwynne D. Evans* Glo Caled *(1953) roedd theatr y werin eisoes wedi ei choroni'n 'Frenhines y Ddrama'.*

oedfaon mawr capeli'r dyffryn, Theatr Pawb Ynghyd oedd theatr Cwmni Tyngwndwn. Theatr nad oedd ffiniau awditoriwm a phroseniwm yn golygu fawr ddim iddi; theatr y Cyfarwydd; theatr cyd-greu y gweithwylwyr. Yn y theatr hon yr oedd realaeth yn amherthnasol. Nid actio bywyd a wnâi chwaraewyr perfformiadau'r Nadolig. Hwy oedd y Nadolig: ymasiad ddoe ac yfory yng nghyd-ddychymyg y presennol.

Pennod 11

Theatr y Lles Cymdeithasol

Yn yr ail ganrif ar bymtheg, yng nghanol yr aflonyddwch cymdeithasol a fud-ferwai yn sgil y chwyldro diwydiannol yng ngwledydd Prydain a'r chwyldro gwleidyddol yn Ffrainc bu'r athronydd a'r diwygiwr cymdeithasol Jeremy Bentham (1748–1832) yn ymaflyd â chwestiwn hierarchaeth gymdeithasol. Gyda llais y gweithwyr di-bleidlais yn cryfhau'n gynyddol holai sut y gallai'r drefn wleidyddol greu sefyllfa decach, ac felly lai ymffrwydrol ei photensial. Er iddo gael ei eni i gyfoeth amheuai hawl y dosbarth uchaf i dra-arglwyddiaethu dros bawb arall. Daeth i'r casgliad mai blaenoriaeth llywodraethau oedd llywodraethu yn unol ag anghenion y mwyafrif. O fewn ei broses o gwestiynu adnabu gyswllt rhwng 'bywyd da' a hapusrwydd. Medd Bertrand Russell...

> *Bentham held not only that the good is happiness in general, but also that each individual always pursues what he believes to be his own happiness.*[1]

---

[1] *History of Western Philosophy* – Bertrand Russell – Routledge Classics, Llundain ac Efrog Newydd, 2004

Er gwaethaf ei sêl dros gymdeithas fwy cyfiawn a chyfartal, adeiladu ar ei Dorïaeth gynhenid a wnâi'r egwyddor hon gan mai ei sail yw anghenion a dyheadau yr unigolyn. Daeth dadl Bentham dros y *Greater Good* – y Lles Llywodraethol – yn gonglfaen i'r genedl-wladwriaeth Brydeinig a'i hymerodraeth fyd-eang. Yn ail hanner y bedwaredd ganrif ar bymtheg, dadleuai Matthew Arnold o blaid dileu'r Gymraeg oddi ar fap addysg Prydain ar sail y Lles Llywodraethol. Naw mis yn unig wedi dechrau'r Ail Ryfel Byd dilëwyd cymdeithas Gymraeg Mynydd Epynt nid gan 'y gelyn' ond gan y llywodraeth Brydeinig. Cyflawnwyd y dinistr yn enw ac yng ngrym y Lles Llywodraethol.

Mewn rhifyn o'r Llenor yn 1939 mynegodd yr ysgolhaig, y bardd a'r dramodydd W. J. Gruffydd bryder llawer o Gymry pan ddatganodd y gallai '*Lloegr ennill y rhyfel a Chymru ei cholli.*'[2] Ymgorfforai Gruffydd dyndra mewnol y Cymry. Er mwyn trechu Hitler a Natsïaeth teimlai fod rhaid ymateb yn gadarnhaol i'r alwad i sefyll yn unol yn enw Prydeindod. Er mwyn creu undod Prydeinig a fyddai'n gymesur â'r her pryderai y byddai'n rheidrwydd ar y Cymry i drosglwyddo'u hegni creadigol oddi wrth yr ymdrech i gynnal eu cenedl eu hunain at greu a chynnal Prydeindod. Ers sefydlu Penyberth – yr ysgol a fyddai'n hyfforddi bomwyr ar gyfer y rhyfel disgwyliedig hwn – roedd Saunders Lewis yntau yn ddwys ymwybodol o fygythiad y Lles Llywodraethol. Ynghyd â chriw o Gymry cenedlaetholgar aeth y ddau ati'n ddiymdroi i sefydlu Pwyllgor Diogelu Diwylliant Cymru. Eu brwydr gyntaf oedd brwydr Epynt.

Drannoeth Eisteddfod Gŵyl Ddewi flynyddol y mynydd derbyniodd y 52 o aelwydydd a gynrychiolai gymdogaeth Mynydd Epynt lythyr gan brif swyddfa *Western Command*.

---

[2] Dyfyniad trwy law *Hanes Cymru* – John Davies – Allen Lane – Llundain, 1990

Roedd y neges yn syml: rhaid oedd i bob ffarm a thyddyn fod yn wag o ran pobl a chreaduriaid erbyn diwrnod olaf mis Ebrill. Yn wyneb diymadferthedd syfrdan y gymdeithas leol aeth y mudiad ati i ymladd yr achos. Cafwyd llwyddiant i ddechrau. Megis a ddigwyddodd ugain mlynedd yn ddiweddarach yn achos cymdogaeth Capel Celyn, Cwm Tryweryn, codwyd consenws cryf o blith prif sefydliadau'r Gymraeg ynghyd â thrwch yr aelodau seneddol Cymreig. Codwyd gwrthdystiad o rym a statws a sicrhawyd cyfarfod ag uchel swyddogion y Weinyddiaeth Ryfel. Credai rhai o blith y ddirprwyaeth fod modd i'r apêl lwyddo. Ysywaeth, ddechrau mis Ebrill ymosododd awyrlu'r Almaen ar ddinasoedd Norwy. Daeth tawelwch cymharol y 'rhyfel ffug' i ben. Daeth pob gobaith o achub cymdogaeth Epynt hefyd i ben. Enillwyd un conseswn. Caniatawyd deufis ychwanegol i'r 220 o drigolion ddod o hyd i gartrefi newydd. Yn unol â gorchymyn *Western Command*, erbyn nos Sul, 30 Mehefin, 1940 roedd 30,000 erw'r mynydd yn wag. Gyda marwolaeth cymdogaeth Epynt symudwyd ffin y Gymraeg ddeuddeg milltir tua'r gorllewin a rhwygwyd ymaith galon Cymreictod sir Frycheiniog.[3] Cadarnhawyd ofnau gwaethaf y Pwyllgor Diogelu. Blaenoriaeth y Llywodraeth Brydeinig oedd lles y mwyafrif. Roedd grym y Lles Llywodraethol yn absoliwt.

Er colli'r frwydr enbyd honno ymwrolodd Pwyllgor Diogelu'r Diwylliant. Ar ddechrau'r rhyfel rhan o'r broses o sefydlu sensoriaeth gyflawn ar ddarllediadau'r BBC oedd i'r llywodraeth wahardd darlledu rhanbarthol. Yr *Home Service* – yn cael ei reoli a'i ddarlledu o Lundain – fyddai'r unig wasanaeth. Brwydro'r penderfyniad a wnaeth Gruffydd a'i gymdeithion. Erbyn 1941 caniatawyd tair awr

---

[3] Ceir hanes colli cymdogaeth Epynt yn gyflawn yng nghyfrol Herbert Hughes: '*Mae'n Ddiwedd y Byd Yma ...*' – Gwasg Gomer, Llandysul, 1997

a hanner yr wythnos yn y Gymraeg – llwyddiant nid ansylweddol yn wyneb 'absoliwtiaeth' y Lles Llywodraethol. Cafodd y pwyllgor lwyddiant arbennig â'r cyfnodolyn Cofion Cymru. Wrth i filwyr ifainc o Gymru gael eu danfon i bedwar ban y byd sefydlwyd y cyhoeddiad er cynnal cyswllt o ryw fath rhyngddynt â'u diwylliant cynhenid. Gan oresgyn, bid siŵr, bob math o rwystrau o ran awdurdodau'r rhyfel cyrhaeddodd Cofion Cymru gylchrediad o 26,000 y rhifyn.

Ond, er gwaethaf y llwyddiant rhyfeddol hwn a llwyddiant dipyn llai yr ymgyrch darlledu, poenai'r pwyllgor – a ddaethai, erbyn 1941, yn Undeb Cymru Fydd – mai ennill ambell i frwydr yn unig a wnaethent ar ran Cymru a'r Gymraeg. Poenent mai colli'r rhyfel oedd eu tynged. Prif symbyliad eu pryderon oedd y bwriad i lochesu rhyw 200,000 o blant dinasoedd Lloegr yng nghefn gwlad Cymru. Yn yr ardaloedd hynny lle'r oedd dyfodol y Gymraeg eisoes yn y fantol cadarnhawyd yr ofnau. Bu presenoldeb y plant dŵad yn ddigon i bwyso'r dafol tuag at gyflwr unieithrwydd normatif undod Prydeinig. Nid dim ond ar Epynt yr oedd ffin yr iaith yn symud.

Ond y mae'r hyn a ddigwyddodd yng nghadarnleoedd y Gymraeg yn ddadlennol nid yn gymaint o ran yr iaith ag o ran y diwylliant. Ni ddigwyddodd y llanast disgwyliedig. Ni foddwyd mamiaith y Cymry ifainc gan Saesneg y noddedigion. Yn wir, fel y gwyddom bellach, trwy gyfrwng rhaglen yr ifaciwîs enillwyd siaradwyr niferus newydd i'r iaith. Yn groes i'r disgwyl, cryfhau ar *solidarnos* hir dymor cymdeithas y Gymraeg a ddigwyddodd, nid gwanhau. Wrth geisio esbonio'r ffenomen, gwir yw'r sylw mai carfan y siaradwyr Cymraeg oedd yn y mwyafrif. Ond nid yw mathemateg syml y sefyllfa yn cynnig ateb digonol. Er mwyn darganfod sut y bu i gymdogaethau gwladwriaeth answyddogol y Gymraeg oroesi'r rhyfel a ddylasai – yn unol â phroffwydoliaeth Gruffydd – fod wedi'u traflyncu gan iaith a diwylliant y Lles Llywodraethol, rhaid craffu'n ddyfnach na hynny.

Wrth ysgrifennu at Gristnogion cynnar Ephesus anogodd Paul iddynt gofio mai 'adeiladu ein gilydd'[4] yw gwaith eglwys. Yn y gyd-ymddibyniaeth, y gyd-ymddiriedaeth a'r cyd-greadigrwydd sydd ymhlyg yn y tri gair hyn y mae sylfeini meddylfryd sydd, er yn hŷn na Christnogaeth, yn ddisgrifiad cynhwysfawr o'r gymdeithas egalitaraidd a ddaeth i fod yn sgil y chwyldro Anghydffurfiol. Megis Jeremy Bentham, cwestiynu achos dedwyddwch y bod dynol a wnaeth yr athronydd Groegaidd Aristotles (384–322 CC). Pen draw ei gwestiynu oedd ei ddatganiad mai bod cymdeithasol yw dyn. Ei gyneddf naturiol yw cynnal perthynas; cyd-fyw. Wrth weithio er lles ein cymdogion – ein 'cyd-ddinasyddion' – y mae canfod hapusrwydd y 'bywyd da'.

Rhaid i'r cyfan gael blaenoriaeth dros y cyfran. Gwahanwch law neu droed oddi wrth y corff cyfan a dim ond mewn enw y byddant mwyach yn llaw neu droed – megis 'llaw' neu 'droed' a gerfiwyd o garreg. Dyna gyflwr y llaw a ddifwynwyd, llaw sydd bellach heb ei gallu na'i swyddogaeth ddiffiniol... Mae'n glir felly fod y wladwriaeth [*y gymdeithas/y gymdogaeth*] yn naturiol yn cael blaenoriaeth dros yr unigolyn.[5]

Trwy eiriau Aristotles ei hun felly gwelir bod wrth wraidd hunaniaeth cymdogaethau'r Gymraeg flaenoriaeth sylfaenol wahanol i flaenoriaeth y Lles Llywodraethol. Nid cyfrif unigolion er mwyn darganfod ewyllys y mwyafrif a

---

4 Epistol Paul at yr Ephesiaid (Pennod 4)
5 *Aristotle – The Politics* – T. A. Sinclair (Cyf.) a Trevor J. Saunders (Ail-Gyflwynydd) Penguin Classics – Llundain, 1962 [cyf.]

wna'r Lles Cymdeithasol. Ond yn nynameg y fro a'r gyfeillach, y gymdogaeth a'r filltir sgwâr daw'r unigolyn i gyfrif – i'w lawn dwf – drwy ei ymwneud â'i gyd-ddyn. Dim ond wrth adnabod holl-bwysigrwydd egwyddor y Lles Cymdeithasol i ddiwylliant y Gymraeg y mae adnabod rhuddin ei rym cynhaliol. Tra'r ysbeiliai'r Lles Llywodraethol gyfoeth dynol a naturiol Cymru yn enw'r rhyfel â Hitler, cyd-greai diwylliant y Gymraeg, ar lun y Lles Cymdeithasol, batrymau newydd o berthyn na fedrai'r diwylliant ymosodol eu gweld na'u deall. Dyma'r grym a barodd gynhaliaeth a thwf yng nghymdogaethau'r Gymraeg yn wyneb yr ymosodiadau cyson yn eu herbyn.

Er i'r dramodydd John Ellis Williams haeru mai chwalfa fu'r Ail Ryfel Byd o ran y ddrama Gymraeg[6] gwrth-ddweud hynny a wna'r dystiolaeth yn siroedd y gorllewin. Er gwaethaf y dogni ar betrol a disel a rheolau llym y blacowt parhau i deithio o neuadd i neuadd a wnâi crynswth y cwmnïau lleol a lled-genedlaethol. Parhau i fod yn llawn – hyd yr ymylon yn amlach na pheidio – yr oedd y neuaddau hefyd. Yn hyn o beth, nid oedd y ddrama yn wahanol i'r gyngerdd, y ddarlith a'r eisteddfod – prif gyfryngau torfol y diwylliant. Elfen bwysig yn y parhad hwn oedd parhad y ddynameg arweiniol. Ni fu i'r ymdrech gonsgriptio amddifadu cymdogaethau cefn gwlad o'u holl athrawon – y garfan broffesiynol fwyaf, bellach, o ran arweinyddiaeth eu cwmnïau drama, eu corau a'u pwyllgorau eisteddfod. Yr elfen gynhaliol arall ar fwrlwm y diwylliant oedd Cyngerdd y Bechgyn.

Yn y Rhyfel Mawr ymlistiai brodyr a chyfeillion o'r un gymdogaeth o fewn yr un gatrawd. Ym mrwydr Coedydd

---

[6] Yn 1946 ysgrifennodd at y 300 o gwmnïau yr arferai ohebu â hwy cyn y rhyfel i gynnig drama newydd iddynt. O'r ymateb a gafodd gwelodd fod 200 ohonynt wedi chwalu. Dim ond gan 30 y cafodd gadarnhad pendant o'u parhad. (*Inc Yn Fy Ngwaed* – John Ellis Williams – Llyfrau'r Dryw – Llandybïe, 1963)

Mametz, 1916 collwyd pedwar o fechgyn Llanddewi Brefi
o fewn rhawd pythefnos.[7] Er mwyn osgoi y fath golledion
– ac osgoi y digalonni dirfawr a achosid i'r gefnogaeth
gyhoeddus i achos Prydain – cafwyd newid sylfaenol i'r
polisi recriwtio. Yn ystod yr Ail Ryfel Byd, rhannwyd
cymdeithion bore oes ymysg nifer o gatrawdau. O
ganlyniad, cyrhaeddai bechgyn adref o'r canolfannau
hyfforddi neu feysydd y brwydro am gyfnod byr o wyliau
yn gyson ar draws y flwyddyn. Cynneddf y cymdogaethau
oedd eu croesawu'n gyhoeddus. Gwnaed hynny ar lun
cyngerdd neu berfformiad drama. Y ffactor na fu i
sefydlwyr y Pwyllgor Diogelu lawn werthfawrogi oedd
dycnwch a phŵer y diwylliant roeddynt am ei ddiogelu. Er
gwaethaf holl rym mwyafrifol diwylliant y Lles
Llywodraethol cynhyrchai'r Lles Cymdeithasol egni o
ddychymyg a gynhaliai statws mwyafrifol i'r diwylliant
Cymraeg yn ei diriogaeth ei hun. Wrth gwrs, ar un lefel
cyfrannai'r weithred o groesawu'r milwyr adref at undod
Prydeindod. Ond, ar lefel ddyfnach o lawer atgyfnerthai
cyd-greadigrwydd cynhwysfawr Cyngerdd y Bechgyn
solidarnos 'gwladwriaeth' y Gymraeg.

Am mai o galon y diwylliant y deilliai'r egni, cyflawnai
theatr leol y werin swyddogaeth genedlaethol o'r
pwysigrwydd pennaf. Gwnâi hynny trwy sicrhau i'r gair
diwylliant fod yn ferf: trwy annog ac estyn y cyfrifoldeb a'r
weithred o greu a pherfformio yn eang ac yn gynhwysol.
Nid o law yr un pwyllgor na mudiad canoledig y daeth yr
ymateb cyd-greadigol hwn ond o darddleoedd y diwylliant
ei hunan. Ei lwyfannau lleol oedd llawr ei greadigrwydd.
Ym mhob bro perffformid cenedl.

---

7 Y pedwar a gollodd eu bywyd rhwng 10fed a'r 25ain Gorffennaf
   oedd: Corporal Thomas J. Davies, Tymawr (25 oed); Capt. David
   Jones, Wern (23 oed); Corporal John Pates, Coedygof (26 oed);
   Private William D. Williams, Brynderi (24 oed).

Dyma fel y bu i Addysg Anghydffurfiol gyflawni gwyrth yn awr argyfwng yr Ail Ryfel Byd. Yn y neuaddau coffa, y festrïoedd a'r capeli a godwyd gan y Lles Cymdeithasol y cynhaliwyd y cyngherddau a'r dramâu. Y Lles Cymdeithasol hefyd oedd cyfansoddwr y gynghanedd gerddorol neu ddramataidd a roddai fynegiant i'r croeso. Wrth i'r dychweledigion groesi rhiniog theatr y werin perfformiai ei gweithwylwyr wyrth y cyd-rannu: o'u gofod; o'u hamser; o'u dawn a'u creadigrwydd; o'u llawenydd a'u tristwch; o'u cyd-ddyheu. Yn nerth bôn braich y croeso rhannwyd y wybodaeth sicr a sylfaenol: bod pob llaw a phob troed yn rhan annatod o'r corff cymdeithasol. Ar ei safle benodol ei hun meddai theatr y Lles Cymdeithasol ar y cryfder i gynnal ei chyd-ddychymyg yn wyneb grym disgyrchiant gwladwriaeth y Lles Llywodraethol.

Pennod 12

Theatr Idwal a'r Ffermwyr Ifainc

Mesur o ddychymyg cymdeithas yw ei gallu i droi gorchymyn anghreadigol y Lles Llywodraethol yn greadigrwydd y Lles Cymdeithasol. Yn ystod yr Ail Ryfel Byd deddfodd y Bwrdd Addysg fod pob person ifanc yn ei arddegau i berthyn naill ai i gorff a roddai hyfforddiant milwrol neu i glwb ieuenctid. Yng Nghymru, bachwyd ar awydd canolbwynt grym i dynhau ei afael ar ddinasyddion y dyfodol gan fudiad cymharol ifanc Urdd Gobaith Cymru. Defnyddiwyd y gefnogaeth oedd ar gael i sefydlu nifer dda o Aelwydydd newydd. Ond y mudiad a elwodd fwyaf oedd Clybiau'r Ffermwyr Ifainc.

Yn 1921, blwyddyn cyn sefydlu'r Urdd, agorwyd clwb cyntaf mudiad y ffermwyr. Yn Lloegr – yn Hemyock, Dyfnaint – y bu hynny. Darparu addysg amaethyddol oedd y nod o'r cychwyn cyntaf a lledodd y clybiau ar hyd a lled Lloegr ac i rannau o'r Alban a Gogledd Iwerddon yn ystod y tridegau. Dywed haneswyr y mudiad y bu bron iddo fynd i ddifancoll yn Lloegr yn ystod y rhyfel. Ond os simsanodd clybiau Lloegr bu'r trawsblaniad i dir Cymru yn hynod ffrwythlon. I orchymyn y Bwrdd Addysg mae'r diolch am gyflwyno'r mudiad i ieuenctid cefn gwlad Cymru, ond i ddynameg gref Addysg Anghydffurfiol a chymunedoliaeth gynhenid y diwylliant Cymraeg y mae'r clod am ei lwyddiant rhyfeddol a pharhaol. Megis twf cymdeithasau cydweithredol y ffermwyr, pan drawsblannwyd cysyniad y clybiau amaethyddol-addysgol i Gymru roedd y dirwedd gymdeithasol yn gwbl gymwys i'w dderbyn. Yn Lloegr, estyniad ar addysg ffurfiol ysgol a choleg oedd addysg eu clybiau. Yng Nghymru, yr oedd chwyldro Anghydffurfiol y ddeunawfed ganrif eisoes wedi creu cyd-destun addysg anffurfiol eang a chynhwysfawr. Fel y bu i ddatblygiad y neuaddau pentref arwain at ledaenu ystod gweithgaredd Addysg Anghydffurfiol yr oedd ffurfiant y Clybiau Ffermwyr Ifainc yn lledaeniad pellach, y tro hwn i gynnwys anghenion a photensial pobl ifainc y tu hwnt i'r Ysgol Sul a'r Gobeithlu. Yn ei ragair i lawlyfr Ffederasiwn Clybiau Ffermwyr Ifainc Ceredigion 1943–44 – llawlyfr sy'n cynnwys rhaglen waith y deugain namyn un o glybiau a fodolai y pryd hynny – dywed Trefnydd Amaethyddol y sir, D. J. Morgan: 'Amcan y cwbl yw nid casglu gwybodaeth ond dysgu sut i fyw yn hapus ac yn dda yn y wlad.'[1] Mi fyddai Aristotles wrth ei fodd.

O'r cychwyn cyntaf yr oedd arlliw Addysg Anghydffurfiol i'w weld yn amlwg ar gynnwys y rhaglenni. Gwelir seiliau llwyddiant yr Eisteddfod, y Ddrama, yr Hanner-Awr-Adloniant a'r Siarad Cyhoeddus – cystadlaethau mwyaf llwyddiannus y mudiad yn hanesyddol – yn rhaglenni gwaith y cyfnod. O fewn clybiau a rhwng clybiau cyfagos, cynhaliwyd dadleuon ffurfiol cyson ar gwestiynau'r dydd, gan gynnwys...

---

[1] *County Federation of Young Farmers' Clubs, 1943–1944 –* Cardiganshire County Agricultural Education Committee

Mai fferm fach ac nid fferm fawr yw'r mwyaf manteisiol i Amaethyddiaeth.[2]

Bod y Ceffyl yn well na'r Tractor ar gyfer y ffermwr bach.[3]

A yw'r rhyfel yn cael effaith dda neu wael ar ffermio?[4]

a...

Mai anfantais i'r ffermwr yw arian cymorth y Llywodraeth.[5]

Yn y cyfnod cynnar hwn ni pherthynai rhan helaethaf gweithgareddau'r clybiau i raglen gystadlu. Datblygiad ar gwestiynu a thrafod Ysgol Sul y bobl ifainc a'r oedolion oedd y dadleuon cyhoeddus. Yr un modd, estyniad ar ymarfer creadigol addysg Anghydffurfiol oedd y dramâu a'r nosweithiau llawen a lwyfanwyd[6] yn lleol, a'r eisteddfodau a drefnwyd rhwng ambell i glwb â'i gilydd.[7]

Os bu i awenau addysg Anghydffurfiol symud fwyfwy oddi wrth y capeli a'r eglwysi trwy'r cyfnod hwn bu i dwf y clybiau ieuenctid ddwysáu y duedd. Er bod enwau gweinidogion a ffeiradon yn ymddangos yn lled gyson ymysg siaradwyr gwadd y rhaglenni gwaith dim ond mewn dau glwb[8] yr oedd iddynt statws arweiniol. Fel ym myd y ddrama, athrawon – a phrifathrawon yn arbennig – oedd y prif grŵp proffesiynol. Yn ddarlithwyr prifysgol, swyddogion a chynghorwyr sir, cynrychiolwyr y gwasanaeth addysg oedd trwch pwyllgor goruchwylio'r sir

---

[2] Ystrad Fflur, 28 Rhagfyr, 1943
[3] Taliesin a Glandyfi ynghyd ag Eglwysfach, 1 Tachwedd, 1943
[4] Llanarth, 9 Mawrth, 1944
[5] Ystrad Fflur, 7 Mawrth, 1944
[6] Yn 1943–1944, llwyfannwyd drama gan 10 clwb a Noson Lawen gan 9 clwb.
[7] Cynhaliwyd eisteddfod gan 7 clwb yn ystod 1943-1944
[8] Ciliau Aeron a Llandyfrïog

hefyd. Ond nid arwydd o wendid oedd y symudiad tuag at addysgwyr ffurfiol. I'r gwrthwyneb. Wrth sylwi ar y clybiau mwyaf mentrus ac eangfrydig gwelir mai 'graddedigion' Addysg Anghydffurfiol oedd wrth y llyw, boed iddynt fod yn wŷr neu'n wragedd coleg neu beidio. Y mae twf y ddrama, yr eisteddfod, y noson lawen a'r dadleuon cyhoeddus yn dystiolaeth o rym ymledol Addysg Anghydffurfiol. Yn 1943 Saesneg oedd iaith cofnodi trwch y rhaglenni gwaith. Ond Cymraeg oedd y diwylliant – ei weithredwyr a'i weithredu. I egni lefeiniol a gyriant cyd-greadigol Addysg Anghydffurfiol y mae'r diolch.

Y cam cyntaf yn nhwf yr addysg hon oedd buddugoliaeth ei harweinwyr democrataidd dros hegemoni hanesyddol y meistri tir yn etholiadau cyntaf y cyngor sir (1889). Yr ail gam oedd gwrthryfel tawel ond sicr y genhedlaeth newydd o brifathrawon yn erbyn Seisnigrwydd eu haddysg elfennol ac uwch. Yn ystod blynyddoedd yr Ail Ryfel Byd dechreuwyd ar y trydydd cam. Yn y cyfnod hwn gwelwyd twf cenhedlaeth o swyddogion o fewn y drefn ffurfiol a feddent ar yr hyder i ymestyn yn naturiol ar greadigrwydd addysg anffurfiol eu treftadaeth.

Un o blith y cyfryw rai oedd Trefnydd Amaethyddol cyntaf y sir, D. J. Morgan. Â'i radd B.Sc cynrychiolai genhedlaeth o raddedigion gwyddoniaeth a ddenwyd yn eu hôl, megis y graddedigion yn y celfyddydau, i gyfrannu at gynnwrf addysgol-ddiwylliannol sir ei febyd. Sefydlodd golofn wythnosol – *Pant a Bryn* – yn y *Welsh Gazette* – prif gyfrwng cymdeithasol cyfoes cefn gwlad Ceredigion. Defnyddiodd y golofn yn gyfrwng grymus er cyffroi a chryfhau amaethyddiaeth yn gyffredinol ac er cefnogi a hybu twf y clybiau Ffermwyr Ifainc yn benodol.

Dan faner Coleg y Brifysgol, Aberystwyth yr oedd Morgan arall – y Parchedig Herbert Morgan – eisoes wedi

Cydnabyddir cyfraniad arbennig Idwal Jones (1895 – 1937) i dwf theatr y werin gan bortread graddfa gyflawn ohono a saif yn lolfa Theatr Felin-fach. Comisiynwyd yr artist Eryl Ellis i greu'r gwaith ym 1987 gan Gwmni Actorion Felin-fach. Cynlluniwyd y gwaith yn unswydd ar gyfer lolfa'r theatr – ystafell sydd yr un mor bwysig i swyddogaeth unigryw Felin-fach â'r llwyfan a'r awditoriwm eu hunain. Wrth i gymdeithas y gweithwylwyr ymgasglu yno ar ddiwedd perfformiad gwelir Idwal – y dylanwad hollbresennol - yn sefyll yn gysurus yn eu plith.

Drama fwyaf llwyddiannus Idwal Jones yw Pobl yr Ymylon. *Perfformiwyd hi ddiwethaf ym 1978 gan Gwmni Actorion Theatr Felin-fach, dan gyfarwyddyd Cleif Harpwood, Darlithydd â Gofal y theatr ar y pryd.*

treulio sawl blwyddyn yn datblygu rhwydwaith o ddosbarthiadau nos. O ran cynnwys a chywair, adeiladu ar 'gwricwlwm' cydymaddysgu y capeli a wnaent. Fel aml i ŵr o weledigaeth nid oedd ofn mentro arno. Menter, yn sicr, oedd iddo ychwanegu – at ei dîm o addysgwyr bro – ŵr ifanc a oedd wedi profi anhawster wrth ymgodymu â gofynion y gyfundrefn addysg ffurfiol. Tra'n brifathro yn Ysgol Pontarfynach dysgai Idwal Jones ei wersi nid yn unig trwy gyfrwng y Gymraeg ond trwy gyfryngau chwarae a drama ac eisteddfod hefyd. Heriwyd ef gan Arolygydd ei Mawrhydi nid ynghylch y cyfryngau a ddefnyddiai ond ynghylch ei esgeulustod llwyr o anghenion gweinyddol y swydd. Er gwaethaf cefnogaeth frwd y gymdogaeth gyfan, dewisodd ymddiswyddo. Yn 1926 dyfarnwyd ei ddrama *Yr Anfarwol Ifan Harris* yn arobryn yn Eisteddfod Genedlaethol Abertawe. Y flwyddyn ganlynol enillodd y wobr gyntaf eto â'r ddrama *Pobl yr Ymylon* – drama a ddaeth yn un o brif ddramâu mudiad y ddrama. Gan wybod mai dwy wedd ar yr un ddynameg yw creadigrwydd ac addysg gwelodd Herbert Morgan ynddo yr addysgwr Anghydffurfiol a oedd. Tystia coethder a chryfder arhosol y ddrama yng Ngheredigion i lwyddiant ei fenter.

Cynhwysai cylchdaith darlithio Idwal Jones Lambed ei fagwraeth a Dyffryn Aeron ei wreiddiau ynghyd ag ardaloedd Rhydlewis, Tregaron a Phontarfynach. Yma, o 1928 hyd ei lorio â salwch yn 1932, cynhaliai ddosbarthiadau nos a ddaeth â gwybodaeth am seiliau a hanes y ddrama Ewropeaidd i ganolfannau byrlymus y ddrama yng Ngheredigion. Dyma ei ddisgrifiad ef ei hun o faes llafur ei ddosbarthiadau...

Cynnwys cynllun y gwaith am y gaeaf gyfres o ddarlithiau ar hanes tarddiad a thwf y ddrama yng ngwlad Groeg; datblygiad y ddrama Eglwysig yng

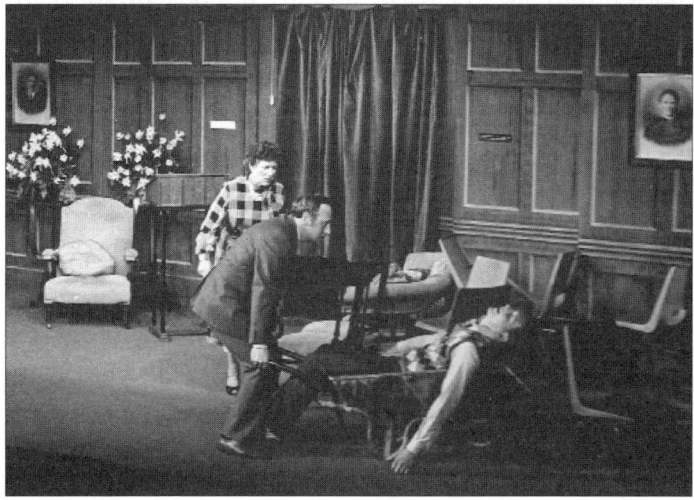

*Perfformiwyd drama enwog arall o waith Idwal Jones –
Yr Anfarwol Ifan Harris – ddwywaith gan actorion Theatr
Felin-fach, y tro cyntaf ym 1973 (cynhyrchiad Hywel Evans) a'r
eildro ym 1987 (cynhyrchiad yr awdur)*

Ngorllewin Ewrob... tyfiant y ddrama trwy gyfrwng y Miragl, y Foeseg a'r Anterliwt, nes ymddangos o ddrama fawr y Dadeni, ac, yn nes ymlaen, y ddrama realistic ddiweddar. Telir sylw arbennig, wrth gwrs, i hanes y ddrama yng Nghymru... Traddodir darlithiau hefyd ar grefft y llwyfan ac ar hanes Beirniadaeth Ddramatig.[9]

Cynnwys yr awr gyntaf oedd y cwricwlwm uchod. Ar ei diwedd, cliriwyd bord y darlithydd a stolion ei gynulleidfa o'r neilltu. Gweithdy creu a chrefftio oedd ystafell yr ail awr. Trwy led-chwarae astudiwyd sgriptiau Cymraeg cyfoes – *Adar o'r Unlliw* (J. O. Francis), *Ble Ma Fa? Y Pwyllgor* a *Castell Martin* (D. T. Davies), *Cyfrinach y Môr* (Eddie Parry) a *Dychweledigion* (cyfieithiad T. Gwynn Jones o ddrama Ibsen). Yn bwydo'r drafodaeth greadigol roedd cyfieithiadau Cymraeg eraill o ddramâu Euripides, Molière, Goethe a Lennox Robinson. Roedd trefnu teithiau er 'gweled dramâu safonol' yn rhan o nod y dosbarthiadau hefyd. Tystia Idwal Jones ei hunan i frwdfrydedd heintus y gweithgaredd cyd-ymaddysgol hwn. Rhydd persbectif amser i ni dystiolaeth gryfach fyth. Yn Rhydlewis arweiniodd y sesiynau yn uniongyrchol at sefydlu cwmni drama (cwmni Dan Davies, maes-o-law) gyda'r enwocaf yng Ngheredigion. Ac nid yw'n gyd-ddigwyddiad i dair o'r pedair ardal arall – Llambed, Tregaron a Felin-fach – ddatblygu i fod yn ganolfannau o gryfder arbennig i'r ddrama Gymraeg. Y mae'r statws a roddwyd i Addysg Anghydffurfiol wrth i'r Parchedig Herbert Morgan gyfreithloni technegau cyd-ymaddysgol Idwal Jones yn ganolog i lwyddiant y buddsoddiad. Pe bai Idwal wedi cael

---

[9] Erthygl 'Y Brifysgol a'r Ddrama' Chwefror a Mawrth, 1929 – Dyfynnir o *Cofiant Idwal Jones* – D. Gwenallt Jones – Gwasg Aberystwyth, 1958

iechyd tybed a fyddai ei arweiniad addysgol wedi galluogi theatr y werin i godi ei hyder, ac felly ei gorwelion, ynghynt nag a wnaeth? Ysywaeth, yn 1937 – ac yntau yn 43 mlwydd oed – bu farw o'r diciâi.

Ar gefn menter ac arloesi Herbert Morgan yn ystod y tridegau ac yn llif y mudiad ieuenctid newydd a feithriniwyd dan hwsmonaeth D. J. Morgan yn ystod y pedwardegau yr oedd dylanwad addysgwyr a wreiddiwyd yn niwylliant cynhenid y Cymry ar gynnydd. Ond yr oedd ymron i ddegawd i fynd heibio cyn y dechreuwyd cyfreithloni'r addysg honno o ddifrif. Yn 1949, penodwyd swyddog ifanc yn Llyfrgellydd y Sir. Yr oedd ganddo hedyn mwstard i'w blannu.

Pennod 13

Theatr Mary Lewis

Yn 1947, oherwydd prinder arian unwyd Llyfrgell Tref Aberystwyth a Llyfrgell y Sir. Apwyntiwyd Ivor Davies, gŵr a gredai y dylai llyfrgell weithredu'n endid dynamig o fewn y gymdeithas a wasanaethai, yn Brif Swyddog – teitl arwyddocaol am mai fe fyddai'r unig lyfrgellydd ar y pryd i fwynhau'r statws hynny yng Nghymru a Lloegr. Er mai yng Ngheredigion yr oedd ei wreiddiau yn Llundain y'i magwyd. Dyna pam, efallai, iddo sicrhau gŵr ifanc lleol i'w gynorthwyo yn y fenter o ddychmygu a datblygu gwasanaeth llyfrgellyddol newydd i Geredigion. Ei enw oedd Alun R. Edwards. Pan fu farw Ivor Davies yn annhymig, ddwy flynedd yn ddiweddarach, apwyntiwyd Edwards i'w swydd. Roedd yn ddeg ar hugain oed. Yn ôl ei hunangofiant yr oedd cadeirydd y panel – Syr William Davies, Llyfrgellydd Cenedlaethol Cymru – yn erbyn apwyntio gŵr oedd mor ifanc ac a oedd mor llafar ei farn hefyd. Ond nepotistiaeth gadarnhaol Addysg Anghydffurfiol a orfu. Safodd cynghorwyr llawr gwlad yn unfrydol o'i blaid a chafodd yr addysg a darddodd o ddiwygiad Llangeitho ŵr o filltir sgwâr gyfagos yn lladmerydd ac yn weithredwr uchel ei statws yng nghoridorau grym Cyngor Sir Aberteifi. Cyfyngedig oedd y grym hwnnw, wrth gwrs. Sir fach a sir dlawd oedd hi, yn enwedig yn ystod y blynyddoedd llwm wedi'r Ail Ryfel Byd. Yn y ffaith hon y sylweddolwn beth o arwyddocâd teitl ei hunangofiant: *Yr Hedyn Mwstard* – teitl a fenthycodd oddi wrth ddysgeidiaeth Iesu Grist...

Y mae teyrnas nefoedd yn debyg i hedyn mwstard... Dyma'r lleiaf o'r holl hadau, ond wedi iddo dyfu, ef yw'r mwyaf o'r holl lysiau, a daw yn goeden, fel bod adar yr awyr yn dod ac yn nythu yn ei changhennau.'[1]

Aderyn yn nythu ar ganghennau coeden mwstard Addysg Anghydffurfiol oedd Alun Edwards. Ond mae'n cyfaddef na fyddai ei weledigaeth oes i weddnewid sefyllfa cyhoeddi llyfrau Cymraeg wedi datblygu'n genhadaeth oni bai am ymagweddau heriol ambell i brifathro – gweithredwyr blaen-y-gâd Addysg Anghydffurfiol.

Cyn lledu gwasanaeth y llyfrgelloedd i'r hyn yw heddiw yr arfer oedd darparu blychau o lyfrau at ddefnydd ysgolion cynradd y sir. Ychydig cyn marw Ivor Davies cafodd fraw pan anfonodd Tom Stephens, prifathro Talgarreg, y blwch yn ei ôl. Ac yntau'n ymdrechu i ddarparu addysg gyfan-gwbl Gymraeg gwelai gynnwys y blwch un-iaith Saesneg yn fygythiad i hunaniaeth ei ddisgyblion. Yn ystod ei fisoedd cyntaf yn sedd y Prif Swyddog cafodd Alun Edwards sioc gyffelyb pan anfonodd Miss Herbert, Prifathrawes Swyddffynnon, flwch tebyg yn ei ôl â'r cyhuddiad ei fod '...yn euog o ladd holl archwaeth plant at ddarllen Cymraeg'. Ar gefn y drafodaeth yr oedd ysgolfeistr Talgarreg eisoes wedi'i chodi o fewn y gwasanaeth newydd aeth y cyhuddiad at galon Alun Edwards. Cyfaddefa...

---

[1] Mathew 13, 31-32

Bu hyn yn sioc ddirfawr i mi, a bûm yn gofidio a methu cysgu wrth feddwl y gallwn i gyfrannu tuag at farwolaeth y Gymraeg.[2]

Y canlyniad fu iddo gwestiynu pam yr oedd cyn lleied o lyfrau Cymraeg gan y llyfrgell i'w gosod yn y blychau. Roedd yr ateb yn syml: doedd fawr o neb yn eu hysgrifennu. Yn unol ag arfer gorau yr Ysgol Sul a dadleuon y cyrddau wythnos, arweiniodd ateb y cwestiwn cyntaf at raeadr o gwestiynau. Yn sgil y broses greadigol hon daeth Alun Edwards â chynnig gerbron Pwyllgor Addysg Sir Aberteifi i sefydlu Pwyllgor Llyfrau Cymraeg i'r sir – pwyllgor a ddatblygai'r gallu, maes o law, i brynu llyfrau newydd ar gyfer ysgolion y sir ac i hyfforddi a chomisiynu awduron i'w hysgrifennu. Mae'n hynod bwysig sylwi ar yr hyn a gyflawnodd protest yr athrawon ac ymateb cadarnhaol y Prif Swyddog Sirol. Pwysig hefyd yw nodi mai trafodaeth gignoeth o fewn cylch o addysgwyr Anghydffurfiol – cylch o gyd-ddealltwriaeth ddiwylliannol – a drodd sefyllfa negyddol yn sefyllfa greadigol o ran y Gymraeg.

Oherwydd cyfyngder y farchnad lyfrau Cymraeg prin oedd cynnyrch y tair gwasg a oedd yn dal mewn bodolaeth a phrinnach fyth oedd yr awduron. Effaith ymyrraeth greadigol Alun Edwards oedd torri'r cylch dieflig hwnnw. Maes o law, ac yn nannedd sawl storm o anlwc a gwrthwynebiad, tyfodd dwy goeden a wireddodd ddameg yr Hedyn Mwstard: y tŷ cyhoeddi cydweithredol, Cymdeithas Lyfrau Ceredigion cyf. a'r sefydliad cenedlaethol, Y Cyngor Llyfrau Cymraeg. Erbyn heddiw, y mae newyn llyfrau Cymraeg ganol y ganrif ddiwethaf yn bennod anghysurus, ond digon pell, yn ein hanes.

---

[2] *Yr Hedyn Mwstard* – Alun R. Edwards – Gwasg Gomer – Llandysul, 1980

Ddechrau'r pumdegau, wrth gofnodi'r cyfarfod tyngedfennol o'r Pwyllgor Addysg a neilltuodd £2,000 y flwyddyn o'i arian prin i ddod â'r Pwyllgor Llyfrau Cymraeg i fodolaeth, dywedodd Alun Edwards fod nifer o'r cynghorwyr wedi dweud wrtho bod y digwyddiad fel 'cwrdd Diwygiad' a bod eraill fyth yn cyfeirio ato '...fel rhyw Ddaniel Rowland, Llangeitho, yn rhoi tân yn y cyfarfod.'[3]

Y mae delweddau o'r fath yn hynod arwyddocaol. Nid gormodiaith oedd eu defnydd ar y gair 'diwygiad'. Dan arweiniad swyddog o angerdd a gweledigaeth magodd y pwyllgorwyr ddigon o hyder i ddyrchafu statws addysg eu hunaniaeth gyfuwch â statws addysg y wladwriaeth. Nid buddugoliaeth i'r iaith Gymraeg yn unig oedd yr eiliad honno. Roedd hi'n fuddugoliaeth o bwys i'r diwylliant Cymraeg yn gyffredinol ac i Addysg Anghydffurfiol yn benodol. Yn y bôn roedd hi'n fuddugoliaeth i egwyddor y Lles Cymdeithasol. Gan gofio holl-bresenoldeb y ddrama o fewn cyd-greadigrwydd llawr gwlad roedd hi'n benderfyniad o bwys i theatr y werin hefyd.

Tra'r oedd Alun Edwards yn adeiladu llwyfan i ddiwylliant y Gymraeg ar lawr Pwyllgor Addysg y Cyngor Sir yr oedd eraill yn sicrhau iddo le canolog yng nghynlluniau a gweithgareddau corff newydd a oedd i warchod a datblygu cefn gwlad. Yr aelod seneddol Roderick Bowen Q.C. a lywyddodd y cyfarfod, ym 1949, i greu y *Cardiganshire Rural Community Council (Affiliated to the Council of Social Services for Wales and Monmouthshire)*. Pan gynhaliwyd y cyfarfod llawn cyntaf, ym mis Chwefror, 1953 – a hynny yn Neuadd y Sir, Aberaeron – Cyngor Gwlad Ceredigion oedd yr enw bedydd ac...

---

[3] ibid

Ar gynigiad Olifer Williams, penderfynwyd cadw'r cofnodion a'u darllen yn yr iaith Gymraeg.[4]

Athro ysgol oedd Olifer Williams wrth ei fywoliaeth. Ond nid ei swydd ddyddiol a roddodd iddo'r llwyfan o hyder i fentro'r cynnig hwn. Ei statws o fewn cyfanfyd Addysg Anghydffurfiol oedd i gyfrif. Canys Olifer Williams oedd cynhyrchydd a phrif symbylydd Cwmni Drama Llanbedr Pont Steffan – etifedd bwrlwm drama holl gapeli'r dref ac un o gwmnïau mwyaf egnïol y ddau ddegawd wedi'r rhyfel. Daw nod y cyngor yn glir wrth ddarllen ymffrost Roderick Bowen yn ei ragair i'w adroddiad blynyddol cyntaf (1953–54)...

Mae'r Cyngor bellach yn fath o asgwrn cefn i gymdeithasau sy'n hyrwyddo'r diwylliant a'r diwydiannau gwledig.[5]

Mewn partneriaeth â Sir Benfro cyflogai'r cyngor swyddog a ddarparai wasanaethau cynghori ac hyfforddi ar gyfer y diwydiannau gwledig. Er enghraifft, wrth i rwydwaith y byrddau trydan gyrraedd cefn gwlad Ceredigion cafodd y swyddogion wres eu traed yn cynghori seiri a masiyniaid parthed yr offer newydd a fyddai o fudd iddynt ynghyd â sut i'w trin a'u trafod. Erbyn canol y pumdegau cynorthwyo gwragedd fferm i ddatblygu systemau costio a chyfrifo oedd y brif alwad ar eu hamser. Perthynai'r ymatebion pragmatig hyn yn agos i'r consyrn a nodwyd yn niweddglo adroddiad y flwyddyn gyntaf, sef:

---

[4] *Adroddiad Blynyddol Cyngor Gwlad Ceredigion, 1953–54* – Archifdy Ceredigion
[5] ibid

'...bod y Cyngor Gwlad yn effro i broblem y dylifiad o ardaloedd gwledig y Sir'.[6]

Ceisio cau'r bwlch rhwng cefn gwlad a'r ddinas trwy ei gwneud hi'n bosibl i fusnesau fanteisio'n llawn ar freintiau moderniaeth oedd ymateb y panel diwydiannol. Tybed ai dyhead tebyg oedd wrth wraidd cenhadaeth y panel drama hefyd wrth iddo sefydlu cyrsiau penwythnos a gweithdai undydd i...

...[g]efnogi a chynorthwyo cynhyrchwyr ieuainc yn y sir [a] ...[ch]eisio rhoi arweiniad a chymorth i gwmnïau sydd mewn bodolaeth eisoes.[7]

Cyn-ddarlithydd yn Ngholeg Hyfforddi Abertawe oedd Mary Lewis, cadeirydd y panel. Yn enedigol o Lanllwni, ym 1939 priododd â David Lewis, un o frodyr Gwasg Gomer, Llandysul ac ar ei dyfodiad i'r dre daeth ei hawydd i addysgu yr un mor amlwg â'i hawydd i greu. Yn ôl patrwm a oedd yn gyffredin yng nghefn gwlad yr oedd nosweithiau chwarae drama yn rhan o galendr penodol y dref. Nos Nadolig, Cwmni Capel Seion oedd â'r llwyfan. Nos Galan, Cwmni Capel y Graig. Wedi tynnu ynghyd gwmni eciwmenaidd o berfformwyr ar ddiwedd y pedwardegau ychwanegodd ddyddiad newydd at y calendr: nos Calan Hen:[8] noson Cwmni Drama Llandysul.

Dewisai aelodau ei chwmni yn ofalus. Creu *ensemble* oedd ei nod – casgliad o unigolion o'r dre a'r pentrefi cyfagos a ddeuai'n gwmni o chwaraewyr yn sgil eu parodrwydd i fod

---

[6] ibid
[7] ibid
[8] 12 Ionawr – dyddiad sy'n dystiolaeth i'r flwyddyn yr ail-safonwyd calendr y byd gorllewinol (1752). Cofnodir yr hen ddydd calan hwn ddiwrnod yn hwyrach yng Nghwm Gwaun, Sir Benfro.

yn gwmni o ddisgyblion. Mary Lewis oedd eu Gamaliel. Yn
ddiau rhoesai ei chefndir ym myd addysg uwch iddi lwyfan
o hyder. Ond yr hyn a'i codai uwch ben trwch y
cynhyrchwyr – boed yn bobl addysg uwch neu beidio –
oedd difrifoldeb unplyg ei harweinyddiaeth. Wedi priodi ac
ymsefydlu yn nhref Llandysul y cwmni drama bellach oedd
ei choleg; actorion ei chwmni oedd ei myfyrwyr. Ond nid
dyma eithaf cylch ei haddysgu. Ymestynnai ei chenhadaeth
y tu hwnt i'w chwmni. Cynhwysai'r gynulleidfa os nad, yn
wir, y gymdeithas gyfan, o fewn dalgylch ei chonsyrn.
Dywed y rhaglen hyfforddi ac addysgu a ddarparodd Mary
Lewis trwy gyfrwng Panel Drama Cyngor Gwlad
Ceredigion wrthym mai 'merch' Idwal Jones ydoedd. O ran
ei gallu a'i hegni creadigol roedd hefyd yn 'gymar' naturiol
i allu ac egni gwleidyddol Alun R. Edwards. Yn ei
huchelgais addysgol-artistig gwelir ymddangosiad amlinell
rithiol gyntaf Theatr Felin-fach. Gwelir hefyd ffurfio
dolenni newydd ar beirianwaith theatr y gweithwylwyr.

Ddiwedd y tridegau cychwynnodd cwmni drama
mwyaf diwyd siroedd y gorllewin ar ei daith. Cwmni
Drama'r Pwll[9] oedd yr enw ffurfiol; Cwmni Edna Bonnell
ar lafar gwlad. Yn ystod blynyddoedd y rhyfel cyfrannodd y
wraig o Lanelli a'i chwmni yn eithriadol o helaeth at
fwrlwm y diwylliant yng nghadarnleoedd y Gymraeg. Yr
oedd y tacsi a gludai'r cwmni ar daith dair gwaith yr
wythnos trwy fisoedd y gaeaf a'r gwanwyn. Blacowt neu
beidio, anturiai'r actorion i berfeddion cefn gwlad i gadw
oed â'u cynulleidfa ddisgwylgar. Yn Nhalgarreg, lle'r cwmni
oedd disgwyl y gynulleidfa a hynny am mai diweddglo
diwrnod o wledda cymdeithasol oedd y ddrama yn y
neuadd. Sioe amaethyddol y pentref oedd cwrs cyntaf y
dydd. Rasys ceffylau hwyr y prynhawn oedd yr ail. Drama

---

[9] un o gymdogaethau Llanelli

Edna Bonnell oedd y trydydd cwrs – cwrs na fyddai'r gynulleidfa yn barod ar ei gyfer tan ddeg o'r gloch y nos, yn ôl pob sôn.[10] Yn ei chofiant byr i Gwmni Drama'r Pwll[11] mae'r Dr Bethan Clement hefyd yn cwestiynu cywirdeb sylw J. Ellis Williams parthed effaith yr Ail Ryfel Byd ar y ddrama Gymraeg. Y mae cof gwlad ynghyd â memorabilia teuluol yn tystio i ddiwydrwydd Edna a'i hactorion barhau am ddeng mlynedd a rhagor wedi diwedd yr ymladd. Yn ystod ei blynyddoedd olaf daeth Edwina Bartley – un o brif actorion y cwmni – i fyw at ei merch, Kay Pascoe, yn Aberaeron. Wrth gofio ei dyfodiad medd Kay...

Unwaith daeth henoed yr ardal hon i ddeall pwy oedd Mam – ei bod hi'n un o gwmni Edna Bonnell – roedd hi'n cael ei thrin fel *celebrity*; does dim gair arall amdani.'[12]

Mae'r dystiolaeth anecdotaidd hon yn atgyfnerthu'r ddamcaniaeth bod y ddrama yn ddynameg gymdeithasol gref yng nghymdogaethau gwledig y gorllewin yn ystod yr Ail Ryfel Byd, ac am flynyddoedd wedi hynny. Ond mae perthynas y wraig o Lanelli â'r ddynameg honno yn wahanol i berthynas y wraig o Landysul â hi. Yn ei ddrama *Buchedd Garmon* (1937) mae Saunders Lewis yn crynhoi argyfwng oesol cynaliadwyaeth y diwylliant (Cristnogol) Cymraeg yn y geiriau...

Canys arnom ni
Disgynnodd dydd yr amddiffyn,
Dydd y ddeublyg amddiffyn,
Dydd adeiladu'r Gristnogaeth a chadw'r ffin.[13]

---

[10] Cyfweliad â Mererid Reeves, Talgarreg, 22 Mai, 2009
[11] Cyhoeddiad preifat a gafwyd trwy law Kay Pascoe, Aberaeron
[12] Cyfweliad â Kay Pascoe, Aberaeron, Gorffennaf, 2011
[13] *Buchedd Garmon* – Saunders Lewis – Gwasg Aberystwyth, 1937

Yn ei gweithredu disgybledig, ymroddedig a diflino 'cadw'r ffin' a wnâi Bonnell: cynnal y llif trwy wythiennau'r diwylliant; cynnal cyswllt dynameg y ddrama â chelloedd y gymdeithas. Yn ei chwestiynu ar angen a photensial ei chwmni a'i chynulleidfaoedd roedd Mary Lewis yn 'adeiladu' yn ogystal â chynnal. Cyffroi. Treiddio. Geni o'r newydd oedd ei nod.

Yn ôl y dadansoddwr ar weithredu di-drais, Gene Sharp...

The ability of the participants to face repression will be very significantly increased if they constantly feel that they are part of a much larger movement which gives them, personally, support and strength to carry on.[14]

Y mae cynaliadwyaeth gwladwriaethau di-wladwriaeth fel eiddo'r Gymraeg yn llwyr ddibynnol ar yr ymdeimlad hwn. Trwy eu hactau cyson o berfformio cyflawnodd cwmni Edna Bonnell, a gweddill cwmnïau gwladwriaeth Addysg Anghydffurfiol, y gymwynas enfawr o 'gadw'r ffin' – ffaith a haedda barch a diolch y Gymru sydd ohoni. Wrth gofnodi sefydlu Cymdeithas Alawon Gwerin Cymru gan J. Lloyd Williams, ar droad yr ugeinfed ganrif, dywed Phyllis Kinney mai llugoer oedd ymateb nifer o gerddorion proffesiynol y genedl.

They even asserted that the modal tunes had been wrongly remembered and sung, and should not be published until they had been 'corrected' by a competent musician.[15]

---

[14] *The Dynamics of Nonviolent Action (The Politics of Nonviolent Action, Part Three)* – Gene Sharp – Porter Sargent Publishers, Boston, 1973
[15] *Welsh Traditional Music* – Phyllis Kinney – Gwasg Prifysgol Cymru, Caerdydd, 2011

Teg yw cwestiynu cyfyngderau 'modal tunes' Edna Bonnell a'i chwmni. Ond llwyr amhriodol yw drysu ffrâm ei llwyfan â ffrâm ei huchelgais. Os oedd y naill yn gyfyng yr oedd y llall yn cyrraedd hyd at galon y diwylliant. Canys yr oedd trefn cydymfuddsoddol Addysg Anghydffurfiol wedi plannu yn ddwfn ynddynt yr ymwybyddiaeth fod yr ymdrech o greu, creu a chreu drachefn yn sail hanfodol ar gyfer galluogi'r Lles Cymdeithasol i gadw'r ffin rhyngddo a thrachwant y Lles Llywodraethol.

Cynnyrch bwrlwm Addysg Anghydffurfiol oedd Cwmni Drama'r Pwll. Erbyn y pumdegau, er iddynt lwyddo i gynnal patrymau o weithredu a warchodai *fythos* y 'mudiad eang', yr oedd ffynhonnell y bwrlwm – yr eglwysi Anghydffurfiol – dan warchae. Gyda chrud ei chreadigrwydd yn troi'n wely angau, dechreuodd rhith y gymdeithas Gymraeg gyflawn ymddangos yn frawychus o frau. Dyfalbarhau oedd ymateb dewr a didwyll Edna Bonnell a'i thebyg; cadw'r ffydd er cadw'r ffin – ymateb y mae'r dosbarthiad amatur/proffesiynol yn gwbl anaddas i'w ddisgrifio.

Ond, er y gwrhydri, gwyddai Mary Lewis, megis Alun R. Edwards, nad oedd hynny yn ddigon.

The play that makes demands of its audience, both of an emotional and interpretive nature, becomes a source of freedom, necessarily hard won.[16]

Dramodydd a chyfarwyddwr o Loegr, Howard Barker, yw awdur y geiriau hyn. Cyfansoddodd hwy wrth gwestiynu priod waith theatr ei wlad yn sgil teyrnasiad Margaret Thatcher. Bymtheg mlynedd ar hugain ynghynt, wrth i fyth consiwmeriaeth *'You've never had it so good'* y

---

[16] *Arguments for a Theatre* – Howard Barker – John Calder (Publishers) / Manchester University Press, 1989/1993

pumdegau ddechrau herio myth cynhaliol diwylliant y Gymraeg, deallodd Mary Lewis trwy reddf nad oedd bodloni chwant chwaraewyr a chynulleidfa yn ddigonol. Yr oedd angen buddsoddi ynddynt. Yr oedd angen eu harfogi. Yr oedd angen ennill ac ad-ennill eu rhyddid creadigol. Tra bod *Blodeuwedd*, Saunders Lewis (1949) yn gosod y ddrama Gymraeg ar lwyfan Ewrop, gosod Ewrop ar lwyfan y ddrama Gymraeg oedd cenhadaeth Mary Lewis.

Gweithiau'r Ffrancwr Jean Anouilh oedd ei phrif arf i'r perwyl hwn. Gyda'i chwmni yn Llandysul aeth â'i chyfieithiad o'i ddrama *Le Voyageur Sans Bagage* (*Teithiwr Heb Bac*) at gynulleidfaoedd ym Mhontgarreg a Thal-y-bont, Penrhiwllan a Phontyberem, Caerfyrddin a Chrymych. Tra'n adeiladu ei chynulleidfa ymhelaethodd ei llwyfan drwy ychwanegu gwaith Bernard Shaw (*St Joan*) a J. B. Priestley (*When We Are Married/Dedwydd Briodas*) at repertoire ei chwmni. Adeg sefydlu Panel Drama Cyngor Gwlad Ceredigion gwelai Mary Lewis gadarnleoedd y ddrama ar draws siroedd y gorllewin yn etholaeth o botensial – o ran eu chwaraewyr a'u cynulleidfaoedd. Buddsoddodd ei hegni yn yr uchelgais o adeiladu yn ogystal â chadw. Ochr yn ochr ag Alun R. Edwards, sicrhaodd Mary Lewis bod y gallu cyd-greadigol a waddolwyd gan Addysg Anghydffurfiol yn sefyll wrth fôn y 'wladwriaeth' Gymraeg ar yr union adeg yr oedd y capeli – ei phwerdai creiddiol – yn colli nerth eu cyd-ddychymyg.

Sail y llwyddiant tyngedfennol hwn ar ran Mary Lewis a'i chyd-arweinwyr oedd hyfywedd y ddrama yng Ngheredigion y pumdegau. O 1953 hyd at 1959 y Panel Drama oedd panel mwyaf cynhyrchiol Cyngor Gwlad Ceredigion, a hynny o hen ddigon. Flwyddyn ar ôl blwyddyn ymddiheuro a wnâi'r Panel Cerddoriaeth am brinder y cyfarfodydd a gynhaliwyd. Bach iawn a gyflawnwyd ganddo trwy gydol y degawd er gwaethaf (neu

Fel cynhyrchydd a chyfieithydd dramâu y daeth Mary Lewis i amlygrwydd. Ond, yn Nyffryn Teifi, mae'r cof am ei phortread o'r Frenhines Victoria - yn y pasiant mawr a gynhyrchwyd ganddi adeg coroniad 1953 – yn dal yn fyw iawn.

Dan arweiniad Mary Lewis, cyflwynodd Cwmni Drama Llandysul ddramâu Ewropeaidd cyfoes i gynulleidfaoedd y gorllewin. Dyma'r cynhyrchydd yn eistedd yng nghanol actorion Teithiwr heb Bac (Jean Anouilh, cyfieithiad J. Ifor Davies).

167

oherwydd, efallai) ei arwain o gadair cerdd coleg y Brifysgol yn Aberystwyth. Ond o'i chadair o flaen llwyfan y ddrama Gymraeg bu i Lewis gyfarwyddo datblygiadau pellgyrhaeddol o ran y diwylliant cynhenid. Ar wahân i'r cyrsiau undydd a phreswyl a ganolbwyntiai ar grefft yr actor ceisiwyd ysgogi sefydlu cwmnïau newydd trwy gyfrwng gwyliau drama. Ceisiwyd ysgogi dramodwyr newydd hefyd. Ym 1954–55 er enghraifft, cynhaliwyd cystadleuaeth ysgrifennu drama grefyddol a feirniadwyd gan yr addysgwr a'r dramodydd David Matthew Williams.[17] Noda'r adroddiadau blynyddol hefyd i'r panel gydweithio â Phwyllgor Cymreig Cyngor y Celfyddydau – corff newydd a sefydlwyd yn sgil yr Ail Ryfel Byd – er hyrwyddo perfformiadau yn Neuadd Goffa Aberaeron gan chwaraewyr proffesiynol. Diddorol yw nodi mai 'siomedig' oedd y gynulleidfa ar gyfer *Hamlet*, William Shakespeare, ym mis Mawrth, 1955 ond fod '...y neuadd yn orlawn'[18] ar gyfer *Gymerwch Chi Sigaret*, Saunders Lewis, flwyddyn yn ddiweddarach. Hyrwyddo yr un uchelgais addysgol-greadigol ar ran y theatr gynhenid oedd cyfiawnhad Mary Lewis dros yr agwedd hon ar waith y panel.

Y flwyddyn ddilynol, cyhoeddwyd bwriad y cyngor i gomisiynu gwaith newydd gan awduron newydd i'w perfformio gan gwmni sirol newydd. Maes o law, y polisi hwn a gododd yr ysgolfeistr J. R. Evans o fod yn sgriptiwr rhan amser[19] i fod yn awdur dramâu a geisiai arbrofi'n gyson â ffurf ac a chynnwys. Bu ei ddramâu byrion yn fodd effeithiol i rai o gwmnïau'r Ffermwyr Ifainc ollwng eu gafael ar gegin ffarm dramâu'r tri a'r pedwardegau.

---

[17] *Y Mudiad Drama yng Nghymru, 1880–1940* – Ioan Williams – Gwasg Prifysgol Cymru, Caerdydd, 2006
[18] *Adroddiad Blynyddol Cyngor Gwlad Ceredigion 1954–55/1955–56* – Archifdy Ceredigion
[19] ar gyfer rhaglenni plant gwasanaeth radio'r BBC yng Nghymru

Ddegawd yn ddiweddarach, ef hefyd oedd awdur *Twm Sion Cati* – y sioe a osododd y sail ar gyfer genre newydd i'r theatr Gymraeg: pantomeim Felin-fach.

O holl weithgareddau Mary Lewis, dan faner Panel Drama Cyngor Gwlad Ceredigion, codi cwmni newydd o chwaraewyr – cwmni sirol a weithredai yn ganolbwynt ymarfer ar gyfer ei gweledigaeth ddyrchafol – oedd ei chyfraniad pwysicaf. Drama fer o law un o brif awduron y sir – James Kitchener Davies – oedd cynhyrchiad cyntaf 'Cwmni Drama Ceredigion'. Llwyfannwyd cynhyrchiad Mary Lewis o *Y Tri Dyn Dierth* yng Ngŵyl Ddrama Genedlaethol Cymru yn Y Drenewydd ym 1956 yn deyrnged i'r dramodydd a fuasai farw'n annhymig, bedair blynedd yn gynharach. Ar gefn y perfformiad hwnnw derbyniodd y cwmni wahoddiad i gynnal dwy noswaith o weithiau Kitchener Davies yn Eisteddfod Genedlaethol Aberdâr yn 1956. Ail-lwyfannwyd *Y Tri Dyn Dierth* a chyflwynwyd fersiwn o'i bryddest radio *Sŵn y Gwynt Sy'n Chwythu* – gwaith olaf oll yr awdur – ynghyd a'i gampwaith *Meini Gwagedd*.

Drama a dafla garreg ddi-dostur drwy ffenestr rhamantiaeth y gymdeithas wledig Gymraeg yw *Meini Gwagedd*. Yn dilyn llwyfaniad prin ohoni yn 2007 syfrdanwyd y beirniad, Lyn Lewis Dafis, gan eithafiaeth ei nihilistiaeth. Meddai...

Mae'n anodd credu fod y dramodydd wedi llwyddo i greu gwaith sydd mor unffurf o dywyll a diobaith.[20]

Ar ganol y pumdegau arwydd o ddyfnder, didwylledd a dewrder creadigol Mary Lewis oedd iddi – wrth lwyfannu

---

[20] *Dogfael* – blog Lyn Lewis Dafis yn dilyn perfformiad Theatr Gydweithredol Troedyrhiw, Ionawr, 2007

Meini Gwagedd – ddefnyddio'r rhyddid a roddwyd iddi ar lwyfan cenedlaethol nid i foddhau ond i gwestiynu; i gwestiynu cynulleidfa a chwaraewyr yn ddi-wahân; i gwestiynu hi ei hunan; i gwestiynu natur y theatr Gymraeg; i gwestiynu, trwy bersbectif cymdeithasol, hunaniaeth y Cymry.

Rhyw ddegawd yn ddiweddarach ymrwymodd y cyfarwyddwr Pwylaidd, Jerzy Grotowski, ei egni creadigol i herio theatr sefydledig y gorllewin wrth ymwrthod â boddhau a dechrau cwestiynu. Wrth wraidd ei aflonyddwch roedd ei awydd i leoli theatr yn y presennol; i wneud iddi

'...gyfosod ein gwreiddiau wyneb yn wyneb a'n hymddygiad presennol a'n stereoteipiau.'

Byddai'r gyfryw theatr yn genedlaethol, meddai, am ei bod yn '...ymchwiliad didwyll ac absoliwt i'r hunan hanesyddol.' Ar yr un pryd byddai'n

'...realistig am ei bod yn all-lifiad ar wirionedd; yn gymdeithasol am ei bod yn her i'r bod cymdeithasol, y gwyliwr.'[21]

Gwneud y theatr yn dlawd – ei dihatru o wisgoedd, peiriannau a thrugareddau drudfawr y *regular theatre* – oedd cam cyntaf Grotowski tuag at ei hail-rymuso. Megis theatr y beirdd a'r cyfarwyddiaid a theatr ôl-ddramataidd y chwyldroadau gynt, gorfodi ei gwneuthurwyr a'u gwylwyr i gymundod cyd-ddychymyg oedd ei nod. Yr oedd y theatr y gweithredai Mary Lewis ynddi yn dlawd o ran natur yn

---

[21] *Towards a Poor Theatre* – Jerzy Grotowski – Simon and Schuster, Efrog Newydd, 1968

gymaint ag o egwyddor. Am mai o egalitariaeth radical y tarddodd ac nid o hierarchaeth gyfalafol ni pherthynai iddi lwyfannau ysblennydd na thrugareddau senograffig rhwysgfawr. Meddai ei theatr hefyd ar gynneddf yr oedd ymchwil y Labordy Theatr yn Opole, Gwlad Pwyl, yn anelu at ei hail-ddarganfod: cydymdreiddiad y gwylwyr a'r gweithredwyr. Er gwaethaf ymdrechion cydymffurfwyr *bourgeousie* newydd y Gymraeg i 'ddiwyllio'r' Cymry daliai'r ddynameg greiddiol hon yn fyw ar lawr gwlad theatr y werin. O gofio persbectif Ewropeaidd ei dramaẅriaeth nid yw ymwybyddiaeth Mary Lewis o'r ymarfer a'r ymchwil a oedd yn codi yno yn annhebygol. Yr hyn sydd y tu hwnt i amheuaeth yw mai ymwybyddiaeth gyflawn o'r potensial a orweddai o fewn i theatr annatblygedig y werin oedd wrth wraidd ei hymarfer a'i hymchwil hithau. Yn bennaf oll, gwyddai cystal â Grotowski mai sefydlu 'ymwybyddiaeth [gymdeithasol] seciwlar'[22] oedd anghenraid yr oes ôl-grefyddol oedd ohoni.

---

[22] ibid

Pennod 14

Y Theatr Annibynnol

Erbyn 1956, prin ddwy flynedd ers ei sefydlu, yr oedd Panel Drama Cyngor Gwlad Ceredigion, dan arweiniad Mary Lewis, yn magu momentwm creadigol o bwys. Yn dilyn y perfformiadau yn yr Eisteddfod Genedlaethol perfformiwyd *Meini Gwagedd* yn Nhrealaw, Cwm Rhondda ac yn Llandysul. Cafwyd perfformiad arbennig, dan nawdd y panel, o'r ddrama *Teithiwr Heb Bac* gan Gwmni Llandysul yn nhref Llambed. Cynhaliwyd dau gwrs drama un-dydd: un ar gyfer Sefydliad y Merched yng Ngheredigion a'r llall yn weithdy agored yng Nghanolfan yr Urdd, Aberystwyth. Yn ystod yr un flwyddyn cofnodir bod cwmnïau lleol yn chwilio am ddramâu newydd. Aeth y panel ati i drefnu bod sgriptiau nad oedd ar glawr a chadw yn cael eu cyhoeddi ar lun teipysgrif ar eu cyfer. Yn ddiau, o'r ddeialog hon â chanolfannau creadigol y theatr gysefin ar draws y gorllewin y cododd y sylweddoliad fod angen meithrin ysgrifenwyr newydd – ysgrifenwyr a fyddai'n ymateb i'r potensial yr oedd cynyrchiadau Mary Lewis yn ei amlygu. Pe na bai'r holl weithredu uchod yn ddigon, erbyn mis Hydref, 1956 yr oedd Cwmni Ceredigion ar ei ffordd i Langefni – i'r Ŵyl Ddrama Genedlaethol. Roedd ganddynt gynhyrchiad newydd i'w gynnig, drama 'dywyll' arall: *Antigone* – triniaeth Anouilh o'r chwedl Roegaidd – drama sydd yn dyrchafu hunanaberth yr arwres wrth iddi wrthod cydymffurfio â chyfundrefn o rym a moesau estron. Ysgrifennwyd y ddrama ym 1942 ond gwaharddwyd ei pherfformio yn Ffrainc gan y Natsïaid, goresgynwyr y wlad. Yn ôl Adroddiad Blynyddol 1956–57 cafwyd 'clod mawr iawn' i'r cynhyrchiad. Cafwyd ymateb yr un mor werthfawrogol gan gynulleidfaoedd Aberaeron, Aberystwyth, Llambed, Llandysul ac Eisteddfod Genedlaethol Glyn Ebwy, 1958. Yr oedd coleg drama Addysg Anghydffurfiol Mary Lewis yn ymbrifio yn ei hyder ac yn ehangu yn ei ddylanwad, ond ni chafwyd y llwyddiant hwn heb gost bersonol iddi hi. Wrth i'r pumdegau ddirwyn tua'r terfyn yr oedd gafael arteithiol y crydcymalau gwynegol yn tynhau am ei chorff. Achosodd creulonderau'r clefyd iddi arwain ei sesiynau gwaith o gadair ar ganol llawr y neuadd ymarfer. Pa ryfedd i'w chynhyrchiad o ddrama Anouilh fod mor rymus. Roedd dioddefaint Antigone, ym mhob ystyr, ym mêr ei hesgyrn.

Yng Ngheredigion y pumdegau, felly, trwy stiwardiaeth dosbarth newydd o arweinwyr yr oedd patrwm newydd o gydymfuddsoddi diwylliannol yn datblygu dan faner Addysg Anghydffurfiol. Tra'r oedd Panel Drama'r Cyngor Gwlad yn adeiladu tua'r dyfodol yr oedd cwmnïau drama llawr gwlad y diwylliant yn 'cadw'r ffin'. Nid dwy radd ddigyswllt – ar lun theatr broffesiynol/amatur y drefn Brydeinig, hierarchaidd – oeddynt ond dau gylch a weithredai o fewn un cylch holl gynhwysol a chyd-weithredol theatr y werin. Rhwng y cylchoedd rhedai sianelau organig-gyfrin osmosis diwylliannol. Gwaith Mary Lewis a'i disgyblion o arweinwyr oedd cynnal a datblygu iechyd a ffitrwydd y corff Aristotelaidd hwn.

Y chwaraewyr canolog ym mharhad y beirianwaith

gynhaliol oedd y gwŷr ac, yn fwyfwy bellach, y gwragedd o ddysg. Yn unol â'r patrwm a sefydlwyd wedi'r Rhyfel Mawr, parhau i symud yn 'dymhorol' a wnâi'r athrawon, y gweinidogion a'r ffeiradon – gwenyn y ddrama a'r diwylliant Cymraeg – ar ddiwedd yr Ail Ryfel Byd. Ddechrau'r pedwardegau, creodd apwyntiad David Beynon yn brifathro ar Ysgol Beulah ganolbwynt newydd o egni i'r ddrama yn ne'r sir. Yn ôl y patrwm y sylwyd arno eisoes, yn ystod y dydd canolbwynt o ddysgu ffurfiol ar gyfer milltir sgwâr digon cyfyng oedd yr ysgol. Gyda'r nos, fodd bynnag, trawsnewidiai Ysgol Beulah i fod yn ysgol eang ei dylanwad. Ffurfiai'r addysg a gynhyrchid ynddi yn 'nosbarthiadau' yr ymarfer drama sail i wasanaeth cydymaddysgol a gyfoethogai cymdogaethau o ucheldiroedd Dyffryn Teifi hyd at odreon Dyffryn Tywi; o Ddyffryn Aeron i Fro'r Preselau. Ynghyd â chwmnïau Dan Matthews, Edna Bonnell, Tyngwndwn a Mary Lewis, o fewn dim o amser daeth cwmni 'Beynon Beulah' yn gyfystyr â'r ddrama i drigolion y parthau hyn ac mae gwaddol ei gydymfuddsoddi i'w weld yng ngweithgareddau llwyfan Clybiau Ffermwyr Ifainc Bryn-gwyn a Throedyraur yn ogystal â pherfformiadau teithiol Cwmni Bryn Mair, Aberporth, hyd y dwthwn hwn.

Sylwyd mewn pennod flaenorol ar y tarfu creadigol a achosai symudoledd Dafydd Roberts o fewn y sir. Ond ni sylwyd ar led yr ymchwydd creadigol a ddigwyddodd pan ddaeth yn brifathro Ysgol Bwlch-llan, ym mharth Methodistaidd Dyffryn Aeron. Ysgol fechan oedd yn ganolbwynt i gymdogaeth fechan oedd Bwlch-llan. Ond, o fewn dim i'w gyrraedd, ffurfiodd yno nid yn unig Gwmni Drama Bwlch-llan ond Parti Noson Lawen Blodau'r Grug hefyd. Ychwanegodd y cyffro hwn at gyd-greadigrwydd theatr y werin yng nghanolbarth y sir. Trwy gyfrwng yr egni ychwanegol sefydlwyd gŵyl ddrama newydd yn

Llangeitho. Yn ei thro ysgogodd yr ŵyl godi tri chwmni ym mhentref Llanddewi Brefi ynghyd â bwrlwm o'r newydd yng nghwmnïau Llangeitho a chapel Y Berth, ger Tregaron. Gŵyl Ddrama Llangeitho hefyd fu'n gyfrifol am gynnig llwyfan ehangach i un o gwmnïau drama cyntaf mudiad y Ffermwyr Ifainc yng Ngheredigion, Cwmni Llwynpiod. Ymffrost balch aelodau'r cwmni oedd mai nhw a berfformiodd *premiere* drama Eic Davies – *Dim Ond Ei Fod E* – a hynny yn yr ŵyl yn Neuadd Llangeitho. Yn ystod dwy flynedd olaf yr Ail Ryfel Byd a'r blynyddoedd o gyni a'u dilynodd bu'r ŵyl ddrama yn ganolbwynt cydymfuddsoddol holl bwysig ym mharhad y diwylliant Cymraeg ym mro Caron. Er mai theatr o ddwysedd a phryd a gwedd go wahanol oedd theatr yr ŵyl ddrama, yng nghyd-guriad ei chalon yr oedd dwndwr theatr Boanerges[1] yn adlais pell ond parhaus. Pa ryfedd, felly, mai o'r ganolfan hir-ffyniannus hon i Addysg Anghydffurfiol yr anturiodd bws chwedlonol Marie James[2] a Pharti Stag's Head i bob cwr o Gymru ar ddechrau'r pumdegau. Cwmni Noson Lawen oedd Parti Stag's Head. Ond yn nwysedd ei greadigrwydd, ei wreiddioldeb a'i grefft cyfrannodd y cwmni yn sylweddol at yr ymdrech i adeiladu'r diwylliant yn ogystal â chadw'r ffin.

Un ymhlith nifer o ysgogwyr diwylliannol y fro yn nhridegau a phedwardegau'r ganrif ddiwethaf oedd Dafydd Roberts, Bwlch-llan. Ond fel yn achos David Beynon yn ne'r sir roedd yr egni a'r syniadau newydd a ddaeth gyda'i ddyfodiad yn enghraifft neilltuol o

---

[1] Boanerges (Mab y Daran): enw poblogaidd ar Daniel Rowland. Ym Marc 3, 17 defnyddia Iesu yr enw wrth gyfeirio at Iago a Ioan.

[2] Postfeistres Llangeitho, cynghorydd sir, darlledwraig, arweinydd cymdeithasol a mentergarwraig ddiwylliannol o'r radd flaenaf. Am wybodaeth bellach gweler ei chofiant: Marie James, gol. Myrddin ap Dafydd – Gwasg Carreg Gwalch, Llanrwst, 1997.

bwysigrwydd y patrwm o groes-ffrwythloni rhwng bro a bro – proses a oedd yn sicrhau ymdreiddiad egni a syniadau newydd i *stamen* cenhedlig y diwylliant. Yr ymyrru tymhorol hwn ar fyw-gadwyn y diwylliant oedd yr union elfen a sicrhâi ei pharhad. Trwy dorri'r cylch a chydio dolen newydd wrthi ymestynnai'r gadwyn fyw; ymgryfhau tra'n ymhelaethu a wnâi celloedd ei bodolaeth. Gwelwn felly bod trawsblaniad actifyddion y diwylliant o gynefin i gynefin yn elfen holl bwysig ym myw-gynhaliaeth ecoleg y Gymraeg. Yn wir, fel y gwelwn maes o law, mae'n elfen dyngedfennol.

Tra'r oedd parhad a lledaeniad Addysg Anghydffurfiol yn sicrhau buddsoddi parhaus yn yfory'r diwylliant yr oedd y newidiadau gwleidyddol a chymdeithasol a ddaeth yn sgil yr Ail Ryfel Byd yn bygwth boddi ei gwladwriaeth answyddogol ym môr mawr cenedl-wladwriaeth y Deyrnas fwyfwy Unedig. Ar ddiwedd ei araith gyntaf yn brif weinidog meddai Clement Attlee:

> *To win through this critical period in our history will require, I think, the continuance of something of the spirit which won the war, a spirit which did not allow private or sectional interests to obscure the common interests of us all and the love which we all have for our native land and for our people.*[3]

Y 'native land' oedd Prydain – endid gwleidyddol yr oedd tuedd Attlee, fel Churchill o'i flaen, i gyfeirio ato yn nhermau 'England' yn bradychu ei ragdybiaeth mai endid diwylliannol-unffurf oedd hi. Beth bynnag am y byd newydd yr oedd gwleidyddion San Steffan yn ei gynllunio o ddinistr ac ôl-dlodi'r rhyfel, yr un hen fygythiad a

---

[3] *Speech On The King's Address* – Parliamentary Debates, 16 Awst, 1945

wynebai 'gwladwriaeth' y Gymraeg: grym cydymffurfiaeth yr Ymerodraeth Brydeinig. Y Lles Llywodraethol oedd 'common interests' Attlee, nid y Lles Cymdeithasol. Wrth drafod pwysigrwydd cymdogaeth medd Raymond Williams:

This was my saddest discovery: when I found that in myself... that most crucial form of imperialism had happened. That is to say, where parts of your mind are taken over by a system of ideas, a system of feelings, which really do emanate from the power centre.[4]

Yn dilyn ei buddugoliaeth ysgubol ar ddiwedd y rhyfel, un o weithredoedd mawr cyntaf llywodraeth Lafur Atlee oedd gwladoli'r diwydiant glo. Wrth i ddydd calan, 1947 – dydd y gwladoli – wawrio ymddangosai fel pe bai cyfundrefn syniadau a theimladau y Lles Cymdeithasol wedi treiddio i ganolbwynt grym a dylanwad y Lles Llywodraethol. Ond siom, digalondid a rhwystredigaeth enfawr oedd i ddod. Erbyn y chwedegau dechreuwyd llofnodi dedfryd angau'r diwydiant. Llaw llywodraeth Lafur oedd ar waelod y ddogfen. Yn rhy hwyr dysgodd cymoedd y gwaith mai cryfhau y Lles Llywodraethol oedd effaith, os nad bwriad, cenedlaetholi eu diwydiant. Nid cyd-berchnogaeth y capel, y gymdeithas les neu neuadd y gweithwyr oedd cyd-berchnogaeth y genedl-wladwriaeth. Sylweddolasant nad sosialaeth eu cylch uniongyrchol o brofiad – sosialaeth gomiwnitaraidd y pwll, y gymdogaeth a'r cwm – oedd sosialaeth unffurf y cynllunwyr canolog. Yn wir, rheolai'r sosialaeth honno trwy gyfrwng yr un drefn hierarchaidd-ganoledig ac – yn amlach na pheidio – dan arweinyddiaeth yr un awtocratiaid pwerus â chynt. Yr oedd

---

[4] *The Importance of Community – Who Speaks for Wales? Nation, Culture, Identity* – Raymond Williams – gol. Daniel Williams – Gwasg Prifysgol Cymru, Caerdydd, 2003

y wedd hon ar berchnogaeth gyhoeddus yn wahanol iawn i syndicaliaeth Ffederasiwn y Glowyr – cysyniad creadigol o gyd-berchnogaeth gydweithredol a dyfodd o theatr ymwybodol a thra effeithiol gwrthryfel Tonypandy (1910). Theatr dan awduriaeth y Lles Cymdeithasol oedd honno. Ond theatr y Lles Llywodraethol oedd – ac yw – yr unig lwyfan o ddiddordeb i lywodraeth y genedl-wladwriaeth Brydeinig, beth bynnag fo'i lliw.

Ar ddiwedd y rhyfel, dychwelyd at werthoedd unigolyddol a braintgarol y gorffennol oedd agenda'r Ceidwadwyr. Beth bynnag am y siomedigaethau oedd i ddod, gweledigaeth a grëwyd gan ddychymyg y Lles Cymdeithasol oedd gwaelod y polisïau a roddodd i lywodraeth Lafur 1945 fandad mor rymus. Nid gan gynllunwyr canolog y cafodd Aneurin Bevan fodel sylfaenol y Gwasanaeth Iechyd Gwladol (1948) ond wrth addasu a mireinio ymarfer cydfuddiannol a grëwyd gan gyd-ddychymyg y cymdogaethau gweithfaol. Am gyfnod byr y Lles Cymdeithasol oedd y Lles Llywodraethol. Rhyw haf bach Mihangel fu'r seibiant, wrth gwrs. Trodd egalitariaeth radical Llafur 1945 yn geidwadaeth bragmatig wrth i *solidarnos* cydweithredol y llywodraeth droi'n ffluwch o ddiddordebau unigolyddol. Yn 1951, wedi colli'r etholiad cyffredinol i'r Toriaid, cyhuddodd Aneurin Bevan y llywodraeth y bu'n rhan ohoni o wyro oddi wrth y frwydr barhaus rhwng eiddo a democratiaeth. O ganlyniad, collodd yr ewyllys wleidyddol a egnïai ei gweithredoedd. Bellach, meddai...

we stumble from one situation to another, without chart, without compass and with the steering wheel lashed to a course we are no longer following.[5]

---

[5] *In Place of Fear* – Aneurin Bevan; dyfyniad trwy gyfrwng *The Vote* – Paul Foot – Penguin, Llundain, 2005

Y mae'r tyndra oesol rhwng eiddo a democratiaeth yn berthnasol i un datblygiad arall a ddeillia o'r Ail Ryfel Byd y mae'n hanfodol ei ystyried er deall natur yr her a wynebai 'gwladwriaeth' y Gymraeg ddiwedd y pumdegau.

Ynghyd â'r paneli drama, cerddoriaeth a diwydiannau gwledig, elfen bwysig o waith Cyngor Gwlad Ceredigion oedd eu cefnogaeth i neuaddau pentref. Tra'r oedd Sefydliad Carnegie yn cynnig arian tuag at wella'r neuaddau oedd wedi eu codi yn ystod y dauddegau yr oedd y Cyngor Cymdeithasol Cenedlaethol a'r Weinyddiaeth Addysg yn cynnig grantiau ar gyfer codi neuaddau newydd. Ym 1954–55 yr oedd 15 cymdogaeth yng Ngheredigion yn trafod eu cynlluniau gyda'r cyngor gwlad. Wrth ddarllen adroddiadau blynyddol y cyngor gwelir mai araf oedd y gwireddu ar y cynlluniau hyn. Bum mlynedd yn ddiweddarach dim ond 5 o'r prosiectau hynny oedd wedi'u cwblhau. Er bod y pumdegau yn gyfnod o dwf aruthrol yng ngrym a dylanwad biwrocratiaeth ganolog awgryma'r cyngor gwlad mai yn y cymdogaethau eu hunain yr oedd y broblem. Ym 1955 penderfynwyd ysgrifennu at y Weinyddiaeth Addysg i'w hannog i ddileu'r amod mai trwy weithgaredd wirfoddol yn unig yr oedd modd cefnogi codi neuaddau newydd. Ym 1960 barnai'r cyngor bod 'prinder arian lleol yn broblem'.

Ddwy flynedd wedi diwedd y rhyfel cyflwynodd y llywodraeth Lafur y Ddeddf Amaeth a anelai at gryfhau hunangynaliadwyaeth gwledydd Prydain o ran eu hanghenion bwyd. Wrth wraidd y ddeddf roedd system o grantiau a chymorthdaliadau. Medd John Davies...

Mwyach, fe fyddai'r ffermwyr bron mor ddibynnol ar benderfyniadau'r llywodraeth ag ydoedd gweithwyr mewn diwydiannau gwladoledig; nid y tywydd, eithr

Adolygiad Blynyddol y Prisiau, a fyddai'n pennu eu llwydd neu eu haflwydd.[6]

Y mae'r gair 'dibynnol' yn arwyddocaol. Gan gofio mai creadigaeth gwbl annibynnol – o ben a phastwn a llaw a phoced y cymdogaethau Cymraeg eu hunain – oedd holl adeiladwaith a pheirianwaith Addysg Anghydffurfiol, ac o gofio'n arbennig am lwyddiant yr ymdrech gwbl annibynnol i godi dyfodol newydd ar lun neuaddau coffa'r Rhyfel Byd Cyntaf yr oedd anhawster cymdogaethau pumdegau yr ugeinfed ganrif i gydweithredu a chyd-gyflawni â'r un egni a phenderfyniad â'r genhedlaeth a'u blaenorodd yn arwydd clir bod rhywbeth sylfaenol wedi newid.

Nid oes prinder enghreifftiau i'w gosod ar restr buddugoliaethau Lles Llywodraethol cyfalafiaeth a Phrydeindod dros Les Cymdeithasol Cymru, ei diwylliant a'i phobl. Cynhyrfa enwau Epynt a Thryweryn, er enghraifft, deimladau didwyll a chryfion. Ond am iddi gyflawni'r hyn y cyfeiriodd Raymond Williams ato yn 'berchnogaeth ar y meddwl' ar ran...

... a system of ideas, a system of feelings, which really do emanate from the power centre.[7]

...y mae llwyddiant gwladwriaeth y Deyrnas Unedig i blannu yn y Cymry hadau dibyniaeth yn ddyfnach ac yn beryclach ei effaith. Wedi'r canrifoedd, sicrhaodd ymerodraeth cydymffurfiaeth afael ar wladwriaeth Anghydffurfiaeth. Mwyach, i *bourgeoisie* y Gymraeg, egwyddor ddewisol oedd y Lles Cymdeithasol; egwyddor

---

[6] *Hanes Cymru* – John Davies – Penguin, Llundain, 1990
[7] *The Importance of Community* – *Who Speaks for Wales? Nation, Culture, Identity* – Raymond Williams – gol. Daniel Williams – Gwasg Prifysgol Cymru, Caerdydd, 2003

Cyfuniad o ddoniau cerddorol a digrif teulu'r Pughiaid o ardal Llangeitho a doniau sgwennu a chynhyrchu Marie James (canol) oedd parti Stag's Head. Medd Ifan Gruffydd, Tregaron 'Tri pheth fyddwn i'n edrych ymlaen atynt yn flynyddol: y Nadolig, fy mhen blwydd ac ymweliad Parti Stag's Head â'r Neuadd Goffa.

i'w pharchu dim ond pan fyddai pragmatiaeth 'resymol' yn caniatáu; egwyddor o sentiment nid realaeth. Yn ail i'r golled ddynol erchyll, sefydlu cyfundrefn feddyliol o ddibyniaeth ar y grym canolog yng nghalon 'gwladwriaeth' y Gymraeg oedd gwaddol waetha'r Ail Ryfel Byd. Gosodwyd yn y Cymry dyndra amhosib; tyndra a feddai'r gallu holl bwysig o'u cadw yn eu lle. Hudwyd hwy i fod yn annibynwyr dibynnol ac yn anghydffurfwyr cydymffurfiol.

Pennod 15

Theatr yr Adeiladwyr a'r Ymosodwyr

Yn 69 mlwydd oed, ym mis Mawrth 1960 bu farw Mary Lewis. Medd T. James Jones yn ei deyrnged iddi yn y cylchgrawn *Drama...*

> Bydd Cymru'n dlotach o'i cholli, ond yn gyfoethocach wrth fedi ffrwyth ei dylanwad, yn y cynhaeaf da a erys y ddrama os derbyniwn esiampl ei hysbryd a'i hegni.[1]

Mae'n sicr i nifer farnu mai eiddo awdur gobaith ac nid realaeth oedd y llaw a broffwydai 'gynhaeaf da' o ran unrhyw agwedd ar ddiwylliant y Gymraeg, a hynny heb amarch i gyfraniad aruthrol Mary Lewis. Yn 1957 broliodd y Prif Weinidog, Harold Macmillan, ger bron ei ddilynwyr...

> *Go around the country... and you will see a state of prosperity such as we have never had in my lifetime –*

---

[1] *Drama* – Rhifyn Haf 1960 – 'Mary Lewis a'r Ddrama' – T. James Jones

nor indeed in the history of this country... Indeed let us be frank about it – most of our people have never had it so good.

Un mesur ar y llewyrch cyffredinol oedd y twf yn nifer perchnogion ceir. 110,000 o geir preifat oedd yng Nghymru ym 1951. Ymhen 20 mlynedd roedd dros 500,000 ychwanegol ar ein ffyrdd. Ond tra'r oedd *'never had it so good'* Macmillan yn fynegiant digon cywir o sefyllfa ariannol crynswth y Cymry, *'never had it so bad'* oedd hi ar yr enwadau Anghydffurfiol. Rhwng 1951 a 1971 collodd capeli Cymru 50% o'u haelodau. Gwêl John Davies gydberthynas drawiadol rhwng y twf ym mherchnogaeth ceir a thrai yr ysgolion Sul: mae'r naill ffigwr mewn '[c]yfrannedd gwrthdro union' â'r llall. Yn ei ddrama *Cymru Fydd* (1966) â Saunders Lewis i'r afael â dirywiad catastroffig y grefydd Anghydffurfiol. Rhan o waith ei brotagonydd, Dewi, yw dangos yn ddidostur fod Anghydffurfiaeth wedi ymgaregi'n gydymffurfiaeth. Yn y ddrama cyplysa argyfwng yr iaith Gymraeg ag argyfwng ei Anghydffurfiaeth. Byd sydd yn marw yw Cymru *Cymru Fydd*. Byd di-enaid yn dihoeni yn ymyl bedd di-atgyfodiad.

Roedd arfer y dramodydd o gyd-ieuo dirywiad Anghydffurfiaeth â dirywiad y Gymraeg yn gyffredin ymysg sylwebwyr yr oes. Ond er y datod eang ar glymau'r capeli, ac er i drai yr iaith ddwysau,[2] yng nghadarnleoedd cymdogaethol y Gymraeg roedd organwaith cymhleth y diwylliant yn syndod o fyw ac yn syndod o weithredol. Am hynny, dylid gosod torchau o ddiolchgarwch wrth feddau holl arweinwyr Addysg Anghydffurfiol y cyfnod. Yng nghyd-destun y ddrama dylid gosod torch arbennig ar fedd Mary Lewis. Canolbwynt cymdogaethau o ffydd a bensaernïwyd

---

[2] Rhwng 1951 ac 1971 disgynnodd cyfran siaradwyr yr iaith 14%.

yng ngrym uchelgais cyd-greadigol y cenedlaethau a fu oedd y capeli. Ond wrth i bwerdai cychwynnol y diwylliant golli eu gafael ar ddychymyg yr oes llwyddodd Mary Lewis ac Alun R. Edwards a'u tebyg i drawsblannu egwyddorion cyd-ddyrchafol Addysg Anghydffurfiol i galon seciwlar newydd y cyd-ddychymyg cymdeithasol. Yn sicr, yng Ngheredigion, ac yn wyneb mewnlifiad cryf cyntaf unigolyddiaeth faterol, codi cywair ei huchelgais, a thrwy hynny gryfhau a lledu cylch ei gweithredu, a wnaeth yr addysg hon. Ffrwyth cynhaeaf hwsmonaeth Mary Lewis oedd hollbresenoldeb egnïol a rhagweithiol theatr y werin ar faes y frwydr Ffawstaidd hon am enaid y Cymry.

Yng nghyfarfod blynyddol Cyngor Cefn Gwlad Ceredigion, 1959–60 traddododd yr addysgwr Jac L. Williams ddarlith ar y testun 'A oes dyfodol i gefn gwlad?' Noda cofnodion y cyfarfod i'r sgil-drafodaeth barhau am ddwy awr a hanner! Pa syndod? Roedd Jac L. yn sylwebydd cymdeithasol-wleidyddol craff a phroffwydol. Yr oedd ei ddadansoddiad o'r heriau a wynebai gymdogaethau'r Gymraeg yng Ngheredigion yn sicr o fod yn ddadleuol o ddi-flewyn ar dafod yn ogystal â bod yn academaidd drylwyr ei sail. Er mai Eglwyswr pybyr oedd deallai, bid siŵr, mai blaen-rybudd o freuder gwladwriaeth ddiwylliannol y Gymraeg oedd ymddatodiad sydyn-frawychus clymau Anghydffurfiaeth. Ni fyddai prysurdeb cynhyrchiol y calendr cymdeithasol wedi rhoi fawr o gysur iddo.

Ym 1950 agorwyd Ysgol Ynys Wen, ysgol cyfrwng Cymraeg gyntaf Cwm Rhondda. Gydol y pedwardegau, tra'r oedd Kitchener Davies a'i ddyrnaid o gyd-weithwyr yn brwydro i'w sefydlu, roedd capeli niferus Ton Pentre, Pentre, Cwm Parc, Treorci a Threherbert yn demlau Anghydffurfiol a feddai ar y cyfoeth deallusol ac ariannol i gynnal hoelion wyth o bregethwyr; gweinidogion yr oedd eu stydïau yn gartref i gadeiriau a choronau eisteddfodau mawr a bach.[3] Erbyn y chwedegau dyrnaid o weinidogion yn pregethu i ddyrneidiau o gynulleidfaoedd oedd ar ôl. O fewn cenhedlaeth yr oedd mynwent Treorci ac amlosgfa Glyn-tâf wedi traflyncu trwch aelodaeth fawr y capeli ac nid oedd peirianwaith atgenhedlu y diwylliant Anghydffurfiol wedi llwyddo i drosglwyddo nac egni nac awydd o blith yr etifeddion i ychwanegu dolenni newydd at gadwyn ei hen ddychymyg. Er gwaethaf cryfder ymddangosiadol blynyddoedd y pedwardegau, ymhen ugain mlynedd roedd llinyn arian Anghydffurfiaeth Gymraeg y cwm wedi treulio'n edefyn tenau a brau. Yng nghadarnle tybiedig y gorllewin, ceisiodd Jac L. Williams ddyrchafu llygaid ei gynulleidfa uwch bwrlwm ymddangosiadol-ddiogel y dydd er mwyn iddynt ddarllen yr ysgrifen a welai ar y mur. Ddwy flynedd yn ddiweddarach cyhoeddodd Saunders Lewis ei broffwydoliaeth apocalyptaidd yntau:

Mi ragdybiaf... y bydd terfyn ar y Gymraeg yn iaith fyw, ond parhau'r tueddiad presennol, tua dechrau'r unfed ganrif ar hugain...[4]

Ym mharagraff agoriadol ei ddarlith radio enwog *Tynged yr Iaith* y daeth y frawddeg hon. Yn y paragraff olaf heriodd y Cymry â'r anogaeth...

dim llai na chwyldroad yw adfer yr iaith Gymraeg... Trwy ddulliau chwyldro yn unig y mae llwyddo.[5]

---

[3] Dyma gynefin Cylch Cadwgan – cylch llenyddol-ddeallusol a gynhwysai J. Gwyn Griffiths, ei wraig Dr Kate Bosse Griffiths a'i frawd, D. R. Griffiths ynghyd â Rhydwen Williams, Gareth Alban Davies, Pennar Davies a'r brodyr cerddorol John ac Arwel Hughes.

[4] *Tynged yr Iaith* – Saunders Lewis – Darlith radio a draddodwyd ar y 13 Chwefror, 1962 ar wahoddiad gwasanaeth radio y BBC yng Nghymru.

[5] ibid

Hysbys ddigon yw effaith yr alwad hon o fur Cantref Gwaelod yr iaith ar i'r gymdeithas Gymraeg ei hunan ddihuno o'i meddgwsg. Ond nid dim ond i wleidyddiaeth ymgyrchoedd a phrotest mae priodoli datblygiadau eithriadol chwarter olaf yr ugeinfed ganrif yn sefyllfa'r Gymraeg, yn enwedig ym myd addysg. Tra'r oedd Saunders Lewis yn rhybuddio mai '...iaith lleiafrif a lleiafrif sydd eto'n lleihau' oedd y Gymraeg, yng Ngheredigion roedd cynneddf a phroses atgenhedlu'r diwylliant yn dal i esgor ar weithredwyr a'r gweithredwyr yn esgor ar weithgarwch. Trwy gydol y pumdegau a dechrau'r chwedegau roedd cwmnïau drama Ceredigion, ei chorau, ei heisteddfodau a'i cholofnau barddol yn parhau i ffynnu. Yn bwysicaf na hynny, roedd arloesi ac adeiladu yn ogystal ag amddiffyn a chynnal yn digwydd – yn bennaf am i Addysg Anghydffurfiol sicrhau iddi hi ei hunan reolaeth ar feddylfryd cyfundrefnau addysg ac hyfforddiant y dydd. Gwyddai arweinwyr yr ymwybyddiaeth seciwlar newydd nad oedd bwrlwm a brwdfrydedd y dydd yn ddigon. Eiddo hwy bellach oedd y cyfrifoldeb o sicrhâi bod rhod ymfuddsoddol y diwylliant Anghydffurfiol yn parhau i droi.

Yn nhraddodiad gorau Addysg Anghydffurfiol, ymestyn holl ffiniau'r theatr Gymraeg a wnâi Mary Lewis o safle'r cyfarwyddwr drama ac o gadair Panel Drama Cyngor Gwlad Ceredigion. Agor y drws ar ddiwygiad o bosibiliadau er ddiddymu'r bwlch rhwng Seisnigrwydd mewnforiol addysg y wladwriaeth a Chymreictod cynhenid Addysg Anghydffurfiol a wnâi Alun R. Edwards o sedd Llyfrgellydd y Sir. Rhan bwysig o ddadansoddiad Saunders Lewis o natur argyfwng yr iaith oedd iddo weld fod undeb rydd aml-gelloedd y bywyd Cymraeg – broydd y gweithredu annibynnol a greai blethwaith cynhaliol y wladwriaeth anffurfiol – yn dechrau ymddatod dan bwysau unigolyddiaeth y diwylliant Eingl-Americanaidd. Wrth gynnig esiamplau o'r math o weithredu roedd ei angen dywed Lewis mai...

> Nid polisi i unigolion, un yma, un acw ar siawns mo hyn... Polisi i fudiad yw ef a'r mudiad hwnnw yn yr ardaloedd y mae'r Gymraeg yn iaith lafar feunyddiol ynddynt.[6]

Maes o law cafwyd y mudiad radical angenrheidiol; yr ymdrefniant gwleidyddol o egni a chryfder, sef Cymdeithas yr Iaith Gymraeg. Ond yng Ngheredigion yr oedd arloeswyr Addysg Anghydffurfiol – ers buddugoliaeth Alun Edwards – eisoes wedi dechrau ar y gwaith o greu 'dim llai na chwyldroad'.

Grym gwaelodol chwyldro yw'r penderfyniad i ragweithio. Roedd darlith Saunders Lewis yn alwad ar i arweinwyr 'gwladwriaeth' cyd-ddychymyg y Gymraeg ddwyn awenau ei bodolaeth yn ôl o afael y wladwriaeth ganoledig Brydeinig. Wrth i'r feddylfryd dibyniaeth a blannwyd ganddi fygwth dynameg cyd-ymddibyniaeth bu actau rhagweithiol apostolion Addysg Anghydffurfiol yn weithredoedd tanseiliol holl bwysig. Yn wir, roeddent yn actau chwyldroadol. Camp D. J. Morgan (mudiad y Ffermwyr Ifainc), Mary Lewis (mudiad y ddrama) ac Alun R. Edwards (mudiad y llyfr a'r llenor) a'u tebyg oedd creu strwythur gweithredu cwbl newydd: adeiladwaith o dddychymyg oedd a'i fryd nid yn unig ar amddiffyn Cantref Gwaelod y diwylliant Cymraeg ond ar ei godi yn gyfan gwbl i dir uwch. Yr oedd cyfanfyd y Gymraeg yn wynebu stormydd nerthol – yn bennaf, dihoeniad y capeli a bygythiad ideoleg unigolyddiaeth i golectifistiaeth

---

[6] ibid

cymdogaethau'r cyd-greu. Roedd effeithiau'r naill elfen wanychol a'r llall yn cael eu dwysáu gan eu rhyngberthynas â'i gilydd. Yn nannedd y ddrycin – yn yr eiliad oedd ohoni – rhyddhaodd blaengaredd yr addysgwyr Anghydffurfiol egni creadigol a brofodd yn gryfach o lawer na'r un mur neu ddrws gwarcheidiol. Nid cau'r pyrth a wnaethant ond eu hagor. Nid sadio oedd eu nod ond adeiladu. Nid amddiffyn ond ymosod.

Yn ei gerdd i Anatiomaros mynega Waldo Williams pa mor ddihysbydd yw dycnwch a menter hen arwr T. Gwynn Jones...

Dirhai'r dychymyg Celtaidd drwy bob cur
Nes dyfod storm; ac yn hon
Ni adawyd iddo ond ei chwerwder pur.[7]

Gweithredu'n greadigol yw rhagorfraint y dychymyg, meddai'r bardd, hyd yn oed os mai dinistr a methiant yw ei ben draw. Nid ymgysuro ac ymgolli yng ngobeithion y dyfodol na gwychder y gorffennol yw creu, ond anadlu a chwestiynu a phrofi a chipio holl ehangder a dyfnder Nawr: yr eiliad sydd ohoni; cynefin y presennol. Wrth fyfyrio ar ferthyrdod un o arweinwyr y gwrthdystiad Catholig yn erbyn Harri VIII medd Rowan Williams...

What Robert Aske blindly senses as good, holy and merciful just is what it is, for its own sake; it has its substance in itself, not in its dependence on any outcome. It is not a strategy for attaining something other than itself; it needs nothing else.[8]

---

[7] 'Anatiomaros' – *Dail Pren* – Waldo Williams – Gwasg Aberystwyth, 1957
[8] *Christ on Trial (How the Gospel Unsettles Our Judgement)* – Rowan Williams – HarperCollinsReligious, 2000

Gwas hierarchaeth yw biwrocratiaeth. Twyll wedi ei daenu gan y Lles Llywodraethol yw mai system gweinyddu yw hi. Mewn gwirionedd, system rheoli yw hi. Nid oes ynddi le ar gyfer nac ymddiried na dychymyg. Ni chaiff neb – mewn difrif – gwestiynu ei dulliau na'i chymelliadau gweithredu. Cynnal y drefn – y status quo – yw ei nod. Y llinell unffurf a syth yw ei ffon fesur a chynllunio. O'r canol hyd yr ymylon. O ddoe hyd at y dyfodol. O bwynt dechrau pob cynllun hyd at ben draw ei gyrhaeddiad – cyrhaeddiad a fydd wedi ei adnabod o'r cychwyn cyntaf. Canys anathema iddi yw creadigrwydd. Anathema iddi yw gallu'r meddwl creadigol i 'lygru' cymhendod y llinell. Gall wyrdroi ei huniondeb. Gall felly beidio cyrraedd unman. Gall fethu.

Hanfod cyd-greu yw cyd-ymddiried. Ar lun cylch a chylchoedd y lleda'r Lles Cymdeithasol y ddynameg allweddol hon. Trwy gyfrwng ei dolen a'i dolenni, ei throi yn yr unfan a'i gweld o bell, ei chegrythu a'i bloeddio y teithia ei hegni ac y disgleiria ei dychymyg. Ffynnon y meddwl creadigol yw tarddle cymdeithas. Bwrlwm llwyddiant a methiant ein creadigrwydd yw addysg – antur y presennol sy'n barhaus tra byddom. Yn ein cyd-ddychymyg y mae sicrwydd ein bod. Cogito ergo sum.[9]

---

[9] 'Rwy'n meddwl, felly yr wyf.' – René Descartres

Pennod 16

Theatr a Theledu

Ar y 29 Ebrill, 1957 agorwyd mast teledu Blaenplwyf. Yr oedd ffenomen y teledu eisoes wedi ymgartrefu yn neheudir Cymru a rhannau o'r gogledd-ddwyrain. Ar ddechrau 1953 ychydig yn llai na 40,000 o setiau teledu a fodolai yng Nghymru. Erbyn mis Medi'r flwyddyn honno roedd y cyfanswm wedi dyblu – cynnydd a briodolir i delediad y BBC o goroniad y Frenhines Elisabeth. Ddwy flynedd yn ddiweddarach roedd yn agos i 200,000 – sef 25% – o gartrefi Cymru yn berchen ar set deledu. Gydag agor gorsaf Blaenplwyf galluogwyd 77,000 o wylwyr ychwanegol i gael mynediad at y cyfrwng.[1] Ar aelwydydd Cymraeg yr eisteddai crynswth y setiau newydd gan mai'r siroedd a gynhwysai gadarnleoedd yr iaith o gwmpas Bae Ceredigion – o Aberdaron a Phen Llŷn i Abergwaun a Phen-caer – oedd maes dylanwad y mast newydd. Erbyn 1959 yr oedd hanner holl gartrefi Cymru yn cynnwys set deledu. Yn ôl John Davies roedd hi wedi cymryd tair blynedd ar ddeg (1923–1936) i hanner aelwydydd Cymru gael hawl gyfreithlon i dderbyn darllediadau radio; dim ond saith mlynedd gymerodd hi i hynny ddigwydd yn hanes teledu.[2]

---

[1] *Broadcasting and the BBC in Wales* – John Davies – Gwasg Prifysgol Cymru, Caerdydd, 1994
[2] ibid

Awgryma'r hanesydd mai'r hwyluso a fu ar isadeiledd y rhwydwaith ddarlledu, ynghyd ag apêl cryfach y gweledol, oedd yn rhannol gyfrifol am y cyflymu. Elfen bwysig arall a noda oedd y cynnydd cyffredinol yn lefelau incwm y boblogaeth. Ym 1952 £4.16s.5c. (£4.82) yr wythnos oedd cyflog gweithiwr gwryw ar gyfartaledd. Erbyn 1964 roedd y ffigwr wedi cyrraedd £8.16s.4c. (£8.81). Nid y twf eithriadol ym mherchnogaeth ceir oedd unig ddynodydd cyfoeth newydd yr oes. Ym 1952 roedd cost set deledu sylfaenol yn fwy na gwerth tri mis o gyflog gwas ffarm. Ymhen deng mlynedd roedd y pris wedi disgyn i fod yn gyfwerth â rhyw saith wythnos o gyflog, a hynny am set a oedd dipyn yn fwy o faint ac yn fwy dibynadwy na theledu 1952. Bellach yr oedd dyfeisiadau trydan ar gyfer gwraig y tŷ, y crefftwr a'r ffarmwr oll yn cyfrannu tuag at ddatblygiad y ffenomen newydd honno 'oriau hamdden'. Ar yr un pryd yr oedd dyfeisiadau newydd eraill yn cynnig posibiliadau newydd eraill ar gyfer llenwi'r oriau hynny. Pa ryfedd bod y car a'r set deledu ar ben rhestr dyheadau crynswth aelwydydd Cymru.

Wrth gyfosod y twf rhyfeddol ar berchnogaeth y car preifat â'r cwymp yr un mor rhyfeddol yn aelodaeth y capeli, arfer sylwebwyr yw gweld y naill yn achos syml i'r llall. Yn yr un modd, cyplysir dyfodiad y teledu i aelwydydd Cymru â difodiant mudiad y ddrama. Y farn gyffredin yw mai gwrthgiliad y gynulleidfa a achosodd ddiflaniad y cwmnïau drama. Y teledu, meddent, oedd achos terfynol y gwrthgiliad hwn. Y mae cryfder y consensws yn ddigon i Ioan Williams haeru ei bod hi'n '...annhebyg y byddai unrhyw un yn herio'r farn honno'[3]

Ensynia'r sylwebyddion i ddisgleirdeb newydd y teledu dorf-hudo gwerin y Gymraeg gan beri iddi droi ei chefn ar

---

[3] *Y Mudiad Drama yng Nghymru, 1880–1940* – Ioan Williams – Gwasg Prifysgol Cymru, Caerdydd, 2006

y ddrama. Gwae hwy, y 'brau werinos' a 'demos dimau' chwedl Saunders Lewis.[4] Gwerthasant enaid eu diwylliant am bleserau rhad y fateroliaeth newydd. Dyna'r ddamcaniaeth.

Ond nid yw'n ddamcaniaeth sydd heb ei phroblemau. Y cwestiwn cyntaf i ofyn ohoni yw sut – o fewn theatr a anwyd o chwyldro egalitaraidd – y gellir gwahanu'r gwylwyr oddi wrth y gweithredwyr a gosod y bai am ddiflaniad y naill ar y llall? Perthyn i theatr nad yw'n rhwym wrth egwyddor y Lles Cymdeithasol a wna theatr o'r fath: theatr y darparwyr a'r prynwyr. Ensyniad y sylwebyddion felly yw mai amrywiad lleol ar *regular theatre* y gyfundrefn Brydeinig – theatr y diwydiannau diwylliannol – oedd theatr y werin. Dim mwy; dim llai. A'r 'werin', wrth gwrs, oedd y *groundlings*,[5] chwedl Shakespeare – cynulleidfa y tocynnau rhad a fynnent eu boddhau. Prif broblem damcaniaeth 'gwerin y ddrama yn sydyn droi yn werin y teledu' yw ei bod hi'n canfod theatr y gweithwylwyr trwy gyfrwng 'cyfundrefn o feddwl' y theatr ranedig. Yn y rhagair i'w lyfr *The Making of the English Working Class* beirniada E. P. Thompson y sawl a wêl dosbarth yn endid; yn fodolaeth goncrit. Meddai...

> *'It', the working class, is assumed to have a real existence, which can be defined almost mathematically – so many men who stand in relation to the means of production.*

Yn hytrach, dynameg yw, meddai – rhywbeth a ddigwydd ym mherthynas pobl â'i gilydd...

---

[4] Dyfyniadau o'r gerdd *Y Dilyw*, 1939

[5] *Groundlings* yw'r enw dilornus a ddefnyddiai Shakespeare, trwy enau Hamlet, ar gyfer y garfan dlotaf o blith cynulleidfa theatr y Globe, Llundain

...when some men, as a result of common experiences (inherited or shared), feel and articulate the identity of their interests as between themselves, and as against other men whose interests are different from (and usually opposed to) theirs.[6]

Pobl frau yn wir oedd gwerin y Gymraeg os mai'r cyfan roedd ei angen i'w tywys trwy byrth y gydymffurfiaeth a wrthsafasant gyhyd oedd plwg yn y wal a set deledu yn y gornel.

Anwadadwy, serch hynny, yw'r ffaith i drai hollbresenoldeb y cwmnïau drama gyd-ddigwydd â llanw hollbresenoldeb y car a'r teledu. Er mwyn adnabod y gwendid a ddatblygodd o fewn *solidarnos* hanesyddol 'gwladwriaeth' y Gymraeg rhaid craffu'n ofalus, unwaith eto, ar batholeg penodol ei diwylliant penodol.

---

[6] *The History of the English Working Class* – E. P. Thompson – Victor Gollanz – Llundain, 1963

Pennod 17

Theatr a'r Dosbarth Canol

Wrth fôn esblygiad y prosiect Anghydffurfiol roedd ei harweinwyr. Sylwyd eisoes ar y gydberthynas rhwng cymdeithas ddynamig ac arweinyddiaeth ddynamig. Mewn cymdeithas an-hierarchaidd a chyd-ddibynnol y mae egni ac ymroddiad ei harweinwyr o'r pwys mwyaf.

Un a ddeallodd yr anghenraid hwn oedd Williams Pantycelyn. Ystyriai'r seiet – y *'society* profiad' – yn offeryn grymus i fwytho, profi, cwestiynu a '[ch]yffroi hyd y gwaelodion' chwedl Howell Harris. Ymgasglai pobl ynghyd – yng ngheginau ffermydd, gan amlaf – i gyd-drafod eu profiadau ysbrydol, i rannu â phawb eu gorfoledd, i gyffesu'n gyhoeddus eu hofnau a'u siomedigaethau. Dan drefn a ddatblygwyd gan Williams ymfuddsoddodd y mudiad ifanc mewn cenedlaethau o ddarpar gynghorwyr a phregethwyr. Maes o law, daeth 'graddedigion' y gydymaddysgaeth gwbl wirfoddol hon yn arweinyddion y seiadau, sail crynswth yr eglwysi Methodistaidd. Er bod gwahaniaethau rhwng trefniadaeth ffurfiol y sectau a'i gilydd daeth y ddynameg yn ganolog i dwf Anghydffurfiaeth. Datblygiad ar egwyddor a oedd yn sylfaenol i Ymneilltuwyr y cyfnod blaenorol oedd hi, wrth gwrs. Yr eglwysi – y cymdeithasau o ffydd – eu hunain oedd i ethol eu harweinyddion. Anogai John Penry[1] mai'r...

unig weinidogion a ganiateir [yw'r rhai sydd] wedi'u dewis trwy gyd-syniad yr holl gynulleidfa.'[2]

Esblygodd gwladwriaeth ddiwylliannol y Gymraeg o gydymdreiddiad egni a dychymyg ei harweinwyr llawr gwlad ag egni a dychymyg ei gwerin. Wrth ddiffinio ystyr cynnydd yng nghyd-destun cymdeithas gydymddibynnol medd Raymond Williams...

Improvement is sought, not in the opportunity to escape one's class, or to make a career, but in the general and controlled advance of all. The human fund is regarded as in all respects common, and freedom of access to it as a right constituted by one's humanity; yet such access, in whatever kind, is common or it is nothing. Not the individual, but the whole society, will move.[3]

Ers blynyddoedd cyntaf ei bodolaeth anogodd Addysg Anghydffurfiol ei myfyrwyr i afael yn yr esgynfeydd cyfle a gynigai iddynt addysg ehangach; addysg uwch. Cydfuddsoddiad holl bwysig y diwylliant yn ei ddyfodol ei hun oedd y gynneddf hon. Dychwelai ei graddedigion disglair o brifysgolion Lloegr, yr Alban ac Ewrop i gyfrannu at, a chyfranogi o, gyffro yr her barhaus o greu dolenni newydd ar gadwyn eu Cymreictod eangfrydig. Yr oedd yr un ymwybyddiaeth yn holl bresennol ym myfyrwyr

---

[1] Yr Ymneilltuwr o Gymro a ferthyrwyd yn Llundain, 25 Mai, 1593
[2] *Hanes Annibynwyr Cymru* – R. Tudur Jones – Undeb Yr Annibynwyr Cymraeg, Abertawe, 1966
[3] *Culture and Society* – Raymond Williams – Hogarth Press, Llundain, 1987

colegau Prifysgol Cymru, y colegau hyfforddi a'r colegau diwinyddol. Wedi graddio, byddent yn cyfannu cylch cydfuddsoddol y Lles Cymdeithasol wrth ymroi i wasanaethu ym mroydd eu hymsefydliad. Yn reddfol deallai'r graddedigion mai eu braint yn ogystal a'u dyletswydd oedd cynnal a chyfoethogi'r cylch cydymfuddsoddol.

Nid ymatebai pawb yn gadarnhaol i'r alwad. I rai, yr oedd apêl y diwylliant hierarchaidd yn drech nag apêl diwylliant cymdeithasol eu magwraeth. Cynigai meritocratiaeth gyfle i leiafrif o blith ei dosbarthiadau cymdeithasol is ddringo i safle mwy breintiedig. Ond nid oedd modd dringo ei hesgynfa heb droi cefn ar egwyddor y Lles Cymdeithasol. Ysgol ar gyfer yr unigolyn ydoedd. Ei ddiwreiddio'n ddiwylliannol-gymdeithasol oedd cam cyntaf y broses o'i ysgaru oddi wrth weriniaeth y Gymraeg a'i ennill i wladwriaeth y Lles Llywodraethol. Wrth ddenu'r darpar arweinydd i diriogaeth dosbarth, statws a braint atgyfnerthid adeiladwaith y gyfundrefn hierarchaidd tra gwanychid egni ac undod y gymdeithas gydgyfranogol. Gwanychu hefyd a wnaeth iaith y diwylliant wrth i Gymraeg cymdogaethau'r cyd-ddyheu droi'n iaith amherthnasol i'r unigolyddwyr. Bu colledion, felly. Ond camp ryfeddol, ac arwydd o rymuster cyd-ddychymyg blynyddoedd ei hanterth, oedd i Addysg Anghydffurfiol lwyddo i ddefnyddio'r drefn addysg Brydeinig i'w dibenion ei hun; iddi addasu llinellau syth yr ysgol feritocrataidd yn gylchoedd a dolenni er parhad ac esblygiad ei hundod cymdeithasol.

Ymysg cynnyrch amlycaf y diwylliant cydymfuddsoddol roedd arweinwyr ei lu gwmnïau drama. Perthynai'r crynswth ohonynt i alwedigaeth a'u cymhellai, yn ysbeidiol, i hunan-adfywio. Wrth i'r gwenyn diwylliannol hyn godi pac a bwrw gwreiddiau o'r newydd deuent â phrofiad newydd a brwdfrydedd o'r newydd i gylch newydd eu gwasanaeth.

Ond, yn amlach na pheidio, marw a wnâi'r hen frwdfrydedd yn y cwmni a adawyd ar ôl. Yn y duedd olaf hon y mae adnabod yr hyn a ddigwyddodd i fudiad y ddrama Gymraeg yn sgil twf materoliaeth ganol yr ugeinfed ganrif.

Ers codi o'r mudiad i'w anterth perthynai ei arweinwyr i dair carfan: pobl hunan-addysgedig; gweinidogion ac offeiriadon; athrawon a phrifathrawon.

Mor gynnar a chanol y pumdegau roedd colegau diwinyddol yr enwadau oll yn achwyn ar brinder myfyrwyr; roedd ffrwd y darpar arweinwyr crefyddol a diwylliannol yn sychu. Erbyn canol y chwedegau troesai prinder yn y colegau yn brinder yn y capeli a'r eglwysi. Wrth i'r weinidogaeth Gristnogol golli'r genhedlaeth hŷn o weinidogion ac offeiriaid doedd fawr o neb i gymryd eu lle. Trodd gwyll y crefyddwyr yn nos wrth i nifer sylweddol o weinidogion ordeiniedig ymddiswyddo ac ail-sefydlu eu hunain yn y stafell ddosbarth a'r stiwdio radio neu deledu. Erbyn dechrau'r saithdegau, felly, roedd haid gref o blith y gwenyn a ffrwythlonai fywyd ysbrydol a hyfywedd diwylliannol cymdogaethau'r Gymraeg wedi diflannu.

Am mai ychydig o ysgolion a gaewyd yn ystod y cyfnod hwn roedd yr athro a'r prifathro yn parhau i fod yn ffigwr amlwg ym mhob cwmwd a chymdogaeth bron. Eto, erbyn diwedd y chwedegau dechreuasant hwythau ddiflannu – nid o'u hysgolion ond o'u cymdogaethau. Yn fuan wedi i bentrefwyr ddechrau cynefino â mans a ficerdy gwag, dechreuodd tŷ'r ysgol wagio hefyd. Ers codi'r ysgolion cynradd yn sgil Deddf Addysg 1870 deuai penodiad yn brifathro â'r fraint o fyw yn Nhŷ'r Ysgol yn ei sgil. Roedd hon yn fraint sylweddol. Gan eu bod yn rhan integredig o adeiladwaith yr ysgol roeddynt yn dai cymen, cysurus ac o adeiladwaith da. Ymhlyg yn y 'fargen' roedd y ddealltwriaeth eang, ond cwbl answyddogol, mai gwas cyhoeddus oedd y prifathro.

Gyda'r nos, ym mharlwr Tŷ'r Ysgol, Chancery, cynhaliai J. D. Lewis ysgolion cân ac adrodd a llenydda. I'r stafell hon hefyd y deuai pawb a oedd angen help ac arweiniad wrth lenwi ffurflen, wrth baratoi ar gyfer cyfweliad gwaith neu ar gyfer arholiadau a agorai iddynt ddrysau addysg uwch. Yng nghlydwch y tŷ hwn y cynlluniai ei wersi Ysgol Sul, yr ysgrifennai bob gohebiaeth ar ran y Cyngor Plwyf, y trefnai feirniaid a chyfeilyddion Eisteddfod Capel Blaenplwyf, y lluniai raglen y Gymdeithas Ddiwylliadol ac yr ysgrifennai erthyglau i'r wasg ar lên gwerin a hanes ei fro – bro ei wasanaeth, hynny yw, nid bro ei fagu. Noder hefyd – rhag i'r perygl o ramantu'r gorffennol ddallu ein golwg ar densiynau mawr y gymdeithas Anghydffurfiol – mai yn y tŷ hwn y darparodd ei wraig, Katie, ac yntau loches i ferch ifanc feichiog a ysgymunwyd nid yn unig o gyfeillach capel Blaenplwyf ond o'i chartref hefyd.[4]

Roedd gwahaniaethau o ran hyd, lled a chyfrwng yn y gwasanaeth a roid gan y prifathrawon, ond eithriad prin iawn oedd y tŷ'r ysgol hwnnw nad oedd ei ddrws yn ddrws agored. Yn y gynneddf eangfrydig hon yr oedd ei bensaernïaeth mewn cynghanedd berffaith ac adeiladwaith Addysg Anghydffurfiol a chymdogaeth y Lles Cymdeithasol. Ddiwedd y chwedegau, pan gaewyd y drysau, daeth gwacter newydd Tŷ'r Ysgol yn arwydd o agendor mawr yng nghynefinoedd y Gymraeg. Canys nid ymneilltuo o'r tŷ yn unig a wnaeth y prifathrawon ond o'r gymdogaeth yn gyfan gwbl. Roedd y ddolen gyswllt wedi'i thorri. Ar ddiwedd y prynhawn gallasai'r cymudwr o brifathro gau drws ei ysgol a throi tuag adref yn rhydd o unrhyw gyfrifoldeb dros anghenion addysg y gymdogaeth ehangach.

---

[4] Clorianna cyfrol deyrnged Tom Stephens, *Y Gwron o Dalgarreg*, enghreifftiau tebyg o hyd a lled rhyfeddol cylch addysg y 'prifathrawon bro'.

Wrth reswm, nid oedd yr ymfudiad o Dŷ'r Ysgol yn doriad absoliwt. Diolch i'r drefn, dewisodd nifer dda o brifathrawon sefyll yn driw i egwyddorion yr Addysg Anghydffurfiol a gynysgaeddwyd iddynt. Yn amlach na pheidio cyfrannai'r cyfryw rai i hyfywedd ardal eu cyflogaeth yn ogystal ag ardal eu trigfan. Ond yr hyn sy'n bwysig ei nodi yw mai mater o ddewis oedd hi bellach. Yr oedd dolen y rheidrwydd diwylliannol-foesol i arwain wedi'i dorri a chylch cydymfuddsoddol a hunan-adfywiol Addysg Anghydffurfiol wedi'i wanhau. Ni lawn sylweddolwyd yr effaith hon nes dyfodiad cenhedlaeth hwyrach o brifathrawon nad oedd wedi bod dan ddylanwad gweinidog, offeiriad neu brifathro o arweinydd. Nid oedd yr un ymwybyddiaeth o angen a photensial addysg yn gyffredinol, a chydymaddysgu yn benodol, yng nghyd-destun y gymdogaeth Gymraeg wedi ei phlannu ynddynt, felly.

Bu ysgaru addysg yr ysgol oddi wrth addysg y gymdogaeth yn sylfaenol o niweidiol i ddisgyblion, athrawon a'r boblogaeth yn gyffredinol. Ddiwedd dau ddegawd y '*never had it so good*' yr agorwyd y bwlch gyntaf. Lledodd yn sylweddol gyda dyfodiad y Cwricwlwm Cenedlaethol, datblygiad a sicrhaodd ail-afael grym-wleidyddiaeth y Lles Llywodraethol ar awenau addysg. Gydag eironi anfwriadol, mae'n debyg, yn y cyfnod hwn y dechreuwyd yr arfer o ddileu'r enw 'Ysgol Gynradd' gan ail-fedyddio yr ysgol bentref yn 'Ysgol Gymunedol'. Mi fyddai Winston Smith – protagonydd *1984*, nofel broffwydol George Orwell – wedi deall yr arwyddocâd yn iawn. Yr oedd cylchdro'r rhod yn gyflawn. Roedd yr ysgol, unwaith eto, yn asiant unffurf-drefedigaethol. Ei swydd, a'i swydd hi yn unig, oedd darparu addysg: ei fewnforio a'i blannu. Addysgu, ond nid cydymaddysgu. Ysgol, ond nid cymuned. Testun, ond nid cyd-destun.

Gyda diflaniad y gweinidogion a'r offeiriadon collwyd 20% o gynhyrchwyr y cwmnïau drama. Gan mai athrawon neu brifathrawon oedd 60% o arweinwyr theatr y werin roedd eu diflaniad hwy yn fwy trychinebus fyth. Wrth gwrs, mi fu i'r teledu chwarae ei ran. Mi fu i'r oergell a'r peiriant golchi a'r car ynghyd â'r rheidrwydd *bourgeois* newydd o berchentyaeth hefyd chwarae eu rhan. Cyfrannu at ddosbarth-canoli'r arweinwyr a'r darpar arweinwyr oedd prif effaith y rhan honno. Eu gwrthgiliad hwy, nid 'y werin', oedd achos diddymiad mudiad y ddrama.

Yn 1969 derbyniodd y Parchedig Eifion Lewis alwad i fugeilio eglwysi cylch Nanternis, ger Caerwedros, Ceredigion. Yr oedd ei wraig, Nan, yn awdur sgriptiau ac yn gynhyrchydd profiadol. O fewn blwyddyn ffurfiwyd Cwmni Drama Nanternis. O'r flwyddyn honno hyd at ymadawiad y ddau â'r ardal llwyfannodd y cwmni ddrama newydd yn flynyddol a'i theithio o gwmpas neuaddau siroedd y gorllewin. Yn 1976 bu'r cwmni yn sail i lwyfaniad uchelgeisiol o fywyd a chynnyrch ysbrydoledig Ann Griffiths gan aelodau tair eglwys yr ofalaeth. Tystia Nan hyd heddiw i frwdfrydedd y cwmni a'r cynulleidfaoedd yn ddi-wahân drwy'r cyfnod cynhyrchiol hwn. Saif Cwmni Nanternis yn enghraifft o weithredu sydd yn cadarnhau holl-bwysigrwydd dynameg arwain mewn cymdeithas gydymddibynnol. Heb arweinydd llithro i aeafgwsg a wna'r potensial cyd-greadigol. Gydag arweinydd, dihuno a wna. Mae 'rhesymau i beidio' yn haint sy'n aros ei gyfle i frathu ac ymdreiddio i bob sefyllfa gymdeithasol. Chwistrellu i gorff y gymdeithas adrenalin y dychymyg yw swyddogaeth yr arweinydd: ei ysgogi i'w wella ei hun; i ymwroli, ymgryfhau ac ymbweru.

Nid gwennol unig oedd ehediad Nanternis. Bydd i ni sylwi'n ddiweddarach ar y datblygiadau eraill a ddigwyddodd o fewn dynameg theatr y werin yn ystod y cyfnod yr honnir i'r werin wrthgilio. Pwysigrwydd y llwyddiannau hyn yw eu gwrthdystiad i ragdybiaeth beryglus, sef mai symptom o dranc anorfod iaith a diwylliant lleiafrifol oedd gwanychiad mudiad y ddrama. Yn wyneb cynnydd a thechnoleg modernedd roedd y peth yn anorfod, medd y gwan o galon. Methodd gwerin y Gymraeg wrthsefyll ymlediad y teledu. Syrthiodd, yn ei gwendid, ar ymosodiad cyntaf y cyfrwng newydd. Yn unol â'i thynged, camodd yn agosach tuag at fedd ei thranc terfynol.

Ynghudd yn yr apocolyptiaeth hon y mae beirniadaeth anghyfiawn ar 'werin' y Gymraeg – yr endid ar wahân hwnnw; y dosbarth penodol. Am i weithwyr siop, ysgrifenyddesau a ffermwyr bach fanteisio ar y cynnydd yn eu cyflogau i fwynhau y breintiau nad oedd, genhedlaeth ynghynt, o fewn gafael neb ond marsiandwyr, darlithwyr, gweision sifil a ffermwyr mawr, awgrymir bod y gweithwylwyr bellach â'u bryd ar fod yn ddim amgenach nag yn brynwyr a defnyddwyr. Medd Raymond Williams...

The worker's envy of the middle-class man is not a desire to be that man, but to have the same kind of possessions. ...It is wholly reasonable to want the means of life in such abundance as is possible.[5]

Erbyn dechrau'r saithdegau, prin oedd yr aelwydydd Cymraeg yn Nanternis nad oedd yn meddu ar beiriant golchi, car a set deledu. Ond pan groesffrwythlonodd un o wenyn diwylliant y Gymraeg blanhigyn cwsg y ddrama blodeuodd brwdfrydedd a chydgreadigrwydd ar hyd meysydd ardal gyfan. Yn yr act wanwynol hon cadarnhawyd mai ychwanegu at *means of life* y brodorion

---

[5] *Culture and Society* – Raymond Williams – Hogarth Press, Llundain, 1987

a wnaeth eu peiriannau newydd. Ni fu iddynt eu 'dosbarth-ganoli' – eu dadwreiddio, hynny yw, oddi wrth gynefin eu hiaith a'u diwylliant.

Yn ystod yr un cyfnod, yr oedd croesffrwythlonwyr a tharfwyr eraill ar waith ar draws cynefin oedd yn dir âr ar gyfer prifiant ac esblygiad pellach theatr ei gwerin. Ond hyd yn oed yn nhiriogaeth ffrwythlon Ceredigion, yr oedd parodrwydd un garfan i 'ymddosbarth-ganoli' – ymryddhau oddi wrth *solidarnos* y werin – yn ychwanegu at yr her a wynebai'r cydadeiladwyr. Yr arweinwyr a'r darpar-arweinwyr oedd y garfan honno.

Pennod 18

Theatr yr Athro Drama

Cynhaliwyd diwrnod mawr o ddathlu yn Ysbyty Ystwyth ym 1959. Dan ysgogiad Urdd Ieuenctid Eglwys Bresbyteraidd Cymru daeth bysys o bob rhan o Gymru â chynulleidfa o filoedd ynghyd i gofio am Dafydd Morgan, un o feibion Anghydffurfiaeth Ysbyty Ystwyth ac arweinydd diwygiad mawr 1859. Yn sgil yr 'adfywiad', chwedl cofnodwyr y cyfnod, daeth 70,000 ychwanegol o bobl i gyfranogi o gyffro yr eglwysi Anghydffurfiol – cyffro oedd yn eangfrydig a phellgyrhaeddol yn ôl y cyd-destun a osodwyd i'r canmlwyddiant gan y Parchedig Lewis Evans...

Yr oedd effeithiau y Diwygiad yn lluosog – adfywiodd fywyd crefyddol yr eglwysi, gan ychwanegu miloedd at nifer yr aelodau... Cafwyd chwyldroad hollol yng ngwleidyddiaeth ein gwlad. Magwyd dynion a oedd yn barod i ddioddef dros eu hegwyddorion. Nid anghofir Etholiad 1868.[1]

Wrth ddarllen hanes ail chwyldro y Gymru

---

[1] *Dafydd Morgan a Diwygiad '59* – D. Lewis Evans – Llawlyfr Pererindod Urdd y Bobl Ieuainc, Ysbyty Ystwyth, 1959

Anghydffurfiol daw ymroddiad Dafydd Morgan i uchelgais ei ddychymyg yn amlwg. Fel Harris, Rowland a Williams o'i flaen gweithiodd a theithiodd a rhannodd ac anogodd hyd derfyn ei egni corfforol a meddyliol. Gan ddal ei afael yn benderfynol ar yr awenau agorodd gwysi newydd a ffrwythlon ar hyd a lled tirwedd ei wlad a'i phobl. Ond ganrif yn ddiweddarach, wrth i fateroliaeth unigolyddol ddechrau ymgodymu o ddifrif â chanolbwynt hanesyddol colectifistiaeth y Cymry, gosod y cyfrifoldeb am gymryd y cam cyntaf ar Dduw a wnâi'r capelwyr. Medd Lewis Evans..

> Clywais weinidog rai blynyddoedd yn ôl yn gweddïo ger bedd y Diwygiwr, a chofiaf yn dda un o'i frawddegau, 'Lord, do it again'.[2]

Pa ryfedd fod yr eglwys y bu Dafydd Morgan a Lewis Evans yn weinidog arni bellach wedi'i dirwyn i ben a'r capel mawr a fu yn ganolfan gynhyrchiol i Anghydffurfiaeth a'i haddysg wedi ei ddymchwel? Nid gwadu bodolaeth Awen mo hynny. Ond er mwyn cyffwrdd â hi a chael ein cyffwrdd ganddi rhaid cyfeirio ac egnïo ein dychymyg – ein huchelgais creadigol ni'n hunain.

Daeth cymaint o bobl ynghyd i'r dathlu ym 1959 fel y bu raid cynnal tri chyfarfod yr un pryd gyda'r nos gan ddefnyddio capeli sylweddol Pontrhydygroes a Phontrhydfendigaid yn ogystal â chapel mawr Ysbyty ei hunan. Er hynny, roedd gafael Anghydffurfiaeth ar ddychymyg siaradwyr y Gymraeg bellach yn llacio. Parhau roedd ei gallu i dynnu tyrfaoedd go fawr ynghyd, ond roedd ei gallu i gynnal y cylch angenrheidiol o fuddsoddi deallusol wedi ei dorri. Wrth i'r egni arweiniol – y bobl hynny a oedd yn barod i gydio yn yr awenau – bylu, pylu

---

[2] ibid

hefyd a wnâi gallu'r cylch i ail-fuddsoddi: i gynnal ei hunan. Trodd cylch hunangynhaliaeth yn gylch dieflig o ddirywiad a gwanhad.

Ond os oedd Anghydffurfiaeth ei hunan ar drai, yng Ngheredigion yr oedd Addysg Anghydffurfiol yn dal i brifio a chryfhau. Prif gynhaliwr dynamig y datblygu oedd gafael dynn a phenderfynol ei harweinwyr ar yr awenau ffurfiol ac anffurfiol. Trwy'r ail-dafoli hwn ar gylchdaith egino ac egnïo diwylliant y Gymraeg cynhaliwyd ei *solidarnos.* Cadarnhawyd gwendid creadigol y canolfannau crefyddol gan y rhyddid a deimlodd 'plant' y chwedegau i dorri'n rhydd o fagwrfa dyletswydd a thraddodiad eu cyndeidiau. Yn y rhannau hynny o Gymru lle cynrychiolai'r capel unig ganolbwynt y Gymraeg bu'r ysgariad hwn yn gatastroffig ei effaith. Heb gryfder a maeth y canolbwynt 'syrth pethau ar wahân' ys dywed Yeats.

Ond newid ffurf, nid ei cholli, fu hanes diwylliant y Gymraeg yng Ngheredigion. Bu symudiad y ddrama o'r festri i'r neuadd ac o fod yn gwmni caeedig y capel i fod yn gwmni eciwmenaidd y gymdogaeth gyfan yn baratoad pwysig ar gyfer y dydd y byddai'r sefydliadau hunan-ddiogelwch yn marw'n araf yng nghwsg eu diffyg creadigrwydd. Adeiladu ar gyn-fentergarwch ddiwylliannol y capeli a wnaeth y to o arweinwyr a sicrhaodd safleoedd o ddylanwad iddynt eu hunain yn fframwaith addysg sirol y pumdegau a'r chwedegau. Dynameg cwestiynu oedd wrth wraidd creadigrwydd eangfrydig y chwyldro Anghydffurfiol. Dynameg cwestiynu oedd y ffactor holl bwysig a ychwanegodd Alun Edwards, Mary Lewis a D. J. Morgan a'u disgyblion at system bweru y diwylliant yng Ngheredigion. Beth bynnag am gyflwr yr eglwysi Anghydffurfiol roedd Addysg Anghydffurfiol yn fyw ac yn egnïol o iach.

Apostol arall i'r addysg hon oedd Alwyn Jones a ddaeth,

maes o law, yn Ddirprwy Gyfarwyddwr Addysg y sir. Tadogai'r diwylliant statws deublyg ar bobl: Dafydd y Groesffordd – *lengthman* a cherddor; Dan Davies, Rhydlewis – teiliwr ac actor; Tom Owen, Llanllŷr – garddwr a chynhyrchydd drama. Ym mhrif enghreifftiau y dauddegau a'r tridegau tueddai'r swydd ddiwylliannol i fod yn uwch ei statws na'r swydd gyflogedig. Yn achos y prifathrawon oedd hefyd yn gynhyrchwyr drama – David Beynon, Beulah a Dafydd Roberts, Bwlch-llan, er enghraifft – roedd statws y naill swydd gyfwerth â statws y llall. Roedd penodiad Alwyn Jones yn Swyddog Addysg Bellach Sir Aberteifi ar ddechrau'r pumdegau yn gadarnhad ychwanegol o briodas gyflawn addysg ffurfiol ac Addysg Anghydffurfiol.

Un o blith teulu o ddrama-garwyr oedd Alwyn. Roedd ei chwaer, Megan Evans – mam y cyfarwyddwr teledu a ffilm John Hefin – yn actores a fyddai wedi cystadlu am goron Brenhines y Ddrama pe bai'n byw yn Nyffryn Aeron. Wedi ei gyfnod yn y fyddin roedd y brawd arall – Gwynn – ymysg y genhedlaeth gyntaf yng ngwledydd Prydain i'w hyfforddi yn athrawon drama. Plisman pentref oedd eu tad. Yn rhinwedd y swydd honno, trwy gyfnod eu plentyndod, symudodd y teulu o un gymdogaeth i'r llall. Un ardal a fu'n gartref iddynt oedd Llangeitho. Gan nad oedd eu tad na'u mam yn arddel diddordeb neilltuol yn y ddrama amheuai John Hefin mai'r ardal hon, â'i storïwyr a'i chwmnïau drama, biau'r clod am gyffroi'r diddordeb – diddordeb a atgyfnerthwyd gan hollbresenoldeb theatr y werin yn yr amryw gymdogaethau a fu'n gartref iddynt.[3] Hyfforddi yn athro a wnaeth Alwyn. Ond, o'r cychwyn cyntaf yn Ysgol Mydroilyn, mwynhâi statws yr actor lawn cymaint â statws yr athro. Maes o law penodwyd ef yn

---

[3] Cyfweliad â John Hefin – 5 Medi, 2008

brifathro yn Llanafan ac er iddo droi'n gynhyrchydd dros dro wrth atgyfodi'r cwmni drama yno parhau i dyfu wnaeth ei enw fel actor. Heb os gwelwyd ei ddyrchafiad yn Swyddog Addysg Bellach, ac yna yn Ddirprwy Gyfarwyddwr Addysg Sir Aberteifi, yn ddyrchafiad arall o statws i rôl ganolog y diwylliant ym meddylfryd llywodraethol y sir.

Er ei fod yn gorff annibynnol roedd Cyngor Gwlad Ceredigion yn arddel perthynas agos â Gwasanaeth Addysg y cyngor sir. O ran y Panel Drama clymwyd y berthynas yn agosach fyth gan apwyntiad Alwyn yn Is-gadeirydd arno. Roedd y bartneriaeth ymarferol a ddatblygodd rhwng grym gweledigaeth artistig Mary Lewis a grym gwleidyddol Alwyn Jones yn allweddol i barhad a datblygiad y ddrama yng Ngheredigion ar yr union adeg pan oedd y mudiad, yng Nghymru yn gyffredinol, yn dihoeni wrth golli'i arweinwyr.

Wedi cyfnod yn athro gyda'r fyddin yn yr Almaen dychwelodd brawd Alwyn, Gwynn Hughes Jones, i Geredigion ddechrau'r pumdegau yn brifathro ar Ysgol Gynradd Penuwch. Gan gofio am bwysigrwydd agored yr arfer o ganfasio[4] anodd yw credu na fu i Alwyn gael rhyw fath o ddylanwad ar yr apwyntiad. Os yw union wleidyddiaeth y symudiad hwnnw yn amwys, llai amwys yw'r hyn a ddigwyddodd nesaf. Anhapus fu arhosiad Gwynn ym Mhenuwch. Roedd e'n ddyn galluog, ond nid 'Beynon Beulah' mohono. Nid oedd bod yn brifathro ysgol bentref ymysg ei alluoedd. Dyn y ddrama yn llwyr ac yn hollol oedd Gwynn ac ni feddai'r awydd na'r amynedd i rannu ei frwdfrydedd drosti â gofynion addysg ffurfiol

---

4 Gan mai ym meddiant cynghorwyr sir yn unig yr oedd yr hawl i apwyntio yn ystod y cyfnod hwn roedd hi'n arferol i ymgeiswyr ymweld â'r cynghorwyr allweddol er canfasio – hynny yw, ceisio sicrhau – eu cefnogaeth.

amserlen yr ysgol. Digwyddodd dadrithiad yr ysgol â'i phrifathro a'r prifathro â'i ysgol ar adeg, ganol y pumdegau, pryd y manteisiodd y Cyngor Gwlad ar y cyd â'r Gwasanaeth Addysg ar gyfle i ehangu cylchoedd eu gweithredu. Cafwyd cyllid i benodi dau swyddog ieuenctid. Penodwyd Gwynn yn un ohonynt. Ond ymylol os nad amherthnasol yw unrhyw gyhuddiad o nepotistiaeth – er mor dechnegol gyfiawn o bosib – yn yr achos hwn. Yr hyn mae'n bwysig sylwi arno yw ehangder a phenodolrwydd y weledigaeth addysgol-gymdeithasol a roddwyd ar waith. Yr her a gyflwynwyd i Gwynn oedd derbyn cyfrifoldeb am ddatblygu gweithgareddau drama a theatr i blant a phobl ifainc yng nghymdogaethau cefn gwlad y sir. Os oedd ymgyrch Alun R. Edwards i greu llyfrgell o lyfrau Cymraeg ar gyfer plant a ieuenctid Ceredigion yn ysbrydoledig, felly hefyd oedd y modd y cyd-bensaernïodd Mary Lewis ac Alwyn Jones y swydd hon, swydd a sefydlai i'r ddrama Gymraeg, am y tro cyntaf, ddynameg ffurfiol o arwain, hyrwyddo a buddsoddi; a hynny yn ei chadarnle.

Prin oedd y bobl a dystiai i ragoriaeth Gwynn Hughes Jones yn brifathro. Ond nid prin oedd y sawl a dystiai i'w briodoldeb ar gyfer y swydd hon. Wrth gynhyrchu dramâu roedd yn arweinydd brwdfrydig ac effeithiol ar bobl ifainc. Yng nghyd-destun y gwaith ieuenctid, yn ystod blynyddoedd olaf y pumdegau sefydlodd batrymau o weithredu mewn gwahanol rannau o'r sir sydd yn dal i ddwyn ffrwyth hyd heddiw, dros hanner can mlynedd yn ddiweddarach. Roedd y fethodoleg yn syml. Y cam cyntaf oedd dewis etholaeth yr oedd potensial iddi. Un o'r cymdogaethau cyntaf a ddewiswyd oedd Ysbyty Ystwyth a Phontrhydygroes – bro eisteddfod a chôr a chwmnïau drama. Yr ail gam oedd cywain cynulliad o bobl ifainc ynghyd – drwy wahoddiad agored ynghyd â chymell a pherswâd. Y trydydd cam oedd cynnal cyfres o weithdai drama yn baratoad ar gyfer creu o'r *ensemble* un neu, fel yn achos Pontrhydfendigaid, ddau gwmni drama. Y cam nesaf oedd tymor byr a chymharol ddwys o ymarfer, a'r cam terfynol oedd cynnal cyfres o berfformiadau – yn lleol ac ar daith ar hyd a lled y sir. Enghreifftiol o egni a brwdfrydedd Gwynn yw'r ffaith y byddai'n cynnal y patrwm hwn o weithredu ar yr un pryd mewn dwy gymdogaeth wahanol. Ddiwedd y degawd arbrofwyd ag asio'r patrwm hwn o weithredu â chynnal gŵyl ddrama ieuenctid. Cynhaliwyd y gystadleuaeth gyntaf yn Neuadd Goffa Felin-fach – digwyddiad a fu'n fodd i atgoffa pobl yn gyffredinol o bwysigrwydd hanesyddol Felin-fach i'r ddrama ac, o bosib, i blannu hedyn o syniad ym meddyliau blaenoriaid Addysg Anghydffurfiol o botensial Dyffryn Aeron ar gyfer datblygiadau a oedd eto i'w hadnabod.

Ni afaelodd yr ŵyl ei hun yn nychymyg y cyhoedd i'r un graddau ag y gwnaeth ymysg aelodau'r cwmnïau ifainc, a'r afael honno oedd yr un holl bwysig. Yn ystod y pumdegau a'r chwedegau merched a meibion fferm oedd crynswth aelodau Mudiad y Ffermwyr Ifainc. Adlewyrchu'r cyd-destun amaethyddol a wnâi rhaglen y cystadlaethau. Yn y blynyddoedd cyntaf, dan anogaeth pobl fel Marie James, Clwb Llwynpiod, ffurfiodd crugyn o glybiau gwmnïau drama er mwyn difyrru'n lleol ynghyd ag ymweld â chlybiau a chymdogaethau eraill. Wrth i aelodaeth y mudiad amlhau, amlhau hefyd wnaeth ystod y cystadlaethau. Erbyn diwedd y pumdegau roedd y gweithgaredd diwylliannol a gynhaliai'r mwyafrif o glybiau ar eu liwt eu hunain yn dechrau cael ei gynnwys yn y rhaglen gystadleuol. Ym 1964 un o'r clybiau cyntaf i greu cwmni drama – Clwb Pontsian[5] – oedd yr unig

---

[5] Dan ddylanwad 'prifathrawiaeth fro' Tom Stephens, Talgarreg y dechreuodd Clwb Ffermwyr Ifainc Pontsian ymwneud â'r ddrama.

gystadleuydd yng Ngheredigion.[6] O fewn pymtheg mlynedd mi fyddai cystadleuaeth ddrama'r sir yn para wythnos gron ag o leiaf dri chlwb y noswaith yn cystadlu. Hanner can mlynedd yn ddiweddarach mae tocynnau ar gyfer holl gystadlaethau theatrig y mudiad a gynhelir yn Theatr Felin-fach mor werthfawr ag aur. Y Gymraeg yw iaith a diwylliant y creu a'r perfformio ac y mae canran iach o'r gwaith a lwyfannir yn tystio i ymlyniad y cwmnïau a'u harweinwyr wrth ddynameg theatr sydd yn wreiddiol, heriol ac uchelgeisiol.

Tarddu o holl gyfoeth hanes y ddrama Gymraeg yn y sir a'r cyffiniau a wna creadigrwydd y cystadlaethau hyn. Ni fyddai momentwm y cwestiynu a'r creu – gyriannau y dwysedd a'r bwrlwm – wedi goroesi hyd at heddiw oni bai am y buddsoddiad a ddaeth yn sgil gweledigaeth Mary Lewis ac Alwyn Jones ac a wireddwyd trwy gyfrwng egni a brwdfrydedd Gwynn Hughes Jones. Go brin y bu iddynt ddeall pa mor bellgyrhaeddol fyddai'r gweithredu, ond roeddent wedi deall, bid siŵr, bod cynaliadwyaeth y diwylliant yn gyffredinol a'r ddrama yn benodol yn ddibynnol ar sicrhau cylch parhaus o fuddsoddi adnewyddol. Deallent hefyd nad mater i'w ollwng wrth ddrws rhaglunaeth oedd hwn. Yr oedd cwmnïau Edna Bonnell, Beynon Beulah a Thyngwndwn ac ati yn dal i sipsiwna'r ddrama yn llewyrchus o bentref i bentref. Ond gwelai'r addysgwyr ymhellach. Cwyn gyffredinol ymysg clybiau Ffermwyr Ifainc y chwedegau oedd prinder cynhyrchwyr. Roedd y meithrinfeydd a godai'r arweinyddion yn dechrau gwagio. Ymateb yr addysgwyr oedd harnesu adnoddau'r dydd er adfywio ac atgyfnerthu'r broses o fuddsoddi; troi peth o ddŵr addysg gydymffurfiol

---

[6] *Llafur Cariad* – cyfrol dathlu 70 mlynedd Ffermwyr Ifainc Ceredigion – Ffederasiwn Clybiau Ffermwyr Ifanc Ceredigion – Felin-fach, 2011

tuag at felin Addysg Anghydffurfiol. Nid disgwyl yr awen a wnaethent ond gafael yn yr awenau.

Erbyn heddiw mae'n bosib olrhain sawl cenhedlaeth o arweinyddiaeth greadigol theatr gyfoes y werin yn ôl i'r chwistrelliadau o egni a gafwyd trwy law y Swyddog Ieuenctid a Drama. Gydag amser, dechreuwyd adeiladu ar y bwrlwm trwy greu gweithgaredd ieuenctid rhanbarthol a sirol. Pan agorwyd ysgol gynradd newydd yn Aberaeron, ym 1962, cyflwynwyd yr hen ysgol yn ganolfan at wasanaeth addysg trwy gyfrwng drama yn y sir. Mae'n werth sylwi'n fanwl ar y geiriad union a phwrpasol. Yn ei ddefnydd neilltuol ar y geiriau 'trwy gyfrwng' gwelwn Wasanaeth Addysg Cyngor Sir Aberteifi yn cadarnhau ehangder ei gweledigaeth. Addysg trwy gyfrwng cerddoriaeth oedd y profiad o fod yn aelod o gerddorfa Ysgol Chancery yn sêt fawr capel Blaenplwyf y tridegau. Roedd yr addysg yn cynnwys dysgu ffurfiol ar gerddoriaeth yn yr ysgol, ond roedd cynefin y gweithredu yn cynnig i'r disgyblion gyd-destun a borthai addysg ehangach o lawer.

Sicrhau perthynas testun a chyd-destun a wna'r geiriau 'trwy gyfrwng'. Trwy gyfrwng y cyfrifiadur twll-yn-y-wal yr addysgodd plant 'anllythrennog' Delhi eu hunain. Trwy gyfrwng yr Ysgol Gân a'r Gymanfa Ganu y dysgodd y Cymry i gynganeddu wrth ganu. Trwy gyfrwng y bregeth, y seiet a'r Ysgol Sul y cydymaddysgodd bonedd a gwrêng y Gymraeg i gwestiynu ac i feddwl yn greadigol. Trwy ymaelodi â Chlwb Ffermwyr Ifainc neu wrth fynd i gigs Edward H ac ati y daeth cynifer o blant mewnfudwyr di-Gymraeg y saithdegau yn ddinasyddion dwyieithog a dau-ddiwylliannol. Addysg gatholig – addysg gron – yw Addysg Anghydffurfiol. Nid elfen 'bellach' i'w hychwanegu at elfen 'sylfaenol' yw. Yn wir, nid 'elfen' yw Addysg Anghydffurfiol o gwbl ond ecoleg: tiriogaeth bythol-gyfnewidiol o wybodaeth, profiad a dychymyg; amgylchfyd sydd yn bodoli yn nerth a thrwy gyfrwng dawns barhaus y ffurfiol a'r anffurfiol; y cyfrwng a'r 'trwy gyfrwng'; y testun a'r cyddestun.

Roedd y ganolfan newydd yn Aberaeron – trwy ddiffiniad y geiriau 'trwy gyfrwng' felly – yn ganolbwynt ar gyfer cefnogi gwaith yn y maes. Yn y maes – yn yr ysgolion, yn y clybiau ieuenctid a Ffermwyr Ifainc ac yn y neuaddau a'r festrïoedd – digwyddai crynswth yr addysg. Os mai drama a chreadigrwydd a diwylliant oedd y testun, holl gymdogaethau'r Gymraeg oedd y cyd-destun. A'u heiddo hwy, nid eiddo'r awdurdod na'r Trefnydd Drama Sirol – teitl newydd Gwynn Hughes Jones – oedd y ddrama Gymraeg.

Yn ystod y dydd treuliai'r trefnydd ei amser yn teithio o ysgol i ysgol yn darparu'r hyn a elwir bellach yn Hyfforddiant Mewn Swydd. Cyflwyno a thrwytho athrawon yn y dechneg o ddysgu pynciau amrywiol trwy gyfrwng drama a wnâi. Roedd y rhod yn troi. Genhedlaeth ynghynt collodd Idwal Jones brifathrawiaeth Ysgol Mynach am ddefnyddio dulliau tebyg. Cyfreithlonwyd cenhadaeth y Trefnydd Drama yn ystod y chwedegau gan ddwy elfen. Yn gyntaf, perthynai tras y swydd i ddynameg llywodraethol Addysg Anghydffurfiol – meddylfryd a unai arweinwyr addysgol, gwleidyddol a diwylliannol y sir. Dyma'r ddynameg a oedd wedi sicrhau statws flaengar i addysg yn ei holl ffurfiau yng Ngheredigion ers diwedd y bedwaredd ganrif ar bymtheg. Yn ail, perthynai twf drama yn y byd addysg Prydeinig i'r symudiad mawr – wedi'r Ail Ryfel Byd – tuag at greu cymdeithas fwy egalitaraidd. Prif fuddugoliaeth yr ewyllys hon oedd creu'r Gwasanaeth Iechyd Cyhoeddus yn 1947. Chwalwyd y ffiniau hierarchaidd a wahaniaethai ar sail cyfoeth personol. Roedd ffiniau eraill fyth i'w torri.

Ym 1951 pleidleisiodd cynghorwyr Môn o blaid

diddymu arholiad y '11 plus' – y cyngor cyntaf yng ngwledydd Prydain i gael gwared â'r ffin a gyfyngai addysg uwch i ddisgyblion academaidd yn astudio pynciau academaidd. Er i'r broses o ddiddymu'r system addysg ddau ddosbarth gymryd dros ugain mlynedd i'w chwblhau ar draws y Deyrnas Unedig, roedd y weledigaeth yn lledaenu. Nid galluogi'r plant academaidd i fod yn alluog oedd yr unig nod bellach. Gwaith ysgol oedd ceisio adnabod anghenion a photensial pob disgybl gan gyd-feithrin eu doniau o fewn un gymdeithas anhierarchaidd. Er mwyn gwireddu'r weledigaeth hon cwestiynwyd y broses addysgol o'r newydd. Lle'r oedd anghenion y system gyfalafol, ers y chwyldro diwydiannol, wedi rheoli blaeno-riaethau'r gyfundrefn addysg a'i gwneud yn system gul a chyfyng, bellach roedd meddylwyr addysg gwrth-hierarchaidd y cyfnod ôl-ryfel wedi dechrau datgymalu'r hen ffiniau gan ehangu potensial y gyfundrefn yn ei chyfanrwydd. Yn y senario hwn adnabuwyd o'r newydd berthynas symbiotig creadigrwydd ac addysg. Darganfuwyd o'r newydd gydberthynas sylfaenol y celfyddydau a chymdeithas ac addysg. Yn hyn o beth daeth meddylwyr addysgol Lloegr i ddeall yr hyn a ddeallai arweinwyr Addysg Anghydffurfiol Cymru trwy reddf, sef nad yw addysg destunol yn gyflawn heb ei bod yn addysg gyd-destunol – gwireb, yn eironig ddigon, yr oedd penaethiaid ysgolion bonedd y Sais yn hen gyfarwydd â hi.

O ganlyniad daeth y côr a'r gerddorfa ysgol yn norm ac nid yn eithriad yn yr ysgolion cyfun newydd. O'r dechrau gwelwyd bod dysgu trwy gyfrwng creu cerddoriaeth yn agor dynamig addysgu ymhell y tu hwnt i wybodaeth am iaith a gramadeg a hanes y cyfrwng ei hunan. O ran y ddrama, aethpwyd gam ymhellach. Dan yr hen drefn, is-bwnc a oedd yn ddarostyngedig i'r dasg o astudio llenyddiaeth – a Llenyddiaeth Saesneg gan fwyaf – oedd drama. Dan y drefn newydd torrwyd yn rhydd – yn hollol rydd – o'r carchar anghreadigol hwnnw. Mewn cam oedd yn nodweddiadol o fenter a radicaliaeth y cyfnod sefydlwyd drama nid yn bwnc i'w ddysgu ond yn gyfrwng cydymaddysgu. Megis yng Ngheredigion, nid oedd apwyntio athro drama mewn ysgol yn gyfystyr ag ychwanegu pwnc newydd at ei hamserlen. Yn hytrach cyfoethogi technegau dysgu yr athrawon oedd y nod, datblygiad a arweiniai at ehangu mynediad y plant – pob plentyn – at esgynfa addysg. Yn yr ysgol uwchradd yn ogystal â'r ysgol gynradd hwyluso proses gydymaddysgol naturiol y plant eu hunain oedd gwaith yr athro a ddysgai trwy gyfrwng drama. Yn y ffydd hwn yng nghreadigrwydd cynhenid pob plentyn cariai swyddogaeth yr athro drama egwyddor sylfaenol y meddylfryd addysg ôl-ryfel. Yr oedd egwyddorion Anghydffurfiol bellach wrth wraidd y gyfundrefn addysg.

Ysywaeth, profwyd mai ffenomen dros dro yn unig oedd ymlyniad y gyfundrefn ganolog wrth egwyddorion egalitaraidd. O fewn dim o amser dechreuodd y meddylfryd hierarchaidd ail-afael ar dir ei hegemoni. Arwydd o'i lwyddiant oedd iddo sicrhau nad cyfrwng dysgu fyddai drama yn yr ysgolion bellach ond pwnc i'w ddysgu. Cyflawnwyd hyn trwy dadogi arni 'statws'. Gwnaed 'drama' yn bwnc arholi. Trwy gyfrwng yr ystryw hon gwyrdrowyd anghydffurfiaeth yn gydymffurfiaeth. Trowyd creadigrwydd yn fimesis. Yn bennaf oll, datgysylltwyd drama yn yr ysgol oddi wrth radicaliaeth ei photensial cymdeithasol. Ail-godwyd ffiniau ac ail-sefydlwyd gwahanrwydd.

Cau'r drws yn wyneb y llif bygythiol hwn a wnaeth pwyllgorau addysg Cyngor Sir Aberteifi y chwedegau, Cyngor Sir Dyfed y saithdegau hyd y nawdegau a Chyngor Sir Ceredigion y ddau ddegawd diweddaraf. Mae clod o'r mwyaf yn ddyledus i bob un ohonynt yn eu tro. Trwy arddel eu hannibyniaeth barn gwarchodwyd gweledigaeth Addysg Anghydffurfiol eu treftadaeth. Drwy barhad eu cefnogaeth i fudiad y Ffermwyr Ifainc a'u hymlyniad wrth achos a chenhadaeth Theatr Felin-fach daliwyd gafael ar egwyddorion addysg gyd-greadigol. Am gyfnod byr cyd-ymlwybrai ffrwd anghydffurfiaeth y gyfundrefn Brydeinig â ffrwd anghydffurfiaeth iaith a diwylliant y Gymraeg. Pan ataliwyd y llif atgyfnerthol o du'r Weinyddiaeth Addysg ni ildiodd yr awdurdod lleol i'r temtasiwn i gwtogi ar wariant ac, felly, i gydymffurfio. Diolch i'r drefn, parhau i anghydffurfio a wnaeth ac a wna.

Wrth drafod swyddogaeth yr athro drama medd Brian Way...

[T]here are two activities, which must not be confused – one is theatre, the other is drama.[7]

Wrth sefydlu gwasanaeth addysg-trwy-gyfrwng drama sirol roedd Gwynn Hughes Jones yn ymwybodol iawn o'r gwahaniaeth sylfaenol hwn. Er mawr glod iddo, ni fu iddo ildio i'r temtasiwn holl bresennol o droi gweithredu addysgol-greadigol – y broses gydymaddysgol – yn weithredu perfformiadol, unigolyddol. I raddau helaeth deallai Gwynn bwysigrwydd y gwahaniaeth yn reddfol. Nid cynhyrchu perfformwyr o unrhyw fath yn y byd oedd y gwaith yn yr ysgolion. Y nod – yn unol â'r weledigaeth egalitaraidd ôl-ryfel gyffredinol – oedd datblygu'r person cyflawn – pob person. Sail y nod hwn oedd y gred ym mhotensial creadigol pob enaid byw. Ffrâm y gwasanaeth newydd oedd cylch holl gynhwysol cymdeithas y dosbarth, yr ysgol a'r gymdogaeth.

---

[7] *Development through Drama* – Brian Way – Longmans – Llundain, 1967

Yn y gwaith gyda phobl ifainc y sir, er cymaint y pwysau i'w meithrin a'u datblygu yn actorion a chynhyrchwyr ac yn ysgrifenwyr, yr un oedd y nod sylfaenol hefyd. Dyna oedd gwir waith holl gwmnïau mudiad y ddrama Gymraeg: cynnal llwyfan a feithriniai botensial creadigol yr unigolyn o fewn cymdeithas o gyd-greu a chyd-ymaddysgu. Yr oedd i wasanaeth y Trefnydd Drama yng Ngheredigion unoliaeth bwriad felly a angorwyd nid yn syniadau oriog y gyfundrefn addysg Brydeinig ond yn egalitariaeth sylfaenol a pharhaus Addysg Anghydffurfiol.

Er cymaint y golled ar ôl marwolaeth Mary Lewis sicrhaodd twf y ddrama yng ngwasanaeth addysg y sir bod ei chenhadaeth oleuedig yn parhau i brifio ac esblygu. I bob pwrpas daeth y Ganolfan Ddrama yn Aberaeron yn fiwro gweithredol ar ran Panel Drama y Cyngor Gwlad ynghyd ag uchelgais arloesol y swyddogion addysg. Yr oedd iddi dair swyddogaeth. Yn y lle cyntaf, yn ogystal a bod yn ganolfan weinyddol ar gyfer y Trefnydd Drama deuai grwpiau o ysgolion yma yn eu tro i gymryd rhan mewn sesiynau a ddefnyddiai dechnegau drama i gyffroi'r synhwyrau a'r dychymyg. Yn ail, dechreuwyd agor y ganolfan ar fore dydd Sadwrn ar gyfer cynnal yr hyn a elwid yn 'ddosbarthiadau drama' ar gyfer plant oedran ysgol gynradd. Efallai mai hyfforddiant actio oedd disgwyliad rhai rhieni wrth gludo eu plant i'r sesiynau hyn. Os felly cawsant eu siomi. Glynai'r trefnydd, ynghyd â'r tîm newydd o athrawon a apwyntiwyd ddiwedd y chwedegau i'w gynorthwyo, wrth yr egwyddor o ddatblygu creadigrwydd yr unigolyn o fewn i gylch diogel cymdeithas greadigol. Wrth esbonio amhriodoldeb ceisio creu theatr wrth weithio gyda phlant ifainc medd Brian Way...

Theatre is undoubtedly achievable with a few – a very small minority... [but] there is not a child born anywhere in the world, in any physical or intellectual circumstances or conditions, who cannot do drama.[8]

Yn olaf, tyfodd yr hen ysgol i fod yn ganolfan adnoddau ar gyfer cwmnïau drama Ceredigion yn gyffredinol a Chwmni Ceredigion – creadigaeth Mary Lewis – yn benodol. Addaswyd y stafelloedd dysgu yn weithdy ac yn stordy propiau a setiau, offer sain a golau ac yn adran wardrob helaeth ei gwisgoedd. Ar gefn y defnyddioldeb hwn datblygodd pedwaredd swyddogaeth. Yn fuan daeth y gofod a glustnodwyd ar gyfer sesiynau drama yr ysgolion a'r dosbarthiadau bore Sadwrn yn ofod ymarfer ar gyfer Cwmni Ceredigion. Oherwydd ei lleoliad canolog profodd hen ysgol gynradd Aberaeron i fod yn ganolfan gysurus ac ymarferol ar gyfer y ddynameg drama a theatr oedd yn esblygu dan ei hanogaeth. Ond yr oedd iddi un gwendid mawr. Nid oedd ynddi ofod perfformio. O'r diffyg hwn y cododd y sôn gyntaf am godi theatr yn Nyffryn Aeron.

---

[8] ibid

Pennod 19

Y Theatr Fach

Ddeng mlynedd wedi i drosglwyddydd Blaenplwyf sefydlu'r teledu yn gelfigyn hollbresennol ar aelwydydd y gorllewin yr oedd y broses o gyd-greu – ac o rannu ffrwyth y cyd-greu – yn fyw ac yn iach ar lawr gwlad Ceredigion. Nid digwyddiad anghyffredin yng nghalendr y cymdogaethau oedd noson lawen, cyngerdd, eisteddfod, darlith neu ddrama. Ond yn ardal Caerwedros, adeg y Nadolig, 1967 roedd dau arwyddocâd arbennig i lawnder neuadd y pentref. Yn y lle cyntaf, er mai perfformiadau gan Ffermwyr Ifainc yr ardal oedd achos y brwdfrydedd nid oedd a wnelo'r achlysur â chystadlaethau'r mudiad. Yn ail, roedd y chwaraewyr a'r gwylwyr ar fin camu i dir na fentrwyd iddo o'r blaen yn y Gymraeg.

Roedd dylanwad arweinwyr Addysg Anghydffurfiol, trwy gyfrwng eu statws yng nghyfundrefn addysg y sir, yn effeithio'n gadarnhaol ar fomentwm datblygol diwylliant y Gymraeg yng Ngheredigion yn gyffredinol, a'r ddrama Gymraeg yn benodol. Ond roedd cynnwrf Caerwedros, 1967, yn fodd i'w hatgoffa mai adeiladu ar symudiad llawr gwlad a wnaethant. Sylwyd droeon a thro eisoes ar bwysigrwydd dynameg arwain i gynaliadwyaeth y ddrama. Ar hyd a lled cadarnleoedd y Gymraeg, wrth i'r arweinwyr hanesyddol lacio eu cysylltiad â *solidarnos* y diwylliant, ymdawelu a wnaeth creadigrwydd y cymdogaethau a adawyd yn amddifad. Rhan bwysig o ddylanwad yr haenau newydd o arweinwyr sirol yng Ngheredigion oedd eu hymwybod o'r gydberthynas rhwng arweinydd a chydweithredwyr. Y gymdeithaseg hon oedd wrth wraidd llwyddiant dau brif fudiad ieuenctid y sir ar y pryd: yr Urdd a'r Ffermwyr Ifainc. Ysywaeth, maes o law, ildiodd yr Urdd ei hymlyniad wrth golectifistiaeth greadigol gynhenid y diwylliant gan ganolbwyntio ei hadnoddau nid ansylweddol ar gonsiwmeriaeth delwedd a dewis unigolyddol. Yn y penderfyniad hwn ysgarwyd yr iaith oddi wrth y diwylliant; di-rymwyd addysg anffurfiol wrth ei gaethiwo o fewn muriau a strwythurau addysg ffurfiol. Wrth ymofyn nawdd a ffafr y genedl-wladwriaeth trodd ymlyniad y mudiad wrth y Lles Cymdeithasol yn daeogrwydd tuag at y Lles Llywodraethol. Aeth anghydffurfiaeth fyw yn gydymffurfiaeth farw.

Mewn gwrthgyferbyniad, sefyll wrth y broses gymdeithasol hir-dymor o dyfu eu harweinwyr eu hunain o blith eu haelodaeth eu hunain a wnaeth y Ffermwyr Ifainc. Ymhlith y rhai a fendithiwyd gan y cydfuddsoddi hwn roedd y bardd Tydfor Jones.[1] Bwriodd ei brentisiaeth yng Nghlwb Caerwedros yn ystod y pumdegau. Erbyn y chwedegau roedd yn un o'r arweinyddion. Ond nid gwreiddioldeb disglair Tydfor yn unig oedd i gyfrif am gyffro Nadolig 1967. O ran y diwylliant yn gyffredinol a'r ddrama yn benodol, mae dwy ddynameg sydd â photensial i gyffroi. Egni'r arweinydd yw'r naill. Ymyrraeth y tarfwr yw'r llall.

Ar ddiwedd y pumdegau daeth y Parchedig Bernard Evans i ofalu am blwyf Llandisilio Gogo. Perthynai i'r haid o wenyn diwylliannol a groesffrwythlonai'r ddrama'n

---

[1] 1934–1983

benodol, a'r diwylliant yn gyffredinol, wrth iddo symud o un fugeiliaeth i'r llall. Brodor o ardal Llangennech ydoedd a diau mai yn un o neuaddau mawr y glowyr, ynteu dref gyfagos Llanelli, y sylwodd ar allu ffurf syml y pantomeim Prydeinig i gynnig llwyfan amrwd ar gyfer dathlu'r ysbryd cymdogaethol. Er cryfder y Gymraeg yn ardaloedd y glo carreg, ochr yn ochr â chwmnïau Dan Matthews (Pontarddulais) ac Edna Bonnell (Pwll, Llanelli) roedd natur lled-gosmopolitaidd y gweithfeydd yn sicrhau cynulleidfa gysurus a chyson ar gyfer theatr yn yr iaith fain. Yng Ngheredigion y tridegau a'r pedwardegau ymwelai cwmnïau Saesneg eu hiaith ag ambell i neuadd bentref[2] yn ogystal â'r trefi – Aberystwyth, Llambed ac Aberteifi yn arbennig. Ond eithriad yn hytrach na'r rheol oeddent, ac yng Nghaerwedros y chwedegau y Gymraeg a'i diwylliant oedd y prif gyfrwng, heb os nac oni bai. Ar gefn cryfder y mudiad yn y sir roedd y ddrama yn ffurf gymharol gaboledig. Yn sicr, doedd hi ddim yn ffurf amrwd. O'r drafodaeth greadigol a gododd rhwng Tydfor, yr arweinydd a'r bardd o grefftwr a Bernard, y tarfwr a'r pantomeim-garwr tyfodd planhigyn egsotig newydd, sef y pantomeim Cymraeg. Dyma achos y cyffro mawr a ddaeth â llond neuadd ynghyd ddwy noswaith o'r bron ar drothwy'r Nadolig, 1967.

Mae gwreiddiau'r traddodiad pantomeim Prydeinig i'w canfod yn theatr y Groegiaid. Addasiad yw'r gair o 'pantos' (oll/pawb) a 'mimos' (dynwared). Mae'n rhyfedd i feddwl, ond o fewn y genre Prydeinig y mae elfennau ag iddynt berthynas â diwylliant y Celtiaid. Tybir mai o draddodiad sy'n ymwneud â'r cyfnod rhwng Nos Calangaeaf a Nos Ystwyll – cyfnod troi'r byd ar ei ben: y meirw yn fyw; y gwerinwr yn uchelwr; gwryw yn fenyw – y daw'r arfer o

---

[2] Neuadd Goffa Felin-fach a Neuadd Pontrhydfendigaid yn arbennig.

ferch hardd yn chwarae'r 'prif fachgen' a gŵr canol oed yn 'fam' go egr. Credir hefyd mai Epona – y dduwies ffrwythlondeb a rydd i ni'r gair byw 'ebol' – yw tarddiad y 'ceffyl pantomeim' hollbresennol. Ond o theatr grwydrol yr Eidal yn yr unfed ganrif ar bymtheg – y *Commedia dell'arte* – y cafodd y Saeson afael ar y prif elfennau gan gynnwys y cariadon ifanc (Arlechinno a Colombina) tad y ferch (Pantalone) a'i weision (Pulcinella a Pierrot), y naill yn gall a'r llall yn dwp. Er bod yn nhraddodiad y pantomeim Prydeinig gynhwysion a chonfensiynau a berthynai i esblygiad parhaus y theatr Ewropeaidd, o fewn theatr fwyfwy fasnachol y bedwaredd ganrif ar bymtheg dechreuodd y genre ymbellhau oddi wrth y cyffroadau gwreiddiol. Er enghraifft, er mai theatr awyr agored na ddibynnai ar set oedd perfformiadau y *Commedia dell'arte*, yn sgil awydd rheolwyr theatrau Llundain i foddhau chwantau'r gynulleidfa aeth amlinellau storïol y sioeau yn ddim mwy nag esgus i arddangos setiau crand o baent a chynfas ynghyd â thrawsnewidiadau 'lledrithiol' o gefndir i gefndir. Yn ystod yr ugeinfed ganrif cwblhawyd yr ysgariad â'r gwreiddiau gwerinol a lled radical. Erbyn heddiw, cyfrwng ffosiledig yw pantomeim yn ei ffurf Brydeinig. Digwestiwn yw ymlyniad ei ddarparwyr a'i brynwyr i'r confensiynau sydd bellach yn ddi-ystyr. Nid yw, serch hynny, heb ei rym. O fewn theatr y gyfundrefn hierarchaidd cyfranna'n sylweddol at gynnal myth undod diwylliannol a chymdeithasol Prydeindod. Y mae pob gwaedd 'It's behind you' (yn waeth fyth 'tu ôl ti') yn ychwanegu at afael dwys a chyfrwys cydymffurfiaeth ar gyfundrefn ein meddyliau a'n teimladau. Yn ei chynefin, proffesiynol neu amatur, er gwaethaf y chwarae plant ymddangosiadol nid theatr ddiniwed mo theatr y pantomeim Prydeinig.

Drannoeth y perfformiad cyntaf yng Nghaerwedros

cyrhaeddodd sŵn y cyffro glustiau'r Trefnydd Drama yn
Aberaeron. Ers ei ddyddiau yn Llundain ac ar staff dysgu'r
fyddin yn yr Almaen roedd Gwynn Hughes Jones yn
ddigon cyfarwydd â'r pantomeim Prydeinig – yn ei
theatrau mawreddog yn ogystal â'i neuaddau llai ffurfiol.
Wedi mynnu sedd brin ar gyfer yr ail berfformiad fe'i
synnwyd, bid siŵr. Ni pherthynai'r hyn a brofodd ym
mherfeddwlad y Gymraeg i'r naill gonfensiwn Prydeinig
na'r llall. Profodd y wefr o weld y ffrâm go farw a
fenthycwyd oddi wrth y Saeson yn cael ei gorchuddio gan
dyfiannau cyd-ddychmygus presennol byw y diwylliant
cynhenid. Dychwelodd o lawr gwlad Caerwedros i'r ganolfan
yn Aberaeron megis botanegydd o ddarganfyddwr ar ei
ffordd yn gynhyrfus tua thref. Yr oedd toriad o'r planhigyn
egsotig – prifiant hybrid Tydfor Jones a Bernard Evans –
yn ddiogel yn ei boced. Awchai i'w drawsblannu a'i dyfu
ymhellach a gwyddai'r union leoliad ar gyfer y weithred:
Coleg Bro Aeron, Felin-fach – coleg y ffermwyr.

Ym 1952 roedd athro ifanc o'r enw D. G. M. Thomas
wedi ei benodi yn Drefnydd Addysg Amaethyddol Sir
Aberteifi. Treuliodd fisoedd cyntaf y swydd newydd hon
yn rhannu swyddfa â'i bennaeth – Alwyn Jones, Swyddog
Addysg Bellach y sir. Yng Ngheredigion drama oedd
asgwrn cefn y diwylliant; amaethyddiaeth oedd asgwrn
cefn yr economi. Roedd mentoriaeth Alwyn Jones ar ei
swyddog ifanc newydd yn arwyddocau perthynas glos a
chyfoethog y naill elfen â'r llall. Gan ddechrau â desg gwbl
wag, gydag amser llwyddodd D. G. M. Thomas greu
gwasanaeth addysg blaengar i ffermwyr y sir. Cyflawnodd
hyn er fod y rhan fwyaf ohonynt yn amheus o'r hyn y gallai
gwŷr y coleg ychwanegu at gyfoeth eu gwybodaeth a'u
greddf. Tybed na fu i'r ymyrraeth gadarnhaol mewn byd
mor gyflawn-hunangynhaliol ag amaethyddiaeth yng
Ngheredigion brofi'n ysbrydoliaeth i Alwyn greu yr un

ddynameg o ymyrraeth greadigol yng nghyfanfyd y
ddrama Gymraeg? Tybed nad llwyddiant arloesol 'D. G. M.'
oedd yr ysbrydoliaeth i sicrhau mai un o'r siroedd cyntaf
yng ngwledydd Prydain i sefydlu swyddogaeth Trefnydd
Drama fyddai sir Aberteifi?

Oherwydd presenoldeb y brifysgol roedd yr ychydig
ddarpariaeth addysg amaethyddol a oedd eisoes ar gael
wedi'i ganoli ar Aberystwyth. Cam cadarnhaol cyntaf y
swyddog newydd oedd chwilio am safle a fyddai'n fwy
addas. Daeth o hyd iddo yn Nyffryn Aeron – canol
daearyddol y sir. Yn ystod blynyddoedd y rhyfel codwyd
cyfres o siedau *Nissen* ynghyd â gweithdy mawr ar dir
Greengrove, ger Felin-fach, yn gartref i wasanaeth
peirianyddol adran amaethyddol y Weinyddiaeth Ryfel.
Pwrpas y ganolfan oedd sicrhâi na fyddai'r tractorau a'r
peiriannau a enillodd eu lle ar ffermydd y sir adeg y rhyfel
yn segur am funud yn fwy na'r rhaid. Yn ystod yr Ail Ryfel
Byd cododd cynnyrch y tir yn sylweddol wrth i'r
llywodraeth orfodi'r ffermwyr i wneud pob modfedd o'u tir
– beth bynnag bo'i ansawdd – yn feithrinfa fwyd. Gwaith
yr 'Agri',[3] fel y'i gelwid ar lafar gwlad, oedd cadw'r olwynion
i droi. Saith mlynedd wedi diwedd y rhyfel roedd canolfan
Felin-fach yn dal i wasanaethu ffermwyr canolbarth y sir.
Ond am fod pwysau'r cyfnod rhyfel wedi'i godi roedd
rhannau helaeth o'r safle bellach yn segur.

Perchennog y tir oedd yr Henadur Simon Davies,
Greengrove – un o gyn-denantiaid ystâd y Braenog a
ymatebodd yn greadigol pan aeth ei dir-feistr yn fancraff ar
ganol y Rhyfel Mawr. Mentrodd yntau â'i dri brawd i'r
eithaf wrth iddynt brynu prif ffermydd eu cyn-feistr tir.
Trodd y fenter yn llwyddiant a thyfodd Simon i fod yn
enghraifft o'r newid cymdeithasol rhyfeddol a

---

[3] Adeilad dan reolaeth y 'War Agricultural Executive Committee'

ddigwyddodd pan ddaeth oes teyrnasiad y plas i ben. Perthyn i'r garfan brin o fonedd a weithredai'n lled ddyngarol a wnâi Capten Vaughan, Plas y Braenog. Gan ddilyn esiampl Johns Hafod Uchtryd, Cwmystwyth gynt, roedd yn noddwr brwdfrydig ar fudiad y sioe amaethyddol a phob ymgais arall i godi balchder ac uchelgais amaethwyr Ceredigion yn gyffredinol a'i denantiaid ef yn benodol. I'r perwyl hwn, ar ddiwedd y bedwaredd ganrif ar bymtheg cychwynnodd ar brosiect rhyfeddol a fyddai'n troi corsdiroedd Ystrad Aeron yn gaeau ffrwythlon, ir. I wireddu'r uchelgais cyflogwyd byddin o weithwyr i greu cwrs newydd i afon Aeron o bont Talsarn hyd at odre ffarm Tanrallt, ger Cilie Aeron – pellter o yn agos i dair milltir. Torrwyd hefyd filltiroedd o gwteri er creu rhwydwaith effeithiol a sianelai ddyfroedd pob rhewyn a nant tuag at wely llydan newydd afon Aeron. Bu i'r act hon o wyrdroi llif afreolus yr afon ganlyniadau annisgwyl. O ran y bwriad o wella a helaethu tir amaethyddol crynswth yr ystâd roedd yn llwyddiant digamsyniol. Ond o'r ennill cafwyd colled hefyd. Wrth droi'r afon o'i chwrs afreolus amddifadwyd y brithyll a'r eogiaid o geulannau eu deor a'u magu. Trodd afon gyfoethog ei physgod yn hesb. Hesb hefyd oedd ystâd y Braenog. Wrth sychu'r gors sychodd y prosiect gyfoeth yr ystad. Trodd y ddyled, maes o law, yn dreth anghynaladwy.

Ar fancyn a ffiniau â'r corsdiroedd gynt y bwriadai D. G. M. Thomas godi canolfan addysg ag iddi'r nod hir dymor o wella ansawdd amaeth yn y sir. Ni fyddai eironi'r bwriad wedi'i golli ar Simon Davies. Ddwy flynedd yn gynharach roedd wedi gwerthu darn o dir cyfagos, a oedd hefyd ar lan y gors-a-fu, i'r Bwrdd Marchnata Llaeth. Ar y safle hwn y codwyd Hufenfa Felin-fach. Bellach roedd y ffatri yn endid holl bwysig yn yr economi gwledig. Roedd yn un o brif gyflogwyr y sir ac roedd ei phresenoldeb yn emblematig o bwysigrwydd llaeth i gymdogaethau y ffermydd godro.

Ymhyfrydai'r cynghorydd yn y rôl allweddol a chwaraeodd yn y datblygiad pellach hwn ar ecoleg amaeth ac economi Ceredigion. Er mor haelionus oedd gweithred sgweier y Braenog gynt o droi tir anial Ystrad Aeron yn dir ffrwythlon perthynai'r cynnydd i diriogaeth gyfyng ystâd y tirfeddiannwr ei hunan. Wrth werthu ei gae gwair gorau am bris is na phris y farchnad sicrhaodd Simon Davies ddatblygiad a gyfrannodd at gryfhau economi'r sir gyfan.

Er mwyn llwyr werthfawrogi pwysigrwydd swyddogaeth cynghorwyr sir y pumdegau a'r chwedegau rhaid adnabod mai gwleidyddiaeth go iawn oedd gwleidyddiaeth llywodraeth leol y cyfnod cyn-Thatcheraidd – gwleidyddiaeth go iawn a weithredid gan wleidyddion go iawn. 'Nid anghofir Etholiad1868' dywedodd Lewis Evans wrth gyfeirio at sgil-effeithiau diwygiad Dafydd Morgan, Ysbyty Ystwyth. Pan grëwyd y cynghorau sir, ddiwedd y bedwaredd ganrif ar bymtheg, diolch i dwf Ymneilltuaeth ac eangfrydiaeth yr addysg a ddaeth gyda hi gafaelodd ei harweinwyr yn frwd ac yn hyderus yn y cyfle i gynrychioli gweriniaeth ddemograffig y Gymraeg. Yn wahanol i Loegr wledig, cynrychioli gwrêng ac nid bonedd a wnâi cynghorwyr cefn gwlad Cymru'r Anghydffurfwyr. Erbyn canol yr ugeinfed ganrif yr oedd ei chynghorwyr mwyaf profiadol yn hyddysg yng nghelfyddyd y posibl. Yn achlysurol ymarferent eu crefft yn eu hymwneud uniongyrchol â gweision sifil llywodraeth ganolog. Ond yn eu hymwneud â'i gilydd y defnyddient eu doniau gan fwyaf. Yr oedd y gwych yn eu plith yn wleidyddion medrus iawn. Gwyddent, trwy reddf a thrwy addysg bellach eu Haddysg Anghydffurfiol, mai proses Hegelaidd oedd celfyddyd y posibl. O fewn eu gwleidyddiaeth roedd y trafod yn ddigymrodedd. Nid cyrraedd consenws oedd eu nod ond cynnal a chreu cymdeithas.

Roedd dau brif brotagonydd i'r ddrama o dyndra a oedd wrth galon greadigol Cyngor Sir Aberteifi. Simon Davies oedd y naill. M. Ll. Gwarnant Williams oedd y llall. Yr oedd y ddau yn debyg iawn i'w gilydd mewn amryw ffyrdd: yng nghryfder eu cymeriad, os nad yn wir eu hystyfnigrwydd; yn eu magwrfa Undodaidd – crefydd y pen, nid y galon; ac yn eu hysbryd mentergarol – ysbryd a ymledai drwy eu gweithredu masnachol personol a'u gwasanaeth cyhoeddus yn ddiwahân. Yr oedd y ddau ohonynt, wrth natur, yn uchelgeisiol – o'u rhan eu hunain, eu hetholwyr ac, yn y pen draw, eu sir. Roedd gan y naill fel y llall lawer mwy o ddiddordeb mewn rhagweithio nag adweithio; mewn adeiladu yn hytrach na chadw; mewn symud ymlaen yn hytrach na sefyll yn yr unfan. Gwahaniaethent yn nulliau eu gweithredu. Siaradwr cyhoeddus hyderus oedd Gwarnant a phwyllgorddyn heb ei ail. Prin y siaradai Simon yn gyhoeddus, yn bennaf am mai prin oedd ei ddawn dweud. Ond nid felly ei ddawn wrth drin a thrafod coridorau dirgel a dyrys y cyngor sir. Roedd ei adnabyddiaeth ar y ddaearyddiaeth gymhleth a thywyll honno yn ddi-ffael. Bu'r tyndra creadigol – yr egni aflonydd a di-amynedd – a ddeilliai o ddrama'r ddeuddyn hyn a'u cefnogwyr yn gyfrwng i Geredigion y pedwardegau a'r pumdegau ddatblygu meddylfryd go annibynnol ei barn ac arloesol ei natur.

Pan soniwyd gyntaf am sefydlu hufenfa laeth i wasanaethu Ceredigion gyfan gosododd Gwarnant Williams ei fryd ar ei chael i'w etholaeth, ym mharthau Llanybydder, yn Nyffryn Teifi. Nid trwy gynnig y tir am bris isel yn unig y cariodd Simon Davies y dydd arno. Aeth i'r afael â phrif swyddogion y Bwrdd Marchnata Llaeth yn Thames Ditton, Surrey, eu gwahodd i Ddyffryn Aeron a'u gwestya yn ei gartref, Greengrove, un o blasau Capten Vaughan, gynt. Yn ddi-os, tra'n dangos iddynt y darpar safle yn ymyl y rheilffordd gyfleus bu iddynt weld ei fuches Frisian hefyd – y fuches gyntaf o'i math yng Ngheredigion. Gwyddai'r henadur bwysigrwydd creu argraff dda ymhell cyn geni proffesiwn y cysylltiadau cyhoeddus.

Gwyddai hefyd nad D. G. M. Thomas oedd yr ymgeisydd a ffafriai Gwarnant Williams ar gyfer swydd newydd Trefnydd Addysg Amaethyddol. Pan ddaeth Alwyn Jones ar ran y trefnydd ifanc ato, ym 1952, i ofyn am ddarn o dir ar gyfer codi canolfan addysg amaethyddol gyntaf y sir, ac un o'r cyntaf yng Nghymru, gwelodd Simon Davies gyfle, mae'n siŵr, i gael y gore unwaith eto ar ei gyd-gynghorydd. Ond mae'n werth nodi i'w haelioni – wrth gyflwyno i'r awdurdod addysg 0.55 cyfer o dir yr 'Agri' yn rhad ac am ddim – gydymffurfio â phatrwm o fuddsoddi ariannol a mentergarol o blaid cryfhau amaethyddiaeth yng Ngheredigion ag iddo hen hanes. Yn nauddegau'r ganrif roedd y Simon Davies ifanc yn flaengar yn y fenter a gododd y *Vale of Aeron Agricultural Co-operative* i'w draed. Yn yr un cyfnod bu ei frwdfrydedd yn ganolog i'r ymdrech i godi Neuadd Goffa Felin-fach – sefydliad y bu'n gwasanaethu ar ei bwyllgor hyd at ei farw ym 1957. Ddegawd wedi iddo ddod â'r fuches gyntaf o dda godro Frisian i'r sir, ddiwedd y pedwardegau, roedd ei ffermydd yn cywain silwair yn hytrach na lladd gwair. Yr oedd cefnogaeth yr henadur felly i uchelgais yr Adran Addysg yn gwbl nodweddiadol ohono a holl gymhlethdod ei gymhelliad.

Pan agorodd Canolfan Addysg y Ffermwyr ei ddrysau ym mis Rhagfyr, 1953 ychydig iawn o Saeson a ffermiai yng Ngheredigion. Ond oni bai amdanynt oes go fer fyddai wedi bod i'r lle. Rydym wedi sylwi droeon a thro ar bwysigrwydd symudoledd o fewn patholeg y gymdeithas hyfyw. Yr oedd y gweinidogion a'r ysgolfeistri – y gwenyn diwylliannol – yn sicrhau chwistrelliadau adfywiol i gymdogaethau gwlad a thref fel ei gilydd. Croesffrwythloni o fewn y diwylliant a wnâi'r newydd-ddyfodiaid parhaus hyn. Ond roedd Saeson yn newydd-ddyfodiaid nid yn unig i Gymru ond hefyd i'r byd amaethyddol. Yn wahanol i'r brodorion nid oedd unrhyw ragfarn yn sefyll rhyngddynt â'r ddarpariaeth newydd. Er mai yn uniaith Gymraeg y bedyddiwyd Canolfan Addysg y Ffermwyr, meibion di-Gymraeg, medd D. G. M. Thomas, fu'n achubiaeth iddi yn ei blwyddyn agoriadol.

> Mae'n debyg i'r mewnfudwyr o Loegr ymateb am eu bod yn newydd i'r diwydiant. Nid oeddent yn 'gwybod y cyfan'. Felly roeddent yn fwy croesawgar i'r syniadau newydd na'r Cardi traddodiadol.[4]

Wrth ymgodymu â byd newydd ac â'r angen am ddysgu gwyddorau a medrau newydd roedd y mewnfudwyr yn ddiolchgar am addysg ac arweiniad y gwasanaeth newydd. Erbyn dechrau'r chwedegau yr oedd ofn, ynteu swildod, y Cymry bellach wedi hen ddiflannu. Yr oedd yr enw wrth ben y prif ddrysau yn ddisgrifiad cwbl gywir. Canolfan Addysg y Ffermwyr – yn fechgyn ac yn ferched – oedd Canolfan Felin-fach. Cryfhawyd Felin-fach fel canolbwynt addysg i gefn gwlad Ceredigion yn fwy fyth gan benderfyniad y Ffermwyr Ifainc, ym 1963, i leoli ei swyddfa sirol yma. Ers y blynyddoedd cynnar tipyn o sipsi fach y fro fu'r swyddfa – yn symud o dre i dre. Ond yn stafell bwyllgora Neuadd Goffa Felin-fach y cynhelid cyfarfodydd misol y Pwyllgor Gwaith ers blynyddoedd ac roedd llwyfan y neuadd yn gyfarwydd â chynnal prif gystadlaethau'r sir, a'r gystadleuaeth ddrama yn arbennig. Adeilad dros dro oedd swyddfa 1963. Ond bu effaith trefniadau cyd-fyw y

---

4 cyf. *The Land of Ceredigion – An Anecdotal Review* – D. G. M. Thomas – teipysgrif

mudiad ieuenctid a'r ganolfan addysg mor gadarnhaol o safbwynt y naill blaid a'r llall fel y bu i'r swyddfa droi yn un barhaol pan helaethwyd yr adeiladau yn sylweddol ddwy flynedd yn ddiweddarach. Yn ogystal â gweithdai, llyfrgell, swyddfeydd a stafelloedd dysgu newydd, codwyd neuadd ag iddi lwyfan traddodiadol a lle ar gyfer rhyw gant o seddau symudol. Nid oes unrhyw dystiolaeth swyddogol i'r adnodd hwn gael ei gynllunio i fod yn ddim mwy na ffreutur ar gyfer myfyrwyr y dydd ac yn fan ymgynnull ar gyfer digwyddiadau ffurfiol, achlysurol y ganolfan. Ond, o gofio mai Alwyn Jones oedd â gofal swyddogaethau'r Trefnydd Drama a'r Trefnydd Addysg Amaethyddol, nid afresymol yw tybio fod gan y 'pensaer' Addysg Anghydffurfiol hwn gynlluniau pellach ar gyfer y neuadd. Gan ei fod yn un o brif actorion Cwmni Ceredigion nid oedd yn ddibynnol ar Gwynn, ei frawd, i ddweud wrtho am ddiffyg gofod perfformio yr hen ysgol yn Aberaeron.

Ym mis Mai, 1966 y cynhaliwyd agoriad swyddogol yr adeiladau newydd. Ond ail seremoni agoriadol o fewn yr un adeilad oedd hon. Ym mis Medi y flwyddyn gynt roedd cant o westeion wedi ymgynnull yn y neuadd er mwyn tystio i gadeirydd y Pwyllgor Addysg – M. Ll. Gwarnant Williams – yn ei fedyddio yn 'Theatr Fach Canolfan Addysg y Ffermwyr, Felin-fach'. Ymysg prif westeion y noson roedd Wilbert Lloyd Roberts, cyfarwyddwr menter theatraidd arall a oedd newydd gychwyn ar ei gwaith: Cwmni Theatr Cymru. Â mudiad y ddrama y tu fas i Geredigion yn edwino yng nghrynswth ei chymdogaethau hanesyddol, bod yn fam ddirprwyol i'r ddrama Gymraeg fyddai swyddogaeth y cwmni parhaol cyntaf o chwaraewyr cyflogedig. Ond tybed a synhwyrodd Wilbert, rywbryd yn ystod y noswaith honno, bresenoldeb a'i atgoffai fod i theatr yn y Gymraeg botensial uwch na bod yn rhan o'r diwydiannau diwylliannol?

Hefyd yn bresennol ar y noswaith roedd Jane Davies, trefnydd Ffederasiwn Ffermwyr Ifainc Cymru gyfan. Gweithiai hi o'i chartref, Greengrove, a safai rhwng Canolfan Addysg y Ffermwyr â hufenfa fawr y Bwrdd Marchnata Llaeth. Roedd y ddau ddatblygiad ag ôl llaw ei thad – y diweddar Simon Davies – yn drwm arnynt. Cyd-ysgrifennwyd y ddrama a berfformiwyd yn unswydd ar gyfer yr achlysur gan J. R. Evans a'r Parchedig Jacob Dafis. Â Gwarnant a Jane, merch ei thad, yn cyd-eistedd o fewn muriau cyfyng y theatr fach, go brin bod cymaint o dyndra ar ei llwyfan ag a oedd yn ei hawditoriwm y noson honno.

Yn sgil buddsoddiadau'r Panel Drama a'r Pwyllgor Addysg ac ymlyniad yr arweinwyr a'r actifyddion wrth y ddynameg o greu yr oedd neuaddau a festrïoedd cefn gwlad Ceredigion yn dal yn llwyfan i'r ddrama Gymraeg ym mlynyddoedd olaf y chwedegau, a hynny er i'r sgrîn deledu gynnig iddi gystadleuaeth gref. Gan ddeall deuoliaeth cryfder a gwendid sefyllfa'r ddrama Gymraeg i'r dim cadarnhaodd Pwyllgor Drama yr awdurdod mai ei nod oedd atgyfnerthu a datblygu ymhellach ar y twf a ddaw o'r gwreiddiau yn hytrach na disodli, cymryd lle a pherchenogi. I'r perwyl hwn deddfodd mai dim ond gwaith gan sefydliadau addysgol neu sirol a oedd i'w berfformio ar lwyfan y Theatr Fach. A dweud y gwir, nid oedd yr amod hwn yn fawr o gyfyngiad ar weithgareddau'r Trefnydd Drama. Yr oedd y geiriau 'addysgol' a 'sirol' yn ddisgrifiadau cwbl addas ar gyfer y cyfan a wnâi. O'r gwasanaeth theatr-i-blant, theatr bobl ifainc a chlybiau Ffermwyr Ifainc hyd at gynyrchiadau gan Sefydliad y Merched ynghyd â Chwmni Ceredigion yr oedd yr holl weithgarwch yn sirol ei gyd-destun ac yn gyfoethog o addysgol ei fwriad a'i effaith.

Yn ei arbrofion yng ngwlad Pwyl anelai Jerzy Grotowski tuag at sefydlu synthesis rhwng addysg a theatr a fyddai'n...

dihuno [yn y disgybl] ei synwyrusrwydd a'i gyflwyno at y ffenomena mwyaf cynhyrfiol yn niwylliant y byd.[5]

Yng Ngheredigion dyma'n union y ddynameg oedd unwaith eto ar brifiant trwy gyfrwng synthesis arweinyddiaeth yr addysgwyr Anghydffurfiol a momentwm cyson theatr y werin.

Dyma'r llif a symbylodd Alwyn Jones i fentro ymofyn arian gan lywodraeth ganolog i godi ffreutur a ddigwyddai hefyd fod yn theatr. Os oedd yr ystryw yn un direidus, roedd y cam o sefydlu arbrawf theatrig yng nghanol cadarnle'r ddrama Gymraeg hefyd yn un ysbrydoledig. Â'i llwyfan traddodiadol a'i graddfa glos ac agos-atoch ymdebygai'r Theatr Fach i'r neuaddau pentref a frithai gefn gwlad. Yr oedd iddi ddwy ragoriaeth. Yn y lle cyntaf, er mor gyfyng oedd y llwyfan gwisgwyd ef â pharaffernalia theatr: bariau ar gyfer crogi llenni a lampau ynghyd ag offer rheoli golau a sain. Yn yr ail le, roedd yr adeilad yn fodern ac felly yn gynnes ac yn gysurus. Yn ddiau, gobaith Cyngor Gwlad Ceredigion oedd y byddai poblogrwydd yr adnodd newydd yn help i'w hymdrechion i ddwyn perswâd ar bwyllgorau neuaddau pentref a bro i'w hadnewyddu a'u hadfywio. Yr oedd y ffaith mai tua chant yn unig a gai eistedd ynddi yn fodd i bwysleisio mai atgyfnerthu gweithgareddau'r neuaddau bach ac nid eu disodli oedd ei gwaith.

O'r cychwyn cyntaf bu'r Theatr Fach yn llwyddiant digamsyniol. Gan gadw at y syniadaeth a sefydlwyd gan Mary Lewis llwyfannwyd ystod eang o ddramâu ynddi gan gynnwys cynnyrch y theatr Ewropeaidd, cyfieithiadau o waith cyfoes yn Lloegr ac ysgrifennu newydd yn y Gymraeg ynghyd â pherfformiadau o ddramâu a fyddai'n ddigon cyfarwydd i'r gynulleidfa. Ond roedd rhywbeth

---

[5] *Towards a Poor Theatre* – Jerzy Grotowski – Simon and Schuster, Efrog Newydd, 1968

amgenach na chadarnhau hyfywedd y ddrama Gymraeg yn digwydd yn Felin-fach. Wrth i fudiad y ddrama, mudiad y clybiau ffermwyr ifainc a mudiad addysg y ffermwyr hen ac ifanc ddod ynghyd i gyd-drafod a chydweithredu roedd y ganolfan a safai ar ganol cywir sir Geredigion bellach yn datblygu yn bwerdy o egni, gobaith, hyder a dychymyg i brif iaith a diwylliant y sir. Yr oedd mewnbwn y trefnyddion a'i swyddogion yn holl bwysig i'r hyn a oedd ar gynnydd. Ond hwyluswyr oeddynt. Eiddo'r cyfranogwyr eu hunain oedd y creadigrwydd a'r enfys o bosibiliadau a ymffurfiai yn ffurfafen eu cyd-ddychymyg. Yn hyn o beth nid canolfan addysg ffermwyr yn unig oedd Felin-fach. Roedd hi'n ganolfan Addysg Anghydffurfiol.

Brin dair blynedd wedi agor y Theatr Fach cyflwynwyd cais ffurfiol ger bron Dr J. Henry Jones, Cyfarwyddwr Addysg Sir Aberteifi, i godi theatr newydd sbon. Trwy law y Trefnydd Drama, Gwynn Hughes Jones, y cyflëwyd y cais. Ond, heb os nac oni bai, yn llaw ei frawd, Alwyn Jones, y'i ysgrifennwyd. Yr oedd arbrawf y Theatr Fach wedi cyflwyno iddo'r dystiolaeth holl bwysig. Yr oedd potensial theatr y werin yn rhy fawr i'r Theatr Fach.

Pennod 20

Theatr Twm Sion Cati

Amlygwyd yr awydd i godi canolbwynt dyrchafol i gyd-greadigrwydd gweithwylwyr theatr y werin yng Ngheredigion ar ganol y chwedegau – ymron i ddegawd cyn i gynllunwyr canoledig y diwylliant Prydeinig ddechrau codi'u canolfannau ym mhrif drefi Cymru. Roedd perthynas y diwylliant cynhenid ag amaethyddiaeth – prif yrrwr economaidd y sir – yn ganolog i hyder cynyddol yr addysgwyr Anghydffurfiol.

Ym 1967, Ceredigion oedd sir nawdd y Sioe Frenhinol. Yn dilyn awgrym Alwyn Jones a Gwynn Hughes Jones penderfynodd y pwyllgor a drefnai babell arddangos y sir gynnwys pasiant a oedd yn seiliedig ar ei hanes. Y bwriad gwreiddiol oedd cynnal pedwar perfformiad y dydd. Yn ystod y diwrnod cyntaf yr oedd y rhesi o bobl a ddisgwyliai'r sioe nesaf mor faith fel y penderfynwyd cynyddu'r rhif i chwech. Medd D. G. M. Thomas, cydlynydd pabell y sir...

Nid wyf erioed wedi gweld y fath frwdfrydedd gan bobl i weld sioe na chynt na wedyn.[1]

---

[1] cyf. *The Land of Ceredigion* – An Anecdotal Review – D. G. M. Thomas – teipysgrif

Ar gyfer y cyflwyniadau ffurfiwyd cwmni o gant o berfformwyr o blith ieuenctid cefn gwlad Ceredigion dan arweiniad Gwynn. Â balchder yr â D. G. M. yn ei flaen i ddisgrifio maint yr her a grëwyd gan lwyddiant yr ymgnawdoliad newydd hon o theatr y werin...

Y dasg o'u cludo, bwydo a gofalu amdanynt [y perfformwyr] oedd profiad mwyaf beichus fy mywyd, yn enwedig pan ddechreuodd rhai ohonynt, yn eu blinder, lewygu dan wres yr haul a'r goleuadau llwyfan.[2]

Heb os ychwanegodd llwyddiant y fenter hon at fomentwm achos y ddrama Gymraeg yng Ngheredigion. Yr oedd yr egni a gynysgaeddwyd gan ddwy neu dair cenhedlaeth o gwmnïau drama yn ail-lunio ei hunan bellach o fewn ffurfiau newydd ac yn mentro i lwyfannau newydd dan anogaeth ac arweiniad addysgwyr Anghydffurfiol y gwasanaeth addysg. Nid oes ryfedd, ar ddechrau 1968, i'r Cyfarwyddwr Addysg ymateb yn gadarnhaol i'r cais i godi canolfan gwbl bwrpasol ar gyfer cydio yn yr egni diwylliannol ac ymaddysgol amlwg hwn a'i ddatblygu. Cyflwynodd gais ar gyfer codi 'Canolfan Celfyddydau Felin-fach' yn ddisymwth ger bron y Pwyllgor Addysg. Ar gefn eu hymateb cadarnhaol dechreuwyd trafodaeth â theulu Greengrove. Ym 1965, ugain mlynedd wedi diwedd y rhyfel, roedd y llywodraeth wedi diddymu'r canolfannau peirianyddol amaethyddol. Roedd siediau *Nissen* yr 'Agri' yn Felin-fach yn segur. Segur hefyd oedd y prif weithdy – adeilad sylweddol ag iddo sylfaeni da â ffrâm o ddur cwbl gadarn. Ym 1966 ail-enwyd Canolfan Addysg y Ffermwyr yn Goleg Bro Aeron. Yr oedd safle Felin-fach nid yn unig yn cynnig parhad ar y bwrlwm a letyai dan

---

[2] ibid

O fewn theatr y werin, y mae presenoldeb 'teuluoedd y ddrama' yn ffenomen nid anghyffredin. Gyda'r amlycaf o blith teuluoedd ail hanner yr ugeinfed ganrif oedd y brodyr Alwyn Jones a Gwynn Hughes Jones (canol, uchod) ynghyd â'u chwaer, Megan.

Tra'n athro ifanc yn Ysgol Mydroilyn, cafodd Alwyn (yr olaf ond un, ymyl dde y rhes flaen) lwyfan i'w ddawn actio â chwmni drama'r pentref. Prifathrawes yr ysgol, Hannah Bowen (chwith eithaf y rhes gefn) oedd cynhyrchydd y cwmni.

ymbarél y sefydliad addysg bellach newydd, roedd hefyd yn cynnig y posibilrwydd o godi theatr sylweddol – theatr gymharol fawr – am bris a oedd yn fforddiadwy, gyda chymorth grantiau addysg y llywodraeth, i sir fechan ei phoblogaeth na feddai ar boced gyhoeddus ddofn. O fewn chwe mis roedd cynllun drafft, yn seiliedig ar addasu'r hen weithdy yn theatr bwrpasol, wedi ei gwblhau. Roedd pethau'n symud yn glou – yn rhy glou, o bosib. Bu farw Gwarnant Williams ym 1968. Roedd Simon Davies wedi marw un flynedd ar ddeg yn gynharach. Â brwydr wleidyddol y ddau ar ben, ar ben hefyd roedd gallu gwleidyddol swyddogion addysg y sir i sicrhau'r tir angenrheidiol yn rhad ac yn rhwydd.

Os bu'r oedi yn y broses o adeiladu yn rhwystredigaeth i Alwyn a Gwynn ac eraill o arweinwyr mudiad y ddrama bu hefyd yn fendith iddynt o ran pwyllo, ymchwilio a chynllunio yn fanwl ac yn bwrpasol. Ynghyd â'r pensaer, William G. Davies, ymwelodd Gwynn ag amryw o theatrau yn Lloegr, yr Alban ac Iwerddon. Perthyna pensaernïaeth theatr i un o dair gradd: gradd fechan; gradd ganolig; gradd fawr. Ar eu teithiau mae'n amlwg i'r ddau ddod i'r penderfyniad mai theatr o faint canolig fyddai'n gweddu yng Ngheredigion.

Ers y pumdegau roedd Ymddiriedolaeth Dewi Sant – y grŵp a ymgyrchai i ddatblygu theatr genedlaethol i Gymru – wedi cynnig cynlluniau ar gyfer codi theatr raddfa fawr yng Nghaerdydd a fuasai'n gartref i gynyrchiadau Saesneg a Chymraeg eu hiaith. Rhan o wrthwynebiad carfan gref o Gymry Cymraeg eu hiaith i'r cynllun oedd y ffaith mai prin fyddai perfformiadau yn y Gymraeg ynddi oherwydd mai prin fyddai'r achlysuron y byddai'n bosib denu rhwng mil a phymtheg cant o gynulleidfa i lenwi'i hawditoriwm. Ond cefnogi'r bwriad a wnaeth Saunders Lewis a hynny am fod y Cymry, meddai...

...nid yn unig yn bodloni ar yr eilradd [mewn celfyddyd] ond yn mynwesu'r eilradd, yn hapus gyda'r eilradd.[3]

Adeiladu theatr yng Nghaerdydd a fyddai'n codi uchelgais y ddrama yng Nghymru a'i breintio, maes o law, â statws Llundain, Moscow a Pharis a ddeisyfai'r dramodydd. Ond er nad yng Nghaerdydd roedd theatr newydd addysgwyr Anghydffurfiol Ceredigion ac er nad theatr raddfa fawr mohoni, yr oedd hi'n fwriad canolog ganddynt na fyddai'n theatr eilradd mewn unrhyw ystyr chwaith. Yn hynny o beth roedd y nod o godi theatr newydd nid yn nhrefi prifysgol Aberystwyth na Llambed, na hyd yn oed yn Aberaeron – tref y swyddfeydd sirol – ond mewn cae, yng nghanol perfeddwlad amaethyddol a diwylliannol y Geredigion wledig, yn un rhyfeddol. Yr oedd yr uchelgais o adeiladu llwyfan o'r radd flaenaf i'r ddrama Gymraeg ar sail cyfoeth y dreftadaeth a photensial y creu yn hytrach na dwysedd y boblogaeth a rhagolygon 'y farchnad' yn chwyldroad (dim llai). Yn eironig, cyn ei ymddieithrio â chefn gwlad roedd Saunders Lewis fel petai wedi rhagweld breuddwyd addysgwyr y gorllewin.

What, then, would be a proper home for a Welsh drama? I imagine a house in one of our villages, built pleasantly like an old farmhouse, and sheltered among trees... I am not sure if the play would all be acted in one room or whether at a change of scene we should not enter another chamber, the players mingling with the hearers... The stage would not be raised, or only a step at most; for to raise your stage is to raise your players and to change their neighbourhood and their inspiration...[4]

---

[3] Rhagair i: *Problemau Prifysgol*– Saunders Lewis – Llyfrau'r Dryw, Llandybïe, 1968

[4] *The Present State of Welsh Drama* – Welsh Outlook, 1919. Dyfyniad o *John Saunders Lewis* – Tecwyn Lloyd – Gwasg Gee – Dinbych, 1988

Byddai statws yn air amherthnasol yn y gyfryw theatr. Dyrchafu uchelgais y gwaith fyddai'r nod a hynny trwy gyfrwng noethni ffigurol y chwaraewyr. Trwy hepgor ffiniau confensiynol y theatr ddinesig ni fyddai unrhyw rwystrau rhag galluogi chwaraewyr a chynulleidfa i ddod i gyfathrach greadigol gyflawn â'i gilydd. Yn absenoldeb setiau rhwysgfawr, gwisgoedd crand a 'phopeth nad yw'n hanfodol', meddai Grotowski, deuai...

asgwrn cefn y cyfrwng... [a'r] ...cyfoeth dwfn sydd ynghudd yn union natur y gelfyddyd i'r amlwg.[5]

Siomedig o ddi-fenter oedd trwch drama mudiad y ddrama. Ond dynameg o rym cynhaliol a dyrchafol oedd ei theatr. Gyda chymorth agosrwydd y neuaddau a'r festrïoedd cynhaliwyd unoliaeth y gynulleidfa a'r chwaraewyr – theatr y gweithwylwyr – o fewn undod yr achlysur. Gyda chymorth tlodi cynhenid y trugareddau allanol gorfodwyd y perfformwyr mwyaf didwyll i ymwybyddiaeth ddofn o gyfoeth eu celfyddyd – ymwybyddiaeth oedd wedi ei gwreiddio yng nghyfoeth profiad eu byw. Yng ngrym y deallusrwydd a'r sensitifrwydd dwys hwn cynhaliodd theatr y werin ei gallu i gyd-gyflawn-ymestyn wrth gyd-fwriadol-greu. Dyma'r gallu amhrisiadwy a daniai waith ac uchelgais ei harweinwyr – cyflogedig ac anghyflogedig – wrth iddynt greu-weithredu yn eu presennol; wrth iddynt bensaernïo modd eu dyfodol.

Trwy ddyfnder eu greddf gwyddai'r Trefnydd Drama a'r pensaer o Gymro mai bod yn gartref i'r gymdeithas greadigol Gymraeg oedd nod y theatr a oedd i'w chodi. Wrth deithio ni fu iddynt ddarganfod yr un adeilad a

---

[5] *Towards a Poor Theatre* – Jerzy Grotowski – Simon and Schuster, Efrog Newydd, 1968

gynigai iddynt fodel syml i'w fenthyg a'i ail-greu. Yn ddiau, gwelent elfennau diddorol yma a thraw: helaethrwydd ardal werdd[6]; hwylustod drysau llwytho a roddai fynediad dirwystr i'r ardal gefn llwyfan; pwysigrwydd safon a helaethrwydd yr offer sain a goleuadau; holl bwysigrwydd mannau a hybai drafodaeth anffurfiol y gynulleidfa.

Bu cywain y syniadau hyn ynghyd yn fodd i gyfoethogi ffurf a chynnwys yr adeilad terfynol. Ond, o ran adnabod prif nodweddion y theatr newydd, nid oedd angen i'r ddeuddyn edrych ymhellach na Theatr Fach coleg y ffermwyr. Rhan bwysig o'i llwyddiant oedd ei thebygrwydd i'r neuadd bentref; nid o ran ei ffurf ond o ran ei hagosrwydd. Yng nghynefin clos y theatr fach gallai creadigrwydd cymdeithasol ddigwydd. Yn wir, digwyddai. Ar y naill law, felly, yr oedd theatr raddfa fach yn llwyddiant. Ar y llaw arall, yr oedd bychander y theatr yn gyffredinol, a'r llwyfan yn benodol, yn cyfyngu'n llym ar ehangder y gweithredu artistig. Er enghraifft, oherwydd cyfyngder y llwyfan dim ond cynyrchiadau a ddefnyddiai gwmni bychan o berfformwyr allai gael eu llwyfannu. Golygai hynny nad oedd y Theatr Fach yn addas ar gyfer datblygu ar lwyddiant y cwmni o gant o bobl ifainc a greodd y fath argraff yn Sioe Frenhinol 1967. Heb os, ar gefn llwyddiant y sioe arbennig hon roedd awdur preswyl answyddogol Cwmni Ceredigion – J. R. Evans – â syniadau mawr am gynyrchiadau eraill yn seiliedig ar straeon mawreddog Cymru a'r Gymraeg, straeon yr oedd y Cymry ifainc – yn oes newydd y teledu – mewn perygl o'u colli. Y gamp a wynebai'r Trefnydd Drama a'i dîm oedd creu theatr a fyddai, ar y naill law, yn ddigon o faint i lwyfannu gweithiau uchelgeisiol eu themâu a'u graddfa ond a fyddai, ar y llaw arall, yn sicrhau i'r chwaraewyr a'r gynulleidfa yr

---

[6] Stafelloedd ymbaratoi yr actorion

agosrwydd fyddai'n gwneud cyfathrach gyd-greadigol yn botensial y gellid ei wireddu. I'r perwyl hwn roedd adeilad a berthynai i'r raddfa fawr yn amherthnasol. Yr oedd theatr y raddfa fach eisoes ar gael. Yr ateb amlwg felly oedd codi theatr ganolradd ei maint. Trwy lwc a bendith yr oedd seiliau a fframyn dur yr hen weithdy tractorau a pheiriannau ffarm yn gweddu i'r dim â'r bwriad hwn. Y cwestiwn mawr oedd a oedd modd iddo fod yn ofod helaeth ei bosibiliadau ar y naill law ond yn gynefin o agosrwydd ar y llall? Wedi'r cyfan, bod yn theatr y gweithwylwyr oedd anghenraid theatr newydd y werin.

Tra'r oedd y fusnes drafferthus o sicrhau perchnogaeth safle yr 'Agri' gynt a'r ymchwilio i union anghenion yr adeilad newydd yn mynd yn eu blaen yr oedd y toriad y bachodd Gwynn Hughes Jones o gyffro pantomeim Caerwedros yn dal yn ddiogel yn ei feddiant. Ym 1958 rhyddhawyd prifathro Coed-y-bryn, T. Llew Jones, o'i ddyletswyddau dysgu er mwyn cwblhau ei nofel antur i blant *Trysor Plas y Wernen*. Yng nghenhadaeth Alun R. Edwards i droi anialwch llyfrau Cymraeg i blant yn dir ffrwythlon cydnabyddir y fuddsoddiad hon gan Bwyllgor Addysg Sir Aberteifi yn drobwynt holl bwysig. Er nad oes tystiolaeth i brifathro Llanilar, J. R. Evans, gael ei ryddhau yn ffurfiol o'i swydd nid oes amheuaeth y gwyddai prif swyddogion y sir mai'r prosiect addysgol a lenwai ei feddwl yn ystod 1968 oedd y dasg o impio cyffro lleol Neuadd Caerwedros ar lwyddiant sirol Theatr Fach Coleg Bro Aeron. Comisiynwyd ef i'r dasg hon gan y Trefnydd Drama, heb os â sêl bendith y Prif Swyddog Addysg Bellach. Nid gormodiaith yw dweud y bu canlyniad y buddsoddiad hwn yn y theatr Gymraeg yr un mor bellgyrhaeddol â'r weithred a gyflawnwyd yng nghyd-destun y byd cyhoeddi.

Perthyn i'r un feithrinfa ddiwylliannol ag a

gynhyrchodd y dramodydd Idwal Jones a wnâi J. R. Evans.
Ei fentor cyntaf ym myd y ddrama oedd y Parchedig Eurig
Davies, gweinidog eglwys Annibynnol Soar, Llambed a
chynhyrchydd ei chwmni drama llewyrchus. Genhedlaeth
neu ddwy yn gynharach Cwmni Soar a gyflwynodd i'r
dramodydd Idwal Jones ei brofiadau theatraidd cyntaf. Ar
gyfer y cwmni hwn yr ysgrifennodd y ddrama boblogaidd i
blant – *Tibit y Popty*. Yn festri'r capel y'i perfformiwyd
gyntaf. Trwythwyd J. R. Evans ym mudiad y ddrama yn
ifanc, felly – proses a barhaodd tra'r oedd yn fyfyriwr yng
Ngholeg y Drindod, Caerfyrddin. Gwasanaethodd yn y Llu
Awyr adeg y rhyfel ac, er iddo dreulio cyfnod byr wedi
hynny yn dysgu yn Llundain, yn unol â phatrwm ail-
ymfuddsoddol diwylliant y Gymraeg dewisodd
ddychwelyd i Gymru, ac i berfeddwlad bwrlwm y ddrama
Gymraeg yng Ngheredigion. Treuliodd saith mlynedd yn
brifathro ar Ysgol Gynradd Penuwch cyn ei benodi, ym
1954, yn brifathro Ysgol Gynradd Llanilar. Yn y naill ardal
a'r llall cyflawnodd ddisgwyliadau eang y prifathro bro.
Arweiniai ac ymatebai i anghenion addysgol ei ddisgyblion
trwy gydol y dydd cyn ymestyn yr un gwasanaeth at y
gymdogaeth gyfan gyda'r nos. Ond yn wahanol i grynswth
y gwenyn a groesffrwythlonai diriogaeth y Gymraeg nid
trwy gynhyrchu dramâu y cyfrannodd at y broses o greu
dolenni newydd ar gadwyn y diwylliant ond trwy eu
hysgrifennu. Yn hyn o beth perthynai i linach nodedig o
addysgwyr-dramodwyr a oedd â pherthynas â'r sir a
gynhwysai David Roberts, Dai Lloyd Jenkins, Matthew
Williams, Kitchener Davies, Idwal Jones ac – yn rhinwedd
y cyfieithiadau celfydd a gynhyrchodd ar ddramâu Saesneg
a Ffrangeg – Mary Lewis.

Tystiai i ddau ganolbwynt o drafod a gweithredu fwydo
ei brifiant creadigol. Y naill oedd y cynadleddau
diwylliannol a gynhaliai Alun R. Edwards ym Mhlas y

*Gwynn Hughes Jones oedd Trefnydd Drama cyntaf Ceredigion.
Yn rhinwedd y swydd arloesol hon sefydlodd nifer o gwmnïau
ieuenctid gan gynnwys Gwmni Ieuenctid Pontrhydfendigaid –
cwmni a ddaeth ag aelodau'r Clwb Ffermwyr Ifainc ac Aelwyd
Ystrad Fflur ynghyd.*

*Ar yr un adeg, yn Nyffryn Aeron ffurfiodd Gwynn Gwmni
Ieuenctid Felin-fach yn unswydd ar gyfer perfformio*
Marchogion y Môr *(J. M. Synge)*

Cilgwyn, ddechrau'r pumdegau. Y llall oedd
gweithgareddau Panel Drama y Cyngor Gwlad ac, yn
arbennig, y cwmni cynhyrchu a ddeilliodd ohono, Cwmni
Ceredigion. Ymgorfforai'r ddau ganolbwynt yma fenter a
blaengaredd Addysg Anghydffurfiol y cyfnod ac
ysbrydolwyd ef yn fawr gan ei berthynas greadigol â Tom
Stephens, T. Llew Jones, Alun Edwards, Ithel Jones, Alwyn
a Gwynn Hughes Jones a Mary Lewis. O fewn ei fro
cynhyrchai sgriptiau yn gyson at ddefnydd ysgol a
chymdogaeth. Cofia ei ferch, Sian Lewis, i'w thad fynnu
mynd a'i deipiadur gydag e pan fyddent ar wyliau teuluol
yn Llundain, gymaint oedd y galw am ei waith a'i ysfa i
ysgrifennu. Ond, yn unol â phrif actifyddion eraill y
diwylliant, a dan eu hanogaeth, datblygodd ystod
ysgrifennu J. R. Evans i gynnwys gwaith ar raddfa sirol a
chenedlaethol. Yn wir, mesur o gyfraniad creadigol
Ceredigion i Gymru'r chwedegau yw i gymaint o gynnyrch
T. Llew Jones a J. R. Evans – gwaith a gomisiynwyd yn
unswydd gan ei phwyllgor addysg – brofi'n waith o statws
ac effaith genedlaethol. Diddorol yw nodi nad dilyn y
model meritocrataidd Saesneg a wnâi 'graddedigion'
cynadleddau addysgol-ddiwylliannol y Cilgwyn. Nid
llwybr fertigol oedd dynameg eu prifiant artistig. Wrth i
ansawdd eu gwaith godi a'u henw da ledu, ehangu i bob
cyfeiriad wnâi cylch eu heffaith a'u gorchwyl. Cynnal
solidarnos gweriniaeth y diwylliant oedd eu nod ac nid
dringo a dianc ohoni. Ystyr hynny oedd, ac yw,
gwasanaethu'r diwylliant yn holl gyd-destunau ei angen a'i
botensial – egwyddor y mae crynswth prifeirdd y Cymry
yn dal i'w hadnabod a'i pharchu.

Ym 1965, cynigwyd coron Eisteddfod Genedlaethol Y
Drenewydd nid am y bryddest arferol ond am ddrama
fydryddol. Dyfarnwyd y goron i Tom Parri Jones am ei
ddrama *Y Gwybed*. Ond roedd yr Athro Thomas Parry yn

anghytuno â'i gyd-feirniaid, Cynan a Bobi Jones. Yn ei farn ef drama J. R. Evans – *Yn Ymyl Y Dibyn* – ddylasai fod yn arobryn. Wrth adolygu eisteddfod go ddi-fflach medd Bedwyr Lewis Jones...

> Traddodi campus Thomas Parry yn y Babell Lên o blaid drama J. R. Evans oedd yn codi mwyaf o ddisgwyl, efallai.[7]

Y mis Mawrth dilynol llwyfannwyd y ddrama gan Gwmni Ceredigion yn Theatr Fach Canolfan Addysg y Ffermwyr. Bu'r perfformiad yn fodd i godi llawer o'r disgwyl a arweiniai, chwe mlynedd yn ddiweddarach, at agor Theatr Felin-fach. Wedi'r chwarae cafwyd trafodaeth ar y ddrama dan gadeiryddiaeth yr Arolygydd Ysgolion a'r dramodydd Matthew Williams. Dengys pwt o adroddiad y *Cambrian News* gryfder safle'r ddrama Gymraeg o fewn y diwylliant yn gyffredinol a chyfundrefn addysg y sir yn benodol.

> Mewn trafodaeth fywiog o safon uchel clywyd sylwadau Dr J. Henry Jones, Mr Alun R. Edwards, Mrs Marian Henry Jones, Mr E. D. Jones (Rhydypennau), Mr J. Llefelys Davies, Miss Elenid Williams, Mr D. Alwyn Jones, Mr Olifer Williams, Miss Jane Evans, Mr Dafydd Jenkins, Mr Alun J. Jones, Mr T. Llew Jones, Gwenallt a Lyn Ebenezer. Cafwyd gair hefyd gan y Cynhyrchydd [Ithel Jones] o safbwynt llwyfannu'r ddrama a chan yr awdur.[8]

Trwy gyfrwng yr antur a'r ymdrech gyson i gomisiynu a

---

[7] *Herald Cymraeg* – 17 Awst, 1965
[8] *Cambrian News* – Mawrth, 1966

Perfformiwyd y sioe gyntaf i ddwyn y teitl 'Pantomeim Felin-fach' adeg y Nadolig 1968 yn y Theatr Fach, sef ffreutur Coleg Addysg y Ffermwyr, Felin-fach.

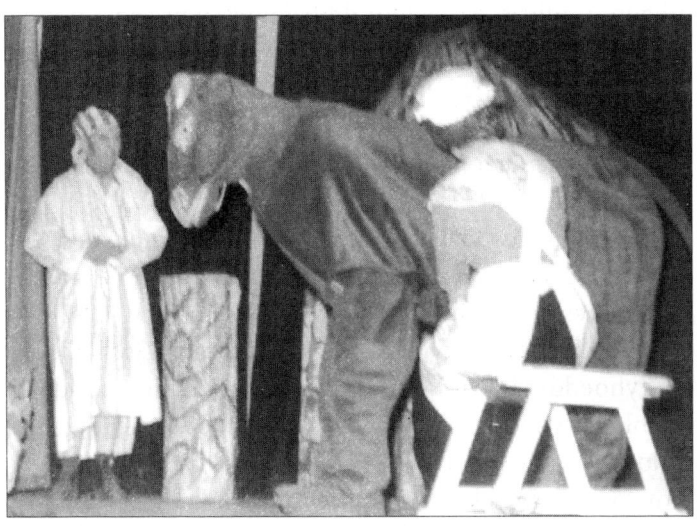

Arbrawf lwyddiannus oedd y sioe gyntaf – Twm Sion Cati – mor llwyddiannus y bu raid trefnu dros wythnos o berfformiadau ychwanegol yn y flwyddyn newydd. Ysywaeth, prin yw'r lluniau sydd wedi goroesi.

245

llwyfannu gwaith newydd yr oedd Panel Drama y Cyngor
Gwlad, trwy gyfrwng Cwmni Ceredigion ac mewn
partneriaeth â swyddogion addysg y sir, yn cynnal
gweledigaeth ymfuddsoddol Mary Lewis. Gallasai mudiad
y ddrama Gymraeg yng Ngheredigion honni'n ddiffuant ei
fod yn 'sym-mudiad' amlwg a nerthol. O fewn y
posibiliadau o dwf ac esblygiad roedd addewid y sbrigyn a
fachwyd o Neuadd Caerwedros. Nod Gwynn Hughes
Jones oedd ei feithrin er iddo dyfu'n fwa naturiol rhwng
theatricaliaeth Cwmni Ceredigion a gweithredu bwriadol-
antheatraidd y gwasanaeth drama i ysgolion.

Wrth droi at J. R. Evans gwnaeth y Trefnydd Drama
benderfyniad allweddol. Nid prifathro a ddigwyddai fod yn
ddramodydd ydoedd. Yn nhraddodiad gorau Addysg
Anghydffurfiol yr oedd rhyngberthynas y naill swydd â'r
llall yn gyflawn gyfartal ynddo. Yn y tridegau cwynodd
Idwal Jones nad oedd y Cymry yn cymryd eu digrifwch
ddigon o ddifrif. Arwydd o ddifrifoldeb y prosiect o greu
digrifwch ar lun pantomeim yn y Gymraeg oedd
ymddiried yr her o greu'r sgript i 'J. R.' Os mai T. Llew Jones
oedd yr athro i osod seiliau newydd ym myd llyfrau plant,
J. R. Evans oedd yr athro i osod seiliau newydd ym myd eu
theatr.

Ym 1963, roedd Cymdeithas Lyfrau Ceredigion wedi
cyhoeddi *Y Ffordd Beryglus* – y gyntaf o dair nofel gan T.
Llew Jones a adroddai anturiaethau Twm Sion Cati. Ym
1965, bu raid i'r ail gyfrol – *Ymysg Lladron* – gystadlu ag
ail-gyhoeddiad o'r gyfrol gyntaf, gymaint oedd ei
phoblogrwydd. Dair blynedd yn ddiweddarach, erbyn
cyhoeddi'r gyfrol olaf – *Dial o'r Diwedd* – marchogai Twm
Sion Cati yn chwim ac yn fentrus yn nychymyg
cenhedlaeth gyfan o blant gan atgyfnerthu ynddynt y
cwlwm Anghydffurfiol a gydiai *solidarnos* y frawdoliaeth
gymdogaethol, cyfiawnder cymdeithasol a Chymreictod

*Cydnabyddir Felin-fach yn gartref y pantomeim Cymraeg.
Dathlwyd pen blwydd y genre yn 25 oed ym 1993. Mewn
gwirionedd, roedd y dathlu flwyddyn yn hwyr. Perfformiwyd y
pantomeim Cymraeg gyntaf oll gan y cwmni uchod – Cwmni
Ffermwyr Ifainc Caerwedros – ym 1967.*

ynghyd. Wrth i *Dial o'r Diwedd* ddod o'r wasg (Mehefin,
1968) yr oedd antur newydd y ffurf newydd i'r ddrama
Gymraeg ar fin cychwyn.

Rhydd-addasiad ar stori Sinderela oedd pantomeim
Caerwedros. Dan ddylanwad llwyddiant ysgubol nofelau T.
Llew, a than nawdd yr un gwasanaeth addysg, mentrodd J.
R. gam ymhellach. Trodd ei gefn ar straeon a chymeriadau
disgwyliedig y pantomeim Prydeinig. Gorseddodd arwr
'newydd' darllenwyr ifanc Cymru yn arwr cyntaf theatr y
Cymry ifainc. Wrth osod Twm Sion Cati yn rhydd ar
lwyfan Theatr Fach Canolfan y Ffermwyr cafodd plant
Ceredigion ragflas o weithredu aml-blatfform: llyfr a
llwyfan. Gan mai gwrthweithio effaith gydymffurfiol y
cyfrwng torfol newydd a wnâi'r ddau awdur gellir dadlau i
dwf y teledu sbarduno twf llên a drama'r Gymraeg. Er
mwyn goroesi roedd hi'n rheidrwydd arbennig ar theatr y
werin i ymateb. Yng Ngheredigion rhoddai rhyngberthynas

y mudiad llawr gwlad ag arweinyddiaeth y gyfundrefn addysg yr hyder iddo wneud hynny. Does bosib nad oes i ganlyniadau cyffrous y cyd-ieuo hyn ar y ffurfiol a'r anffurfiol, y testun a'r cyd-destun, wersi i gynllunwyr iaith y Gymru sydd ohoni. Yng nghyd-destun y Gymraeg elfennau cwbl gyd-ymddibynnol yw iaith a diwylliant.

Nid brwdfrydedd y presennol yn unig a anogodd J. R. Evans i fentro y tu hwnt i'r confensiwn yr oedd yn benthyg ohono. Nid yw'n hysbys a wyddai mai llwyfannu pasiant *Twm Shon Cati* ysgogodd enedigaeth un o brif gwmnïau mudiad y ddrama yng Ngheredigion – Cwmni Tyngwndwn – ai peidio. Ond gellir bod yn lled sicr y gwyddai yn iawn mai anturiaethau'r arch-anghydffurfiwr oedd sylfaen y llwyddiant a draddodwyd i'r mudiad gan S. M. Powell – un arall o brifathrawon-ddramodwyr y sir. Dan ddylanwad patrymau hanesyddol y diwylliant ynghyd â chreadigrwydd arloesol y dydd cymerodd J. R. y cyfle i greu theatr a fyddai'n cynnig i blant Ceredigion wrthbwynt o ramant a menter a heriai unffurfiaeth Eingl-Americanaidd y teledu. Yr oedd dewis arwr o anghydffurfiwr yn act o anghydffurfiaeth a oedd, yn ei hunan, yn cadarnhau bywioldeb y ddrama Gymraeg. Wedi cymryd y naid hon ymestynnai o'i flaen dirwedd greadigol a oedd mor agored ac mor gyfoethog ei phosibiliadau ag eangderau Elennydd a chymdogaeth Soar y Mynydd. Fel Twm, carlamodd yr awdur i dir agored y mynydd gan adael confensiynau marw pantomeimiau Lloegr a'i diwylliant gwahanol y tu cefn iddo. Wrth wreiddio'r toriad a gymerwyd o bridd Caerwedros yn y tir Cymreig hwn cwblhawyd y broses o greu tyfiant creadigol newydd. O'r *pantomime* cafwyd pantomeim – hybrid a wreiddiodd yn ddwfn yn naear Ceredigion wrth fabwysiadu natur a chymeriad ecoleg y Gymraeg.

Roedd penderfyniadau tebyg wedi eu cymryd yn Nulyn,

chwarter canrif ynghynt. Ym 1945 llwyfannodd yr *Abbey Theatre* bantomeim yn yr iaith Wyddeleg. Y bwriad oedd cynnal chwe pherfformiad. Yn y pen draw cyflwynwyd y sioe 43 o weithiau a daeth y pantomeim Gwyddeleg yn nodwedd ganolog yn amserlen flynyddol prif theatr y brifddinas. Wrth gyflwyno'r elfen bwysig hon ar hanes y theatr medd Sean McCann...

While such an item in English would not have been considered a suitable activity for the national theatre, to present it in Irish was a different matter.[9]

Yr hyn a wnâi'r fenter yn 'fater gwahanol' oedd y shifft diwylliannol. Yr oedd cyd-destun yr iaith gynhenid yn cynnig rhyddid oddi wrth gonfensiynau cyfyng a chymhleth theatr yr iaith drefedigaethol. Mesur o'r rhyddid a fwynhawyd oedd honiad y dramodydd Anthony Butler – aelod o'r tîm cynhyrchu – mai'r *pantaimín* oedd y theatr gyfoes agosaf at y *Commedia dell'arte*. Y geiriad llawn a ddisgrifiai theatr grwydrol yr Eidal yn yr unfed ganrif ar bymtheg oedd *Commedia dell'arte all'improviso*. Deilliai cyffro chwaraewyr a chynulleidfaoedd pantomeim Gwyddeleg yr Abbey o'r fenter greadigol a'u sbardunai i berfformio y tu hwnt i ddiogelwch geiriau a sgriptiwyd. Codi o argyfyngau economaidd a gwleidyddol a wnaeth theatr fyrfyfyr y *Commedia dell'arte*. Trwy gyfrwng ei chymeriadau stoc, ei hemosiynau dilyffethair a'i chaneuon aml a gafaelgar adroddai straeon cyfarwydd am gariad yn gorchfygu rhwystrau o waith dyn. Yn wahanol i'r *Commedia erudita*, a oedd yn gaeth i sgript ac a berfformid o fewn cynteddau bonedd neu chwaraedai cydnabyddedig, theatr agored oedd y *Commedia dell'arte;*

[9] *The Story of the Abbey Theatre* – Sean McCann – The New English Library – Llundain, 1967

Erbyn llwyfannu Ma Ni To Te To Te (pantomeim dathlu'r chwarter canrif) roedd y cwmni yn perfformio i ymron 3,000 o bobl o fewn wythnos gron. Roedd yr hedyn a blannwyd yng Nghaerwedros wedi tyfu'n bren canghennog. Perthynai symbolaeth gyfoethog, felly, i benderfyniad Pwyllgor y Dathlu i blannu coeden wrth dalcen y theatr.

theatr y stryd; theatr y man cyfarfod; yn wir, theatr y werin. Er yn gaeth i fasgiau neu i gymeriadau o deipiau, braint y theatr oedd ei rhyddid i greu o'r newydd; i fyrfyfyrio yn y fan a'r lle gan osod y fan a'r lle, yn fyrfyfyr, yn y chwarae. Ers 1922 roedd Iwerddon yn wlad rydd. Arwyddocaol iawn felly yw cryfder ei hymateb, ugain mlynedd yn ddiweddarach, i'r rhyddid mynegiannol a chreadigol a gyflwynwyd gan y weithred syml, ond pellgyrhaeddol, o drawsffurfio *pantomime* yn *pantaimín*.

Tystia Sian Lewis mai yn Saesneg y dechreuodd ei thad ysgrifennu gyntaf oll. Dylanwad yr ysgol eglwys y bu'n ei mynychu yn Llambed ynghyd â'i gyfnod yn Lloegr – yn y Llynges ac yn dysgu yn Llundain – oedd i gyfrif am hynny, mae'n siŵr. Pan symudodd yn ôl i Gymru prin oedd hyder J. R. wrth ysgrifennu yn y Gymraeg. Anogwyd ef gan T. Llew Jones ac eraill o fynychwyr cynadleddau'r Cilgwyn i ddal ati. Trwy gyfrwng Cwmni Ceredigion cafodd y cyfle i fwrw ei swildod, i ail-diwnio clust ei febyd ac aeddfedu yn ysgrifennwr crefftus a hyderus, fel y tystia sgript *Twm Sion Cati.*

Megis ysgrifenwyr y *pantaimín* yn Nulyn, mae'n sicr y byddai J. R. Evans yn gyfarwydd â hanes a phrif deithi y *Commedia dell'arte.* Byddai'n fwy cyfarwydd fyth â'r Anterliwt. Gan mai canghennau ar yr un pren gwerinol oeddent rhannau'r naill theatr a'r llall nodweddion go debyg. Crwydrwyr oeddynt ill dau. Cywain cynulleidfa ynghyd oedd her gychwynnol y naill a'r llall. Cymeriadau cyfarwydd, cerddoriaeth a hiwmor cyfoes a brathog oedd y prif arfau a feddent. Yn bennaf oll, adnabod, ymladd a maeddu anghyfiawnder cymdeithasol oedd eu cenhadaeth danseiliol frwdfrydig. Wedi cyflawni'r penderfyniad tyngedfennol o gamu'n rhydd o fodel y pantomeim Prydeinig tynnu ar y synthesis uchod a wnaeth J. R. er mwyn creu model a fyddai'n addas ar gyfer theatr y werin.

Yn sgil clod Thomas Parry i'w ddrama *Yn Ymyl y Dibyn* mae'n o debyg y meddai ar yr hyder i greu sgript ddoniol, gyfoes a bachog a oedd yn gyflawn fydryddol. Fel y bu, setlodd ar y nod o greu sgript ddoniol, gyfoes a bachog; sgript a adleisiai gyffro ymddangosiadol-ddigymell yr anterliwt trwy gyfrwng sbectrwm o gymeriadau byw eu hiaith a'u cân a byw eu cyfeiriadaeth gyfoes. Megis *Syr Tom Tell Truth* Twm o'r Nant bachan â'i draed yn sownd yn naear cefn gwlad Cymru yw *Twm Sion Cati* J. R. Evans. Wrth iddo gyflwyno'i hunan i'r gynulleidfa – eto, yn null uniongyrchol yr anterliwt – daw'n amlwg mai Ffarmwr Ifanc chwedegau yr ugeinfed ganrif yw. Yn nosbarth dysgu darllen ei fam 'A' sydd am 'afal'. Ond 'B' sydd am y 'Beatles'. Rhag ofn na fu i'r cyfeiriad hwnnw at brif gynnwrf cymdeithasol ieuenctid y dydd wneud bwriad y fath theatr yn glir estynna gic, ar y dudalen gyntaf oll, i bared y drefn wleidyddol a gynhaliai lwyfan y chwarae. Cyflwyna Twm fwriad ei fam, Cati, i gynnal ysgol yng nghegin Llidiard-y-Ffynnon â'r sylw...

Lwcus 'i bod hi'n ganfasiwr da neu fydde hi ddim wedi cal y job 'ma o gwbl.[10]

Â chanfasio cynghorwyr yn dal yn rhan annatod o'r broses gyfrin o gael swydd yng Ngheredigion y chwedegau roedd i'r llinell rym dramatig a adleisiai feirniadaeth gymdeithasol frathog a chyfoes yr anterliwtwyr. Dyn drwg y pantomeim yw'r sgweier, Syr Jasper Graspacre. Fel yr awgryma dewis J. R. ar enw ei ddihiryn, anghyfiawnder cymdeithasol yw sail tyndra'r chwarae. Defnyddir y bri a roddai'r werin ar addysg yn wyneb gwrthwynebiad hanesyddol y meistri tir yn brif ganolbwynt. Ond nid yw'r

---

[10] *Twm Sion Cati* – 'Sion' [J R Evans] – Teipysgrif Cwmni Ceredigion, 1968

gynulleidfa gyfoes y tu hwnt i feirniadaeth yr awdur chwaith. Â sen a gwawd yr ymatebodd ffermwyr y sir gyntaf i'r broses o sefydlu canolfan addysg ar gyfer eu plant a'u gweithwyr. Yn ddiau yr oedd sawl pen-ôl yn gwingo yn anghysurus braidd wrth glywed Graspacre yn herio disgyblion Cati â'r cwestiynau...

A fyddi di'n gallu troi'r tir yn well ar ôl dysgu darllen?... A fyddi dithe'n gallu plethu'r perthi'n well ar ôl dysgu A am Afal?[11]

Dengys yr enghreifftiau hyn i J. R. Evans adeiladu ar y penderfyniad cyntaf hollbwysig hwnnw i ysgaru pantomeim oddi wrth *pantomime*. Nid *pantomime* yn y Gymraeg oedd Twm Sion Cati ond pantomeim Cymraeg. Nid creu chwerthin trwy gyfrwng y Gymraeg a wnâi ond codi chwerthin Cymraeg – chwerthin ag iddo wreiddiau a pherthynas â byd o gyfeiriadaeth a goleddai y lleol a'r byd-eang. Yn wir, y plwyfoldeb cadarnhaol ac allblyg hwn a roddai i'r greadigaeth newydd yr hyder i chwerthin ar ei ben ei hunan lawn gymaint ac ar ben y byd Eingl-Americanaidd holl fygythiol. Yn y penderfyniad i greu o'r newydd yn y Gymraeg yn hytrach nag ail-greu, neu ddynwared, gosododd J. R. Evans sail i godi, yn Felin-fach, *genre* theatraidd a oedd yn rhydd i ymateb i botensial ac anghenion creadigol diwylliant cyfoes y Gymraeg. Yn *Twm Sion Cati* nid oes cyfle i'r gynulleidfa weiddi 'Tu ôl i ti' nag unrhyw gyfieithiad trwsgl arall. Nid oes angen caniatâd ar y gynulleidfa i gymryd rhan. Pantomeim y gweithwylwyr yw. Theatr y werin.

Heb os, pobl go nerfus oedd J. R. Evans a'i gynhyrchydd, Gwynn Hughes Jones, ar drothwy noson gyntaf

---

[11] ibid

pantomeim cyntaf y Theatr Fach. Yr oeddynt wedi cymryd y cam dewr o gadw ffydd yng nghreadigrwydd diwylliant lleiafrifol y Gymraeg a hynny ar yr union adeg yr oedd y teledu, y cyfrwng mwyafrifol newydd, yn pwysleisio ei wrth-gydffurfiaeth; ei arwahanrwydd. Nid oedd angen iddynt bryderu. Yr un oedd yr ymateb yng Ngheredigion â'r hyn a gafwyd yn Nulyn, chwarter canrif ynghynt. Ymdyrrodd y cynulleidfaoedd. Dros gyfnod y Nadolig, 1968 perfformiwyd *Twm Sion Cati* bob nos (ag eithrio nos Sul) am dair wythnos o'r bron a dwywaith bob dydd Sadwrn. Gymaint oedd y cyffro fel y bu i'r teledu ei hunan ymateb ar lun eitem gan Sulwyn Thomas ifanc ar gyfer *Y Dydd* – prif raglen newyddion Gymraeg y cyfnod. Yr oedd y sbrigyn a ddygwyd yn ddistaw bach o Gaerwedros wedi blaguro yn gyhoeddus iawn yn Theatr Fach Canolfan Addysg y Ffermwyr.

Ym 1973 – flwyddyn yn unig wedi agor y Theatr Felin-fach newydd sbon – cymerodd aelodau Cwmni Drama Tyngwndwn y penderfyniad i ddirwyn y cwmni i ben. Yn ôl tystiolaeth yr actorion eu hunain, nid diffyg cynulleidfa a barodd iddynt dynnu cwlwm ym mhen y mwdwl. O du fewn y cwmni – na fu'n ddibynnol ar arweinwyr allanol erioed – y deuai egni cynhaliol Tyngwndwn. Ddiwedd y chwedegau, wedi hanner canrif o gyd-greu a chyd-deithio dechrau edwino a wnaeth yr egni hunan-gynhaliol. Ar draws crynswth hanner canrif a mwy ei bodolaeth yr oedd cyffro drama newydd Cwmni Tyngwndwn gyfystyr â chyffro Gŵyl y Geni ei hunan. Ym 1968, â dyfodiad *Twm Sion Cati*, symudodd seren y Nadolig. Nid uwch Neuadd Goffa Felin-fach y safai bellach ond uwch fwrlwm newydd Theatr Fach y coleg. Yr oedd Addysg Anghydffurfiol wedi cyflawni camp Daliesynaidd ei hud a'i lledrith. Bu farw'r ddrama Gymraeg. Hir oes i'r ddrama Gymraeg.

Pennod 21

Theatr Fawr Felin-fach

Ddechrau'r saithdegau yr oedd gwenyn o athrawon, ficeriaid, gweinidogion a gwragedd gweinidogion yn dal i gynhyrfu potensial theatr cymdogaethau'r werin.[1] Ond, trwy ymyrraeth greadigol yr Addysgwyr Anghydffurfiol, nid y cwmni drama lleol oedd unig gynhaliwr y ddynameg bellach.

Ym 1971, bedair blynedd wedi i *Twm Sion Cati* greu cynnwrf o'r newydd yng Ngheredigion, mentrodd Cwmni Theatr Cymru i fyd y pantomeim hefyd. Tyst i gryfder yr hyn a grëwyd yn Theatr Fach Canolfan Addysg y Ffermwyr yw mai toriad o'r hybrid a ddatblygwyd gan Gwmni Ceredigion a dyfwyd gan Wilbert Lloyd Roberts. Pantomeim Cymraeg ac nid pantomeim cyfrwng Cymraeg oedd *Miri Mawr* a *Gweld Sêr* a'r cynyrchiadau eraill a berfformiwyd yn ystod y saithdegau. Go brin, serch hynny, bod eu hyder diwylliannol yn ddigonol i'w caniatáu i wahodd y gynulleidfa i godi tŷ unnos ar y llwyfan fel a wnaethpwyd gan gwmni Gwynn Hughes Jones yn ystod pantomeim *Sion Cwilt*, 1969 – sioe

---

[1] Yn ogystal â'r cyffro creadigol a godwyd gan Nan Lewis a Chwmni Nanternis ar ddechrau'r saithdegau nid prin yw'r enghreifftiau eraill, gan gynnwys: y Parchedig James Henry Jones – Cwmni Capel Bryn Mair, Aberporth: Terwyn Tomos – Cwmni Llandudoch; Buddug James Jones – Cwmni Licrys Olsorts, Rhydypennau.

a ysgrifennwyd gan Gwilym Tomos, un arall o brifathrawon/awduron y sir. Os na fu i bantomeimiau'r cwmni cenedlaethol anghydffurfio i'r un graddau daethant yn ffenomen llwyddiannus ledled Cymru. Â balchder haeddiannol y sonia Lyn T. Jones am apêl y pantomeim...

Golygfa gyfarwydd oedd gweld rhesi o fysiau bob nos am wythnos wrth ochr neuaddau megis neuadd Cross Hands yn Sir Gaerfyrddin, wrth i deuluoedd cyfan ddod i fwynhau'r adloniant.[2]

Ysywaeth, awgryma i Wilbert orfod gweithio'n galed yng nghyfarfodydd Pwyllgor Drama Cyngor y Celfyddydau i amddiffyn y buddsoddiad hwn, ffaith a adlewyrchai nid ar yr agweddau uchel ael a breswyliai ymhlith yr aelodau yn gymaint a'u hanhawster naill ai i weld, neu ganiatáu iddynt eu hunain i weld, diwylliant penodol y Gymraeg, ei anghenion a'i botensial. Roedd y dallineb diwylliannol hwn yn arwydd naill ai o gulni eu hymwybyddiaeth neu o'u hofn. Canys rhan o swyddogaeth theatr yw gwneud adnabod a chydnabod yn bosib. Y cam cyntaf i'r perwyl hwnnw yw iddi adnabod a chydnabod ei rhyddid creadigol ei hun. Yng Ngheredigion yr oedd theatr y werin yn hyderus o'i hunaniaeth – rôl ei pherthynas, hynny yw, â'i hiaith a'i diwylliant. Beth bynnag am ddiffygion cyfnod y cwmnïau drama, codi theatr o'r radd flaenaf yn ganolbwynt cydymrymus oedd y nod nawr. Roedd yr uchelgais cyd-greadigol hwn yn arwydd, ar ran y gweithwylwyr, fod eu bryd ar ledu gorwelion eu gweithredu a dwysáu ymchwil ac hunan-ymchwil eu gwylio. Os dall oedd rhai o aelodau a swyddogion Cyngor

---

[2] *Y Theatr Genedlaethol yng Nghymru* – gol. Hazel Walford Davies – pennod *Theatr Genedlaethol Cymru, 1964–82* – Lyn T. Jones – Gwasg Prifysgol Cymru, Caerdydd, 2007

y Celfyddydau i'w dallineb, yr oedd eraill bid siŵr yn benderfynol na châi y fath egni tanseiliol yr un fodfedd o gyfle i fygwth eu cydymffurfiaeth ddiwylliannol.

Wedi dros ddeunaw mis o drafod, erbyn mis Ionawr, 1970 yr oedd safle hen weithdai yr 'Agri' yn eiddo i Gyngor Sir Aberteifi. Bu'r oedi wrth sicrhau'r tir yn rhwystredigaeth i ysgogwyr y ddrama, ond bu llwyddiant ysgubol y pantomeim yn benodol a gweithgareddau'r Theatr Fach yn gyffredinol yn fodd i gynnal yr ewyllys diwylliannol a gwleidyddol. Ym mis Mawrth, neilltuwyd yr arian cyntaf (£12,000) gan y Cyngor Sir tuag at adeiladu'r theatr newydd. Dymchwelwyd y siediau *Nissen* a thynnwyd y gorchudd sinc oddi ar fframyn dur y prif weithdy peirianyddol. Tua'r un adeg anfonodd Gwynn Hughes Jones gais at Gyngor Celfyddydau Cymru am gymorth i osod yn y theatr arfaethedig bwll cerddorfaol. Ymddengys mai chwiw o eiddo Gwynn ei hunan oedd wrth wraidd y cais rhyfedd hwn. Roedd llwyfan Theatr Fach y coleg yn gyfyng. Er mwyn caniatáu i'r darnau prin o set gael eu cyfnewid rhwng golygfeydd tasg gyntaf y cyfnod ymarfer technegol oedd tynnu'r ffenestr a luniai ran o wal ochr dde'r llwyfan mas yn ei chrynswth. Yr ail dasg oedd codi sgaffoldyn ar yr ochr fas a fyddai'n sail i blatfform a gorchudd. Ganol gaeaf noethlwm, ar y platfform lled agored hwn y safai'r actorion anffodus hynny a ddeuai i'r llwyfan o'r ochr dde yn eu tro. Cwtsh cyfyng iawn, wrth gornel rheolwr y llenni, oedd gan y technegwyr golau a sain i weithio ynddo. Felly, nid oedd yr un fodfedd yn sbâr ar gyfer un o brif elfennau pantomeimiau y Theatr Fach: y band. O'r herwydd, o goridor oedd ag un wal yn lled agored at yr awditoriwm y cyfeiliai'r organ, y drymiau a'r gitâr – sefyllfa nad oedd y Trefnydd Drama yn hapus â hi o gwbl. Roedd cynllun y theatr newydd yn blaenoriaethu llwyfan a stafell reoli helaeth mewn ymateb i brif gyfyngiadau'r Theatr Fach. Ym meddwl Gwynn roedd angen ateb yr un mor hael i broblem y band, neu'r 'gerddorfa', hefyd. Trwy lwc a bendith ni chafwyd yr arian.

Mae dau le i ddiolch, am unwaith, i Gyngor y Celfyddydau am eu hymateb negyddol. Yn anad dim, buasai gosod gwter gerddorfaol rhwng yr awditoriwm a blaen y llwyfan wedi sarnu yr union nodwedd a ddaeth i ddiffinio Theatr Felinfach, maes o law, yn theatr diwylliant y Gymraeg. Wedi sôn am bwysigrwydd y ddynamig o berthyn o fewn ffrâm theatr benodol Gymreig medd Saunders Lewis...

It is... at the heart of these processes that there should be a close relation between the players and the audience... that we allow no barrier between the actor and the spectator...[3]

Trwy rym cynhysgaeth eu Haddysg Anghydffurfiol yn ogystal â thrwy gyfrwng eu hymarfer cyfoethog gwyddai penseiri dychymyg y theatr newydd mai'r gamp a fynnent oddi wrth y pensaer o broffesiwn oedd adeilad a wasanaethai'r angen a'r potensial penodol hwn. Yr oedd perthynas symbiotig cyd-greadigrwydd a chymdeithas yn mynnu theatr o bensaernïaeth benodol-addas. Dyna a gafwyd.

Roedd patrwm newydd o gyd-weithredu yn prysur ddatblygu o fewn mudiad y ddrama yn y sir. Angen y cynhyrchwyr, y cyfarwyddwyr a'r awduron oedd theatr fawr a ganiatâi iddynt ffrâm o greu oedd yn gymesur â'r potensial newydd. Ers dros ddegawd arweiniai'r Trefnydd Drama brosiectau creadigol gyda phobl ifainc ar hyd a lled y sir. Erbyn hyn roedd y buddsoddiad yn dechrau

---

[3] *The Present State of Welsh Drama* – Welsh Outlook, 1919 – Dyfyniad trwy gyfrwng *John Saunders Lewis (Cyfrol 1)* – D. Tecwyn Lloyd – Gwasg Gee – Dinbych, 1988

cynhyrchu math newydd o wenyn ar gyfer y ddrama Gymraeg. Dan ei arweiniad deuai'r bobl ifainc ynghyd i gyd-drafod a chyd-greu gan ddychwelyd i'w cynefin wedi'u harfogi â phrofiad helaethach a hyder uwch, y naill elfen yn atgyfnerthu'r llall. O blith y criw eang hwn y cafwyd chwaraewyr pantomeimiau y Theatr Fach. O'u plith hefyd y cafwyd crynswth y cwmni o gant a mwy a greodd y fath frwdfrydedd yn Sioe Frenhinol 1967. I adeiladu ar y cyffro roedd theatr fawr yn anhepgor. Ond gwyddai'r cynhyrchwyr, y cyfarwyddwyr a'r awduron hefyd mai sail llwyddiant y Theatr Fach oedd ei bychander. Agosrwydd gofodol y gynulleidfa â'r chwaraewyr ganiatâi i gymdeithas y cyd-greu a'r cyd-ddychmygu wreiddio a blodeuo. Yn Aberystwyth, gydag arian y Brifysgol a Chyngor y Celfyddydau yn arwain, nid cyfyng oedd ffrâm y chwaraedy arfaethedig. Yn eironig, roedd i'r theatr a fedyddiwyd yn enw'r werin awditoriwm eang ei hyd, lled ac uchder – ehangder a alluogai ei chynulleidfa i gyd-eistedd heb gyd-gyffwrdd. Yn Nyffryn Aeron, dan gyfrin-ddylanwad cymdeithasgarwch cysefin y diwylliant, nid oedd modd i'r gynulleidfa osgoi cyd-gyffwrdd wrth gyd-eistedd – cyflwr a gydweddai'n gysurus â chymdeithas y neuadd, y tŷ cwrdd a'r tŷ tafarn. Yn y theatr hon ildiai 'cyffwrdd' ei le yn unig i 'cydio'.

Mewn adroddiad i'r Pwyllgor Addysg cyn i'r gwaith adeiladu ddechrau noda Gwynn ei obaith y byddai seddau yn y theatr newydd ar gyfer tua 280. Dan ddylanwad Issigonis, efallai – cynllunydd car eiconaidd y chwedegau, y Mini – llwyddodd y pensaer – William G. Davies – i ddarparu 263 o seddau – un rhes yn llai na'r targed a chyfanswm a oedd yn fwy na dwbl eisteddle'r Theatr Fach. Sylweddolwyd pwysigrwydd ei gamp yn hyn o beth pan welwyd helaethrwydd arbennig y llwyfan.

Tebyg oedd cyfanswm seddau'r theatr arfaethedig i'r

hyn a gaed yng nghrynswth neuaddau pentref y sir. Wedi dyfodiad y rheolau tân a system drwyddedu y pumdegau roedd nifer y bobl a gâi eistedd yn y neuaddau wedi lleihau yn sylweddol. Ac eithrio neuadd enfawr Talybont lle i ryw 150 i 200 oedd yn y rhan fwyaf. Arwyddocaol felly yw mai prin mwy o faint fyddai eisteddle'r theatr newydd na neuaddau hanesyddol theatr y werin. Ym maint ei llwyfan, serch hynny, mi fyddai'r adeilad newydd yn wahanol iawn. Yr awditoriwm a lyncai brif arwynebedd y neuadd bentref. Yn y theatr newydd y llwyfan a gai y fraint honno. Yn hyn o beth ymdebygai cynllun Felin-fach i grynswth y theatrau newydd a godwyd yn ystod y saithdegau. Ond tra roedd eu gofod chwarae naill ai yn gymesur neu ychydig yn fwy na'r gofod cynulleidfaol yn Felin-fach bwriad y cynllun oedd darparu llwyfan oedd yn sylweddol fwy ei arwynebedd na'r awditoriwm. Cyfyngwyd pantomeim y Theatr Fach i ddwsin o chwaraewyr ar y mwyaf. Mi fyddai'r theatr newydd yn abl i ddelio â chast a oedd ddeg gwaith gymaint â hynny. Cyfyngwyd setiau llwyfan y Theatr Fach i hyd a lled y ffenestr a weithredai'n ddrws llwyfan dros dro. Byddai'r theatr newydd yn meddu ar ddrysau llwytho a alluogai i geir, carafán a hyd yn oed awyren, maes o law, i 'lanio' ar ei llwyfan.

Serch hynny, yr oedd iddo ei gyfyngder hefyd. Addasu sgerbwd dur yr hen weithdy peirianyddol a wnâi'r pensaer. O fewn y fframwaith barod hon nid oedd digon o uchder ar gyfer hedfan set i neu o'r amlwg yn llwyr ac yn hollol. Byddai codi tŵr i'r perwyl hwn wedi golygu seiliau a ffrâm newydd ar gyfer ardal y llwyfan – gwaith a fyddai wedi ychwanegu yn sylweddol iawn at y gyllideb. Heb arian na phrifysgol na Chyngor y Celfyddydau wrth gefn yr oedd y gost y tu hwnt i gyrraedd y Pwyllgor Addysg. Ond nid oedd y diffyg yn gyfyngder absoliwt. Roedd i'r fframwaith ddigon o uchder ar gyfer ymdopi â'r goleuadau, y sgriniau, llenni a chrynswth y paraffernalia theatrig a ddiflanna i'r dirgel fry. Gallai hefyd lyncu darnau o set hyd at dri metr o uchder. Ar gyfer pantomeimiau y theatr newydd byddai angen ychwanegu technegwyr 'hedfan' at restr y criw llwyfan.

Ond os oedd uchder y llwyfan yn gyfyngder, nid felly ei ddyfnder. Yn wir, yr elfen an-nhechnegol hon fyddai coron holl gryfderau technegol y theatr newydd. Gan fod yr ardal berfformio yn ddwy ran o dair o ôl-droed y theatr cyflwynwyd i greadigwyr y dyfodol y posibilrwydd nid yn unig o weithio gyda pherfformwyr ar raddfa led epig ond hefyd i lwyfannu gweithiau ag iddynt bersbectif lledrithiol o hir: persbectif Mabinogaidd, un â'r gallu i fynd y tu hwnt i du hwnt. Yn y rhyddid i chwarae ac ymestyn ar bersbectif daw posibiliadau ffisiolegol, esthetig a dwys-ddychmygus cyfrwng y theatr ynghyd. Mae persbectif yn rhoi canolbwynt i gymdeithas o gyd-greawdwyr. Nid peirianwaith na thechnoleg theatr yw awdur ei hud a lledrith ond ei gofod gwag – ffrâm o bosibiliadau ar gyfer cyrff a dychymyg y gweithwylwyr; man agored i adnabod, perthyn, pellhau, croesawu, ffarwelio, cyffwrdd, creu a chofio; lle i gyfarfyddiadau wyneb–wrth-wyneb; i weld o dan, o fewn, uwch ben ac – yn bwysicach na dim – y tu hwnt.

Go brin mai cydymdeimlad â bwriadau diwylliannol-benodol y ddrama a'r theatr Gymraeg achosodd i Gyngor Celfyddydau Cymru wrthod y cais o Geredigion. Oddi wrth Adran Addysg y Swyddfa Gymreig y cafwyd mesur helaeth o'r cyllid a'i gwnaeth hi'n bosib i Bwyllgor Addysg Sir Aberteifi fwrw ati i godi Theatr Felin-fach. Sylwyd eisoes ar y synergedd a fodolai am gyfnod rhwng polisi drama-mewn-addysg llywodraeth ganolog ac ymarfer cysefin Addysg Anghydffurfiol. Gweithredu'n amserol er manteisio ar y cydwelediad anghyffredin a chymharol fyrhoedlog hwn a wnaeth swyddogion Sir Aberteifi. Ond ni fodolai yr un bont o ddealltwriaeth ym maes y celfyddydau. Yn ddiau bu i gais Gwynn Hughes Jones i Gyngor Celfyddydau Cymru beri cryn ddryswch yng Nghaerdydd – nid o ran gwrthrych y cais; roedd y Trefnydd Drama ar dir diogel wrth feddwl y byddai aelodau'r cyngor yn deall 'pwysigrwydd' cael pwll cerddorfa yn y theatr newydd. Yr hyn na fyddent wedi'i ddeall fyddai'r theatr newydd ei hunan – theatr newydd i'w chodi ym mherfedd cefn gwlad. Pe na bai hynny'n ddigon, yr oeddent hwy – Cyngor Celfyddydau Cymru, mewn partneriaeth â Phrifysgol Cymru – yn codi'i theatr newydd ei hunan yn Aberystwyth – prif dref y sir a'r canolbarth. Heb os nac oni bai doedd bwriad y cyngor sir yn gwneud fawr o synnwyr iddynt. Os oedd y lleoliad – yng 'nghanol dim unman' – yn achos crafu pen roedd y ffaith mai ymateb i ddynameg a godai o ddiwylliant cefn gwlad a wnâi'r Pwyllgor Addysg yn llwyr y tu hwnt i'w dirnad. Yr enw a roesant ar eu canolfan newydd yn Aberystwyth oedd Theatr y Werin. Roedd theatr gynhenid gwerin gwlad y gorllewin yn gwbl anweledig iddynt.

Y cam cyntaf mewn rhaglen o adeiladu oedd Aberystwyth. O fewn chwe blynedd i agor Theatr y Werin (1972) codwyd rhwydwaith o ganolfannau tebyg ar draws Cymru: Theatr y Sherman, Caerdydd a Theatr Ardudwy, Harlech (1973), Theatr Gwynedd, Bangor (1975), Theatr Clwyd, y Wyddgrug (1976) a Theatr Taliesin, Abertawe (1977) – camp o fuddsoddi ideolegol y gallasai Edward I ymfalchïo ynddi. Croesawu eu dyfodiad a wnaeth Wilbert Lloyd Roberts ar ran Cwmni Theatr Cymru fel y gwnaeth arweinwyr crynswth y sefydliadau Cymraeg, dan ddylanwad yr enwau Cymraeg a grogai uwch eu cynteddau, yn ddi-os. Ond enwau Cymraeg neu beidio yr oedd hen batrwm ar fin cael ei amlygu unwaith eto. Fel a ddigwyddodd yn achos ysgolion y wladwriaeth a phrifysgol y genedl trodd y freuddwyd o ddyrchafiad i'r Gymraeg yn hunllef o ddarostyngiad. Unwaith eto roedd y Cymry wedi cymryd rhywbeth yn ganiataol. Y 'rhywbeth' tyngedfennol hwnnw oedd gweledigrwydd eu diwylliant.

Os na fu iddo ddeall cyn hynny, yn sicr daeth Wilbert i ddeall yn gyflym iawn wedi i Gyngor y Celfyddydau ieuo ei arweinyddiaeth ar Gwmni Theatr Cymru â swydd pennaeth Theatr Gwynedd nad angen a photensial diwylliant y Gymraeg oedd consyrn cyntaf y ganolfan gelfyddydol. Yn ei lyfr semenol *Keywords* mentra Raymond Williams gloriannu holl gymhlethdodau y gair *culture* o fewn tri chategori o ddefnydd cyson a chyffredin. Yn y lle cyntaf dywed mai enw yw *culture* ar broses o ddatblygiad deallusol, ysbrydol neu esthetig. Yn ail, enw a ddynoda ffordd o fyw o ran pobl, cyfnod neu grŵp penodol, neu'r ddynoliaeth yn gyffredinol yw. Yn olaf, disgrifio gweithiau neu weithgareddau deallusol – artistig yn bennaf – a wna'r gair. Yng nghyd-destun penodol y gair *culture* dywed Williams mai'r ystyr olaf hwn – cerddoriaeth, llenyddiaeth, celfyddydau cain, theatr a ffilm ac yn y blaen – yw'r ystyr cryfaf ei ddefnydd. Yn hyn o beth mae *culture* yr iaith Saesneg yn debyg i *cultura* yr Eidal a *la culture* Ffrainc. Y mae'r ddau ystyr arall ar gael ond maent yn eilradd yn eu presenoldeb i'r ystyr celfyddydol. Noda Williams mai gwahanol yw hi o fewn yr ieithoedd Almaenig, Scandinafaidd a Slofanaidd. Yn y cyd-destunau hyn prif ystyr y gair sy'n cyfateb i 'diwylliant' yw'r ystyr anthropolegol: y ffordd o fyw. Dyma'r flaenoriaeth a fynegir gan y Gymraeg hefyd. Fel ym mhob iaith cynhwysa 'diwylliant' yr holl gymhlethdod o ystyron i'w defnyddio yn ôl priodoldeb y sgwrs. Ond yn yr ymadrodd 'iaith a diwylliant' ystyr blaenaf 'diwylliant' yw 'ein ffordd benodol Gymreig o fyw' – dywediad sy'n awgrymu yn unig y cyfoeth o haenau a chyd-gysylltiadau sydd ymhleth ynddo. Wrth ychwanegu rheolaeth ar un o ganolfannau

263

Hysbys y dengys dyn o ba radd bo'i wreiddyn. Theatr werdd yw Theatr Felin-fach yn y bôn. Trwy ail-gylchu y crëwyd hi.

celfyddydol Cyngor Celfyddydau Cymru at ei arweinyddiaeth ar Gwmni Theatr Cymru gorfodwyd Wilbert Lloyd Roberts i wasanaethu dau feistr. Diwylliant oedd y naill. *Culture* oedd y llall.

Ond nid yw gogwydd gwahanol o ystyr yn ddigon i esbonio y tyndra mae gweithredwr ar ran diwylliant y Gymraeg yn ei brofi ym mherfedd ei fod pan geisia gynnal perthynas greadigol â sefydliad dan lywodraeth *culture*. Awgryma Raymond Williams nad cymhlethdod y gair ei hun yw'r broblem ond y cymhlethdod a gwyd o'r defnydd amrywiol a wneir ohono mewn gwahanol ieithoedd. Felly, i berson di-Gymraeg sydd am ddysgu am Gymru'r Gymraeg nid yw cyfieithu 'diwylliant' i *culture* yn ddigon. Rhaid yw gosod 'diwylliant' yn ei gyd-destun er mwyn gwneud ei arwahanrwydd a'i benodoldeb yn weladwy ac yn ddealladwy. Ymdrech ofer yw dwyieithrwydd oni bai bod dauddiwylliannedd yn gywely iddo.

Cyfyd anesmwythyd y Cymro-o-ddiwylliant pan fo'n eistedd yng nghynteddau *culture* nid o wrthdaro egalitariaeth y naill â hierarchaeth y llall yn gymaint ag o anghydraddoldeb y berthynas rhwng y naill â'r llall. Cynigiodd yr athronydd Jacques Derrida mai prin i ryfeddu yw deuoedd gwrthgyferbyniol (e.e. gwyn/du; dyn/dynes) sydd o statws niwtral. Bron yn ddi-ffael, meddai, mae'r pegynau cyflyrol hyn mewn perthynas o rym â'i gilydd. Wrth gloriannu damcaniaeth Derrida medd Stuart Hall...

*We should really write **white**/black, **men**/women, **masculine**/feminine, **upper** class/lower class, **British**/alien.* [4]

---

[4] *Positions* – J. Derrida – University of Chicago Press – Chicago, 1972 yn cael ei ddyfynnu yn *Representation* – gol. Stuart Hall – SAGE Publications/The Open University – Milton Keynes, 1997

*Cynhyrchwyd taflenni brolio lliwgar a drudfawr ar gyfer yr agoriad,
ym mis Mai, 1972 – cyhoeddiad a bwysleisia'r ffaith fod y theatr
newydd yn cynnwys adnoddau mwyaf blaengar y dydd.*

Byddai actifyddion diwylliant y Gymraeg am ychwanegu **English**/Welsh neu **Saesneg**/Cymraeg at y rhestr – nid ar sail yr iaith fel y cyfryw: mae'r holl ganolfannau a ariennir gan Gyngor y Celfyddydau bellach yn drwyadl (ticio-pob-bocs) ddwyieithog. Yn hytrach, daw'r anniddigrwydd o rwystredigaeth y berthynas o rym a gynrychiolir gan **culture**/diwylliant. Boed yn deyrngar i'r frenhiniaeth neu'r genedl-wladwriaeth, dynamig hierarchaidd yw *culture*. Rheola o'r canol i lawr a mas at ffiniau ymestyngar ei phŵer. O ran natur, dynameg ymerodrol yw hi. Mae creu hierarchaeth ddiwylliannol gan orseddu ei hunan ar ben y domen yn weithred a gyflawna â hyder arswydus. Wrth drafod y wleidyddiaeth a ganiatâ i bobl beidio gweld carfannau anghydffurfiol, dyfynna Kathleen Stewart y geiriau canlynol...

It is one of the most powerful ruses of the dominant [culture] to pretend that critique can only exist in the language of 'reason', 'pure knowledge', and 'seriousness'.[5]

Yn ei allu i wrthod adnabod na chydnabod y gwelwn nerth *culture* yn gyffredinol, a sefydliad *culture* yn benodol, yn ei noethder. Roedd y Cymry yn iawn i bryderu pan fynnodd Ysgrifennydd Diwylliant (*Culture*, hynny yw) Llywodraeth Prydain osod S4C – un o brif arfau cyfoes Diwylliant y Gymraeg – mewn perthynas reolaethol â'r BBC – un o brif sefydliadau ymerodraeth *Culture*. Gŵyr pawb nad niwtraliaeth honedig BBC/S4C fydd cyflwr grym y briodas. Er gwaethaf y medrau gwleidyddol gorau ar y naill ochr a'r llall mi fydd tyndra parhaus ynghlwm wrth berthynas cyfrwng *culture* hierarchaeth â diwylliant

5   *The Politics and Poetics of Transgression* – Peter Stallybrass and Allon White – dyfynnwyd o *A Space on the Side of the Road* – Kathleen Stewart – Princeton University Press – Princeton, 1996

cydymddibyniaeth. Gyda'r blynyddoedd, camp penaethiaid disgleiriaf gwasanaeth y Gorfforaeth yng Nghymru oedd creu ohonyn nhw'u hunain ddauwynebogrwydd y duw Rhufeinig, Ianws. Tra deliai'r naill wyneb â gofynion a gorchmynion Llundain, canolbwynt y *culture* taenu addysg, gwybodaeth ac adloniant, cynhaliai'r llall sgwrs greadigol â diwylliant y cydymaddysgu, cyd-gwestiynu a chyd-ymddiddanu. Gwarchod oedd nod y wyneb tua Llundain. Creu oedd nod y wyneb tua Chymru. Yn 1936, ac yntau yn bennaeth newydd y BBC yng Nghaerdydd, comisiynodd Hopcyn Morris ddrama radio ar gyfer dygwyl Dewi y flwyddyn ddilynol gan Saunders Lewis. Gwyddai fod ei ymddiriedaeth yn yr awdur – a ddisgwyliai ei ddedfrydu am ei ran yn 'nrama' llosgi Penyberth – yn act o anghydffurfiaeth, os nad o heresi, yn erbyn y gyfundrefn a'i cyflogai. Gwyddai hefyd, cyn iddo ddarllen yr un llinell o sgript *Buchedd Garmon*, fod i'r act honno y potensial o gyhoeddi brwydr newydd yn rhyfel parhaus y diwylliant lleiafrifol yn erbyn y *culture* mwyafrifol. Trwy'r weithred cydiodd y Gymraeg yng nghyfrwng hollbresennol y dydd gan droi grym *culture* yn ôl yn ei erbyn ef ei hunan. Mae i bob gwrthsafiad blaengar werth lleol, cenedlaethol ac iwnifersal. Canys diwyllio rhywun arall a wna *culture*. Ymddiwyllio a wna diwylliant.

Tra roedd diwylliant y Lles Cymdeithasol yn creu canolfan iddo ef ei hunan yng Ngheredigion roedd *culture* y Lles Llywodraethol yn codi cadwyn o ganolfannau ar draws Cymru. Wedi degawd o brotestiadau iaith ni allai'r theatrau newydd lai na chydnabod yr iaith Gymraeg. Nid felly ei diwylliant. Hyd yn oed yng nghadarnleoedd y Gymraeg llwyddodd *culture* i wadu bodolaeth diwylliant. Anialdir celfyddydol oedd Cymru: tir i'w ddi-wylltio. Eilradd oedd ffrwyth y Gymraeg. Roedd hi'n bryd cyfoethogi'r dirwedd wrth blannu ynddi *culture*.

Ni fedrai cydymffurfwyr Cyngor y Celfyddydau weld bwrlwm a chyfoeth y diwylliant cynhenid. Anodd, serch hynny, oedd iddynt anwybyddu'r adeilad yr oedd y theatr 'anweledig' bellach yn ei gwneud yn weladwy yng Ngheredigion. Yn ddiau, byddai yn achos pryder os nad arswyd iddynt. Medd Mary Douglas...

[W]hat really disturbs cultural order is when things turn up in the wrong category.[6]

Yn sicr, roedd y gweithredu yn Nyffryn Aeron yn groes i ganfyddiad *culture* o ddiwylliant. Yng ngrym ei oruchafiaeth drefedigaethol datblygodd *culture* feddylfryd difrïol a gyplysai'r iaith, gwledigrwydd, cymunedolrwydd ac Anghydffurfiaeth â mewnblygrwydd, diffyg uchelgais ac anwybodaeth. Proffesiynoldeb oedd *culture*. Amaturiaeth oedd diwylliant. Yr oedd uchelgais y diwylliant i godi theatr a feddai ar yr adnoddau helaethaf, o'r safon uchaf a'r diweddaraf oll, a hynny nid mewn na dinas na thref ond ym mherfedd cefn gwlad y Gymraeg, yn aflonyddiad sylweddol ar ragdybiaethau absoliwt a chategorïaidd y cynllunwyr canoliaethol. Ond nid oedd gan *culture* unrhyw arf i'w rhwystro. Heriodd Dafydd diwylliant Oleiath *culture* ag arfau ei greadigrwydd ei hun. Dyma frwydr y byddai raid i fugeiliaid unig theatr gysefin y ddrama Gymraeg ei hymladd yn feunyddiol i'r dyfodol.

Wrth gwrs, ni chafodd yr aflonyddiad iot o effaith ar gynllun adeiladu Cyngor y Celfyddydau. Codwyd cadwyn theatrau'r saithdegau mewn corwynt o ddatblygu a ragfynegai dwf cadwyni archfarchnadoedd yr wythdegau. Yn eironig, er mai ag egni olaf meddylfryd y sosialwyr canolbleidiol y cynlluniwyd ac y codwyd y canolfannau

---

[6] Representation – gol. Stuart Hall – SAGE Publications/The Open University – Milton Keynes, 1997

celfyddydol, daethant, maes o law, yn ganolfannau a goleddai, yn fwy na neb, gyfalafiaeth ddilyffethair y farchnad rydd. Wrth ysgrifennu ar ddiwedd y nawdegau pwyntiai'r dramodydd David Edgar ei fys tuag at y sawl a flaenoriaethai rhyddid creadigol yr unigolyn ar draul angen a photensial cymdeithas. Cyhudda hwy o ddathlu...

> ... *the diversity of the new social forces of the 1960s and 1970s at the expense of the challenge they posed to dominant structures, to privilege personal choice over collective action...to break the ideological links between oppositional intellectuals and the poor.*[7]

Unwaith y cydiodd cenhadaeth dad-reoleiddio Thatcheriaeth wrth ddad-reoleiddio syniadaethol y cyfnod mabwysiadodd *culture* brif ystyr newydd: masnach. Creadigaeth ac eiddo y *cultural industry* oedd y canolfannau celfyddydol. Fel y bu i Wilbert Lloyd Roberts ddarganfod, anghenion cyfalafiaeth y farchnad rydd oedd yn rheoli, nid cymdeithasgarwch diwylliant. Un o blith y temlau a werthai nwyddau celfyddydol i'w cwsmeriaid oedd Theatr Gwynedd ei reolaeth. Bathodynnau diystyr oedd eu henwau lleol. Nid oedd iddynt fawr fwy o berthynas â chymdogaethau eu dalgylch na'r archfarchnadoedd newydd, hollbresennol.

Wrth i ddiwylliant y Gymraeg esgor ar ganolbwynt newydd o egni yng Ngheredigion y saithdegau gwyddai ei gyfranogwyr nad *culture* oedd diwylliant. Ond drysu'r gwahaniaeth rhwng y naill a'r llall oedd effaith y gadwyn o gestyll celfyddydol a godwyd gan y Lles Llywodraethol. Pe bai gweision *culture* wedi gallu gweld a chydnabod potensial diwylliant ac wedi ymddiried y potensial hwnnw

---

[7] *The State of Play* – gol. David Edgar – Faber and Faber – Llundain, 1999

i frwdfrydedd ac egni y Lles Cymdeithasol – fel a ddigwyddai yng nghefn gwlad Ceredigion – tybed nad positifrwydd y Gymraeg fyddai prif stori Cyfrifiad 2011 yn hytrach na'r negyddoldeb a gafwyd? Trwy fabwysiadu model *culture* rhoddwyd nerth sylweddol i'r llanw newydd o unffurfiaeth a chydymffurfiaeth a fygythiai amrywioldeb diwylliannol yng Nghymru ac yn fyd-eang. Os barnwyd effaith unigolyddol y teledu yn niweidiol i arferion cyd-greadigol y Cymry yr oedd planiadau ideolegol y canolfannau celfyddydol yn llawer mwy o fygythiad, canys cynigiai masgiau'r ddarpariaeth drama, cerddoriaeth a'r celfyddydau cain wynebau cyfarwydd iddynt. Yn yr act o'u prynu yn eu naïfrwydd dechreuasant ddryllio *solidarnos* y Gymraeg. Yn fwyfwy dryswyd y bwlch diffiniol rhwng diwylliant a *culture*; trodd ymddiwyllio y cydymaddysgu yn 'ddiwyllio' canolfan y ddarpariaeth. Daeth 'rhydd-ddewis' masnachol yn 'rhydd-ddewis' diwylliannol. Trwy'r hyn oll, daeth undod iaith a diwylliant hanfodol y Gymraeg dan bwysau cynyddol.

Sgil-effaith cenhadaeth *culture* oedd creu dosbarth o Gymry ag iddynt deyrngarwch o arfer at yr iaith ond a fynnai 'ryddid' oddi wrth ei diwylliant – nid ei cherdd dant a'i chynganeddwyr per se ond o gyd-gyfrifoldeb y cyd-ddyheu. 'Heb ddioddefaint', medd Gandhi, 'dyw rhyddid ddim yn bosib'.[8] Heb gyd-ymdrech, medd Williams Parry, dyw cyd-adeiladwaith y gymdeithas Gymraeg ddim yn bosib.[9] Ond i rai o ddarpar arweinyddion y ddrama a'r corau, aelwydydd yr Urdd a'r clybiau Ffermwyr Ifainc roedd y gallu i brynu darpariaeth *culture* – yn enwedig os

---

[8] *Non Violent Resistance* – Mahatma Gandhi – dyfynnwyd o *The Politics of Nonviolent Action* – Gene Sharp – Porter Sargeant – Boston, 1973

[9] *Neuadd Goffa Mynytho* –
Adeiladwyd gan dlodi. – Nid cerrig
　　Ond cariad yw'r meini
　　Cyd-ernes yw'r coed arni
　　Cyd-ddyheu a'i cododd hi. – R Williams Parry

siaradai ryw ychydig o Gymraeg – yn fwy deniadol na chyd-ernes diwylliant.

Yr oedd y broses hon o ddosbarth-ganoli – y penderfyniad i dorri'r berthynas lwyr a hollol â gweriniaeth weithredol y Gymraeg – o ymeithrio oddi wrth egwyddor cyd-gyfrifoldeb y gymdeithas – yn rhan o ddynameg unigolyddol a oedd yn lledu ar draws diwylliannau'r gorllewin. O fewn diwylliant bregus y Gymraeg – fel a ddangoswyd yng nghyd-destun penodol y ddrama – yr oedd ymddatodiad canran sylweddol o arweinwyr a darpar arweinwyr yn wanhad sylweddol ar allu'r diwylliant i gynnal cylchoedd ei hunangynaliadwyaeth.

Erbyn heddiw, nid yn y canolfannau celfyddydol y ceir yr unig enghreifftiau o'r hollt angheuol rhwng iaith a diwylliant. Gweithredu trwy gyfrwng y Gymraeg, yn hytrach na gweithredu'n Gymraeg, a wna cynifer o sefydliadau a mudiadau swyddogol yr iaith, gan gynnwys sefydliadau addysg Gymraeg. Effaith hynny yw cadarnhau **culture**/diwylliant. Wedi i 'context' ddisodli 'cyd-destun' camp go rwydd fydd i 'text' ddiddymu 'testun'.

Gwelodd yr athronydd Theodor Adorno ddirywiad y gwareiddiad gorllewinol yn nhermau pellhad parhaus oddi wrth brif gonsyrn Aristotles: y bywyd da; y bywyd cyflawn.

Mae'r hyn a adwaenai'r athronwyr wrth y gair bywyd wedi dod yn gylch o fodolaeth breifat a bellach yn ddim mwy na chonsiwmeriaeth... heb ymreolaeth na hunan sylwedd.[10]

Creu dolenni syfrdanol newydd ar gadwyn anghydffurfiol ei gyd-greadigrwydd yw cenhadaeth diwylliant y Gymraeg. Dyna ei rodd anghonfensiynol,

---

[10] *Minima Moralia* – Theodor Adorno – Verso – Llundain, 1951

werthfawr i'r byd; ei gyfran yn y frwydr dros fywyd cyflawn ac ystyrlon. Yn y modd hwn cyfranna at y micro-newidiadau sy'n aflonyddu ac yn tarfu ar brosiect unffurfiaeth ac sy'n gwylltio'r hierarchwyr a'r cydymffurfwyr yn gacwn. Newid y byd, gan ddechrau bob amser â'i byd hi ei hunan, yw cyflwr ac uchelgais gweriniaeth agored y Gymraeg. Medd Frantz Fanon...

I gyfranogi yn y chwyldro... dyw ysgrifennu cân o chwyldro ddim yn ddigon; rhaid i chi greu y chwyldro gyda'r bobl. Ac os crëwch chi hi gyda hwy, daw'r caneuon eu hunain, o'u rhan eu hunain.[11]

Dan ddylanwad **culture**/diwylliant cyflyrir y Cymry i gredu nad theatr go iawn yw theatr y gydawduraeth: theatr ag iddi berthynas gynhenid â chymanwlad ei phobl a'u diwylliant. O bersbectif hierarchaeth canol ac ymyl, theatr gyfyngedig ei thiriogaeth ac, felly, ei gorwelion yw hi; 'theatr gymunedol' – theatr blwyfol, theatr fewnblyg, theatr eilradd. Gwrthgyferbynnir y canfyddiad hwnnw â theatr 'go iawn' *culture*. Ei nod yw darparu 'rhywbeth ar gyfer pawb'[12] – cenhadaeth a ganiatâ iddi feddwl ei hun yn eangfrydig ac allblyg, yn rhydd o unrhyw ymlyniad cymdeithasol a allai darfu ar hafan ei chonsiwmeriaeth gelfyddydol, yn rhydd i greu 'cynnyrch' addysgol a chelfyddydol yn unol â gofynion y farchnad, law yn llaw â hierarchaeth ymerodraethol *culture*.

Ar 15 Mai, 1972 nid theatr felly a agorwyd ar gampws Coleg Bro Aeron, Felin-fach. Er mor brysur-greadigol ac mor ganolog bwysig i fywyd diwylliannol Ceredigion y

---

[11] '*Yr arweinydd gwleidyddol yn gynrychiolydd diwylliant*' – Sekou Toure. Dyfynnwyd o *The Wretched of the Earth* – Franz Fanon – Penguin Books – Llundain, 1967

[12] Gwefan Canolfan y Celfyddydau, Aberystwyth – Awst, 2012.

byddai, ni fyddai'r theatr hon yn 'estyn allan' nac yn creu 'cynnyrch'. Trwy aflonyddu ar ddiffiniadau *culture* byddai ei pherthynas gyflawn-gynhenid â'r gymdeithas Gymraeg yn sail i hyder a hunaniaeth eang ei gorwelion ac agored ei meddylfryd. Y tu hwnt i ddirnadaeth *culture* byddai 'caethiwed' ei diwylliant yn cyflwyno i'r cyfranogwyr oll ofod o ryddid creadigol – rhyddid a feithrinai ac a hyrwyddai ynddynt y gallu i gyfrannu at y broses barhaus o greu cymdeithas; dim byd llai. Nid cynnig 'rhywbeth ar gyfer pawb' a wnâi theatr newydd y diwylliant ond cynnig i bawb y lle a'r modd a'r nerth i gyd-drafod, cyd-ddyheu a chyd-adeiladu. Cyd-adeiladu beth? Dyna gwestiwn y byddai'n amhosibl ei ateb. Medd Raymond Williams...

We have to ensure the means of life, and the means of community. But what will then, by these means, be lived, we cannot know or say.[13]

Yn gymaint a nad yw 'y werin' yn gategori penodol o fewn cenedl nid yw *community* yn lle penodol chwaith. Yn hytrach, cydgreadigaeth o egni a dychymyg yw; bod afreolus sydd yn ymestyn a chwrcydu, yn neidio ac ymdawelu, yn ymwroli ac ymdyneru yn barhaus. Yn fwy na dim, yn ei hawydd i fyw mae'n cynnwys yn eang. Medd Williams...

A good community, a living culture, will... not only make room for but will actively encourage all and any who can contribute to the advance in consciousness which is the common need.[14]

O'r cychwyn cyntaf, byddai rôl Theatr Felin-fach yn

---

[13] *Culture and Society* – Raymond Williams – The Hogarth Press – Llundain, 1987
[14] ibid

drysu categorïai *culture* yn llwyr ac yn hollol. Penderfynwyd ar ei swyddogaeth nid gan bwyllgor nag uwch-swyddog ond gan dreftadaeth ac angen a photensial theatr y werin. Ei gwaith fyddai bod yn sianel ac yn adnodd a weithredai yn ddiwylliannol-briodol; a wnâi hynny er lles y gymdeithas gydgreadigol; er cynnal egalitariaeth radical theatr y gweithwylwyr. I'r perwyl hwn, y bwysicaf o blith holl nodweddion ei phensaernïaeth gymdeithasol fyddai ei drysau agored. Nid bod yn gaer gadwriaethol o Gymreictod fyddai ei nod ond bod yn llwyfan pen agored i ddiwylliant gyda'r hyder i edrych arni hi ei hunan a'r byd â'r un gonestrwydd trwyadl a threiddgar.

Agorwyd y ganolfan newydd gan Gyfarwyddwr Addysg Cyngor Sir Aberteifi, Dr J. Henry Jones, ar ddydd Llun, 15 Mawrth, 1972. Cyn cwblhau'r seremoni offrymwyd gweddi gyhoeddus gan y Parchedig Idris Evans, Henllan – cadarnhad, os bu angen hynny, o gyfraniad Anghydffurfiaeth a chyfoeth ei haddysg at y prosiect arloesol hwn ar ran diwylliant y Gymraeg. Yr oedd momentwm y gwaith addysg trwy gyfrwng drama i'w barhau a ffurf gynhaliol newydd theatr y werin i'w gryfhau. Y tu hwnt i hynny ni wyddai neb – am na allai neb wybod – beth fyddai ffurf, cynnwys, ehangder ac effaith ei chreu. Yr unig fwriad o sicrwydd oedd y byddai hyder, eangfrydedd a didwylledd y cyd-ddyheu a'r cyd-weithredu, y cyd-gwestiynu a'r cydymaddysgu, nid yn unig yn 'cynnal' theatr y gweithwylwyr, byddai'n ei 'hadeiladu' hefyd. Hyd y dwthwn hwn, creu ac ail-greu *solidarnos* y diwylliant fu nod cynhaliol Theatr Felin-fach.

Rhestr Tanysgrifwyr

Mrs Linda Carlisle, Bwlchllan
Clwb Pensiynwyr Dairy Crest, Felin-fach
Y ddiweddar Miss Jean Dalis, Dihewyd
Mrs Lena Daniel, Cellan
Mr a Mrs Adrian Davies, Caerdydd
Mr Aeron Davies, Felin-fach
Mr Aneurin Davies, Betws Bledrws
Mrs Betty Davies, Felin-fach
Mrs Eurwen Davies, Cribyn
Mrs E R Davies, Ystrad Aeron
Mrs Kay Davies, Felin-fach
Y ddiweddar Mrs Louie Davies, Talsarn
Mrs Margaret Davies, Ystrad Aeron
Mr a Mrs Wynne Davies, Aberaeron
Mr a Mrs Pete Ebbsworth, Llanwnen
Mrs Nesta Parry Edwards, Llanfarian
Mr D E Evans, Rhuddlan
Y ddiweddar Mrs E Evans, Temple Bar
Mrs I Evans a Mr Neville Evans, Ffos y Ffin
Mr Jaci Evans, Capel Dewi
Mr a Mrs Rob Evans, Beulah
Mrs Susan Evans, Neuaddlwyd
Mr a Mrs Tom Evans, Felin-fach
Mr a Mrs Vaughan Evans, Tyncelyn
Teulu Hughes, Felin-fach
Gareth a Sian Ioan, Pentre'r Bryn
Miss Anwen James, Llangeitho
Mr a Mrs Dai Jenkins a Betsan, Llangrannog
Mrs Mair Jenkins, Dihewyd
Mrs M N Jenkins, Cribyn
Mrs Grett Jenkins a'r diweddar Tom Jenkins, Temple Bar

Mrs Elin Jones, Felin-fach
Miss Elin Jones AS, Aberystwyth
Mrs Gwyneth Jones, Llanpumsaint
Myfanwy Jones, Llanbedr Pont Steffan
Y ddiweddar Mrs Ann Lewis, Cilcennin
Mr a Mrs D Lewis, Llanbedr Pont Steffan
Mr Rhodri Lewis, Cribyn
Y diweddar Mr Griff Morgan, Pennant
Mr Mansel Morgans, Temple Bar
Pwyllgor Llyfr y Pantomeim, Theatr Felin-fach
Mrs Susan Rees, Lledrod
Mrs Wendy Spencer, Ffos y Ffin
Mrs Jennifer Thomas, Ystrad Aeron
Mr a Mrs Dai Williams, Abermeurig
Mrs Edna Williams, Temple Bar
Mrs Melinda Williams, Ystrad Aeron
Mr R J Williams, Rhydlewis
Ysgol Gyfun Llambed, Llanbedr Pont Steffan
Ysgol Gymunedol Cwrtnewydd

Mynegai

*Mae * yn cyfeirio at luniau.*